조영식과
평화운동

조영식과 평화운동

하영애 지음

유엔 세계평화의 날
제정의 원류를 찾아서

머리말

어느 해인가 조영식 박사님과 몇몇 교수들 그리고 저자는 강원도의 NGO 행사에 참여하고난 뒤 두부로 유명한 초당집에서 식사를 하고 있었는데, 파리 한 마리가 계속 어르신들의 상위를 날아다녔다. 필자가 두 손을 뻗쳐 파리를 잡으려고 하니까, 조 박사님께서 "하 교수, 그냥 보내주지" 하셨다. 한편은 무안했고 한편은 작은 미생물까지 챙기시는 조 박사님의 따뜻하고 평화스런 마음을 읽을 수가 있었는데 그때의 기억은 아직도 생생하다. 그뿐이랴. 크고 작은 분쟁이 완전히 가시지는 않았지만, 오늘날 각 국가가 제3차 세계대전을 치르지 않고 그나마 평화를 유지하며 살고 있는 것은 조영식 박사님의 굽힐 줄 모르는 불굴의 평화정신에 기인한다고 할 수 있다.

본 저서는 다음 세 가지에 목적을 두고 집필하였다. 1981년은 유엔이 세계평화의 날을 제정하였고, 매년 9월 21일이 세계평화의 날이다. 그러나 이 평화의 날이 한국인 조영식의 살신성인의 노력으로 이루어진 것에 대하여 아는 사람은 그리많지 않는 것 같다. 왜? 어째서 일까 ? 첫 번째 이 책은 이러한 물음에 답하기 위해 쓰여 졌다. 두 번째는 평화운동의 실천에 대한 비교연구에 초점을 두었다. 한국인 조영식과 일본인 이케다 다이사쿠는 다양한 공통점을 가지고 있으며 또한 그들만의 독특한 평화운동을 실천해 나갔다. 조영식은 그의 평화철학을 교육을 통해 평화운동으로 실천하였고, 이케다 다이사쿠의 평화운동은 니치렌 불법(日蓮 佛法)이라는 종교를 통해 전개해 나가고 있다. 이 두 지도자의 평화운동의 실천을 비교 분석하였으며 또한 공통점과 차이점을 고찰해보았다. 세 번째는 평화는 끊임없이 추구되어야 한다. 우리 모두는 물질문명, 과학기술의 영향으로 과거와는 비교할 수 없을 정도로 편익한 생활을 하고 있다. 그러나 살인, 폭행, 인간소외, 상호불신 등 비인간적 면에서 과거보다 결코 행복하다고만 할 수 없는 것도 사실이다. 그러므로 정신문명과 물질문명이 조화를 이루는 보다 평화로운 사회를 위하여 평화는 지속적으로 추구해야 된다고 생각하기 때문이다.

본 저서는 제1부와 제2부로 구성되어있다. 제1부는 유엔 세계평화의 날 제정의 원류에 대해 중점적으로 다루었다. 조영식과 이케다 다이사쿠의 평화운동 실천의 비교, 오토피아(Oughtopia)와 유토피아(Utopia)의 차이, 오토피아(Oughtopia) 이론의 동북아시아의 수용, 칸트의 영구평화론과 조영식의 오토피아평화론, 그리고 일본 소카대와 한국 경희대의 평화 인재 육성이다. 특히 "조영식과 이케다 다이사쿠의 평화운동 실천의 비교연구"는 학계에서 최초로 다루어지는 부분이어서 심사교수들의 많은 관심과 함께 날카로운 지적과 세심한 요구사항이 있었고, 밤을 새는 보완을 거친 후 이 저서에 수록하였다. 또한 오토피아(Oughtopia) 이론의 동북아시아의 수용에서는 이 이론이 국내를 벗어나 중국, 대만, 일본 등 동북아시아에서 수용되고 있음을 고찰 해 보고자 하였으며, 나아가 중국과 대만사회에서 오토피아에서 추구하는 5대 운동 중에 잘 살기 운동과 건전사회운동 등이 중점적으로 실현되고 있음을 제시하였다.

제2부는 NGO와 밝은사회운동에 역점을 두었다. 밝은 사회(GCS), 라이온스(LIONS), 로타리(ROTARY)클럽과 청년회의소(J. C)의 활동현황과 발전방향, 가정평화와 사회평화, 동북아에서의 평화운동과 GCS 활동, 세계의 평화는 가능한가: 밝은 사회 운동을 통한 세계평화 모색, 그리고 내 일생에 잊을 수 없는 평화사상가 조영식 박사로서 평화운동의 실천측면에 중점을 두었다. 특히 한국사회에 뿌리내리고 있는 4개 사회단체클럽의 활동현황과 그 역할을 통해 이 단체들이 한국사회에 기여한 공헌을 학술연구를 통해 고찰해 보았다. 이는 봉사의 정신을 통해 한국사회가 좀 더 평화와 행복을 느낄 수 있는 계기가 될 수 있기를 기대하기 때문이다.

이 저서가 출간 되도록 도움을 주신 분들께 감사드린다. 한국 평화연구학회 회장 윤황 교수님 오영달 교수님 그리고 많은 자료와 시간을 할애해 주신 한국 SGI 김규식 문화홍보국장님 구형모 대외협력부장님 이희주 부인부장님, 그리고 사랑하는 가족 들에게도 감사드린다. 특별히 공사다망하신 중에 추천의 글을 써주신 이수성 전 총리님과 저자의 오늘이 있기까지 항상 지도편달 해주시는 공영일 경희대 재단 이사장님께 존경과 큰 감사를 드린다. 원고의 교정을 위해 수고해 준 서윤경, 진싱, 이걸, 심상우 군에게도 감사를 전한다. 또한 한국학술정보 주식회사 채종준 사장님과 관계자분들께도 감사를 드린다.

본 저서를 삼가 조영식 박사님의 영전에 바친다.

2015. 12. 26.

후마니타스 칼리지 연구실에서

저자 하영애 씀

추천사

　범사에 열정적인 하영애 교수의 신간 [조영식과 평화운동] 저서의 출간을 축하합니다. 우리 시대의 선각자로 큰 족적을 남기신 조영식 학원장님은 제게 학교의 은사이십니다. 은사님과 제가 친히 만나 뵙고 존경의 마음을 간직한 이케다 다이사쿠 SGI 회장님의 평화운동을 현창하고 싶다는 마음에서 평소에 존경하는 하영애 교수의 저서에 기꺼이 추천의 글을 쓰게 되어 감사한 마음입니다.

　경희대학교 창립자이신 조영식 학원장님은 다들 아시다시피 우리 시대의 거인이셨습니다. 한국전쟁 후 초토화된 한반도의 미래를 생각하며 '교육으로 사회를 다시 일으킬 수밖에 없다'는 신념으로 1951년에 교육사업에 뛰어드신 후, 평생을 교육운동과 세계평화를 위해 진력하셨습니다. 일찍이 1965년 세계대학총장회의(IAUP)를 창립하셨고, 냉전이 한창이던 1981년 유엔의 '세계평화의 날' 제정에 결정적 역할을 하신 선생님께 존경과 감사의 말씀을 드립니다. 학원장님은 자신과 유사한 길을 걸어오신 이케다 다이사쿠 소카대학교 창립자와 1997년 소카대학교에서 만나 교육과 평화의 철학에 대해 깊이 공명하고, 이듬해 이케다 회장에게 경희대학교 명예철학박사학위를 수여하셨습니다.

이케다 회장님은 저도 1999년 12월 도쿄에서 만나 뵈었습니다. 한국을 일본의 '문화 대은인의 나라', '형님의 나라'라고 떳떳하게 말씀하시는 선생님을 뵈옵고 그 떳떳함과 올바름, 그리고 깊은 인품에 존경하는 마음 금하지 못했습니다. 회장님은 참으로 겸손하시고 인간에 대한 자애와 사랑을 간직하고 계셨으며, 무엇보다도 인간이 걸어야 할 길을 올바르게 걷고 올바르게 가르쳐 오셨습니다. 또 전쟁은 절대악이라는 확신으로 평생동안 평화를 염원하며 젊은 세대에게 평화사상을 호소하며 인류의 항구평화를 위해 모든 힘을 다하고 계십니다. 특히 회장님이 보여주신 한일관계의 올바른 역사관과 평화사상은 한일관계의 새로운 관계뿐만 아니라 동북아시아 세계평화의 빛이 될 것이라고 믿고 있습니다.

이 책을 계기로 우리 시대의 진정한 평화사상가이신 조영식 학원장님과 이케다 회장님에 대해 더욱 많은 분들이 관심을 갖게 되었으면 합니다. 아울러 두 분의 사상을 계승하는 평화의 사자가 계속 나와 세계평화와 인류사회의 번영을 위해 활약해 주길 고대합니다. 한일뿐만아니라 한중 양국의 교류협력에도 오랫동안 공헌해오신 하교수의 활약에 찬사와 존경을 보내며 한층 건승하시어 훌륭한 역할을 다해주실 것을 기원합니다.

2016년 1월
대한민국 전 국무총리 이수성

추천사

하영애 선생이 '조영식과 평화운동-유엔이 정한 세계평화의 날 원류를 찾아서'에 대한 저서를 집필하게 된 것을 축하한다. 1997년에 본인과 조영식 학원장께서 소카대학 창립 27주년 기념행사에 방문한적이 있고, 이듬해인 1998년 5월, 경희대학의 개교기념일에 이케다 선생에 대한 명예철학 박사학위 수여를 계기로 두 대학은 상호 적지 않은 교류활동을 이어 오고 있다.

본 저서에서 다루고 있는 조영식과 이케다 다이사쿠 두 분의 평화운동의 실천은 현대사회의 비평화적이며 폭력적인 인간경시풍조에서 평화의 중요성을 우리에게 적시하고 있다고 생각한다. 저자가 주장하는 조영식의 교육을 통한 평화운동과, 이케다 다이사쿠의 니치렌 불법을 통한 평화운동의 실천방안은 이러한 의미에서 이 책을 접하는 독자들에게 역동적인 평화운동을 느낄수 있게 할 것이다.

또한 밝은사회 클럽, 라이온스 클럽, 로타리 클럽과 청년회의소의 이념과 활동현황을 소상히 학문적으로 연구한 것은 다른 저서에서 보기드문 하영애 선생이 수십년간의 봉사와 실천 정신에서 비롯된 결과물이라고 생각한다.

한국과 일본의 대표적 석학이자 평화운동가인 두 분과 두 대학의 교류가 국제 교류의 한 전범으로서, 중차대한 역사적 기로에 서 있는 한일 우호 관계 재정립에 하나의 커다란 디딤돌이 되어주기를 기대하며 아울러 이 책을 시작으로 저자의 조영식 학원장님과 이케다 다이사쿠 선생님에 대한 더 깊고 넓은 연구가 이루어지길 기대 한다.

2015년 12 월
공영일
경희대학교 미원 조영식 박사 기념사업회 위원회 위원장
전 경희대학교 총장

차례

제2부

제1부

1장_조영식과 이케다 다이사쿠의 평화운동 실천의 비교

1. 서론

2015년도 노벨 문학상은 스베틀라나 알렉시예비치가 수상했다. 그녀의 작품들은 '전쟁은 여자의 얼굴을 하지 않았다'(1985), '체르빌의 목소리'(1997)등으로 전쟁을 소재로 한 작품이 많았는데 이에 대하여 그녀는 '우리의 역사는 전쟁의 역사다. 항상 싸우거나 전쟁 준비로… 우리에게 다른 삶은 없었다.'[1]라고 답했다. 이처럼 인류는 전쟁의 질곡 속에서 삶을 영위해왔고 다른 한편으로 그만큼 평화를 희구하는 노력도 꾸준히 경주되어 왔다.

2016년은 유엔이 정한 '세계평화의 날(International Day of Peace)'의 35주년이 되는 해이다. 이 '세계평화의 날' 지정에는 조국을 사랑

---

1) 2015 노벨문학상 "영혼이 담긴 목소리 소설—전쟁 속 인간 실존에 답하다", 『동아일보』, 2015. 10. 9.

하고 평화를 자신의 목숨 이상으로 중요시한 조영식의 끈질긴 노력이 숨어 있었다. 그러나 이러한 배경은 그렇게 널리 알려져 있지 않은 것으로 보인다. 이러한 관점에서 이 논문의 첫 번째 목적은 유엔으로 하여금 세계평화의 날을 제정하도록 실제적으로 역할을 한 사람이 누구인지 그리고 그 당시 왜 한국이 당사국으로서의 역할을 하지 못했는지 등 '세계평화의 날' 제정의 원류를 찾아보고자 하는 것이다. 나아가, 이 논문의 두 번째 목적은 일본인 이케다 다이사쿠의 평화운동을 조명하는 것이다. 그는 자신이 평생 존경하는 스승의 '원폭수폭 사용 금지' 주장의 평화사상을 이어받았고 또한 전쟁에서 사망한 친형의 전사통지서를 받고 통곡하는 어머니를 통해 군국주의를 지향하는 조국 일본을 평생 비판하는 사람이 되었고 수많은 탄압을 받으면서 독자적인 평화운동을 통해 국내외의 많은 사람들에게 평화를 심어주고 있기 때문이다.

조영식과 이케다 다이사쿠는 동시대의 인물로 전쟁의 참혹한 모습을 목도했고 그들 자신과 형제가 그 전쟁의 쓰라림을 체험했던 사람들이다. 이러한 배경 속에서 조영식과 이케다 다이사쿠가 추구했던 평화이념의 동질성을 발견할 수 있다. 무엇보다 이들은 궁극적으로 인류의 복지를 통해 평화를 추구하고자 하였다. 조영식은 학문적으로 평화를 접근했을 뿐만 아니라 평생 평화교육에도 열정을 바쳤다. 이케다는 종교적 평화를 이념화하였는데, 이 니치렌 불법(日蓮佛法)의 종교를 통해서 평화운동을 실천 및 전개해 나가고 있다.

조영식과 이케다는 각국을 방문하였고 세기의 지식인들, 문학가들, 평화사상가 및 학자들, 그리고 세계적 정치지도자들과 교류하고 대화하면서 그 결과물을 선언서로 채택하는 등 평화를 실천하기 위하여 각고의 노력을 한 인물들이다. 이처럼 조영식과 이케다가 세계평화를 위해 걸어온 지칠 줄 모르는 족적은 이제 위대한 평화적 실천운동의 중요한 사례로서 심도있는 고찰과 논의를 할 때가 되었다. 조영식이 개인적으로 만든 표현인 '오토피아(Oughtopia)', 즉, '당위적으로 요청되는 평화로운 사회'를 위해 나아가자고 호소하고, 이케다가 인간이 가지고 있는 내면성을 발현시켜야 평화로울 수 있다고 '인간 혁명'을 외친 저변에는 어떠한 평화운동의 실천방안이 자리하고 있는지를 고찰, 분석하는 것은 평화연구의 도정에 있는 많은 사람들에게 중요한 시사점을 제공할 수 있을 것이다. 그러나 어떤 인물의 개인적 평가는 자칫 주관적 찬양에 빠질 위험성이 있고 결과적으로 그 진정성을 훼손할 우려도 없지 않다. 그러므로 본 논문은 조영식과 동시대인으로서 또한 왕성한 평화운동을 전개하고 있는 일본의 이케다 다이사쿠를 상호 비교적으로 고찰해보고자 한다.

연구의 방법으로는 정치학, 평화학과 관련한 다양한 문헌연구를 중심으로 하고 부분적인 직접 인터뷰를 병행하였다. 이는 일본 소카대학(創價大學) 방문과 한국 SGI를 방문하여 간부들과 인터뷰한 자료들을 활용하였다.[2]

2. 이론적 배경과 선행 연구

평화를 중국어로는 '화평(和平)'이라고 부른다. 이 '화(和)'는 화순(和順), 화협(和協), 조화(調和), 온화(溫和)를 뜻하고 '평(平)'은 공평(公

---

2) 필자는 1997년 10월 30일~11월 3일까지 일본 소카대학을 방문하여 관련 자료를 수집하였고, 2015년 10월 6일 한국 SGI를 방문하여 김규식 문화홍보국장, 구형모 대외협력부장, 이희주 부인부장과 인터뷰하였다.

平), 평등(平等), 평형(平衡)을 뜻한다.3) 조영식은 평화(平和)의 본래 의미가 화합(和合)과 고요함을 말함이요, 평등하게 화합하는 것을 의미하지만 굴종(屈從)과 평정(平定), 평온(平溫)과는 다르다4)고 지적한다. 일본평화학회에서는 평화는 마음의 상태로 보고 이와 관련하여 다양한 표현을 사용하고 있다.5) 평화의 실천자 간디는 평화를 비폭력으로 간주했고 무력적 저항에는 순응하지 않으며 반대를 했다. 특히 싸우지는 않지만 저항은 하는 것이었다.6) 보다 학문적으로 접근한 평화의 개념은 소극적 평화(negative peace)와 적극적 평화(positive peace)에서 볼 수 있다. 소극적 평화란 비교적 간단히 정의되어 전쟁이 없는 상태를 말한다. 그러나 적극적 평화는 한마디로 요약하기가 쉽지 않다. 평화학자 갈퉁(Johan Galtung)은 이를 사랑과 인도주의에 기초한 사회조화를 위한 열망이라고 했으며7) 평화사상가 조영식은 전쟁이 없는 상태는 물론이고, 인도적이며 개인과 집단을 막론하고 모든 적대관계가 없을 뿐만 아니라 상부상조하고 있을 때 즉, 조화된 상태를 평화로 보아야 한다8)고 주장한다. 이케다는 평화만큼 존귀한 것은 없다고 역설한다. 또한 탈현실주의 평화학은 인간의 기본적 욕구와 집단, 국가의 평등 및 발전과 가치실현을 중시하고 이를

---

3) 陳立夫, 孔孟學說中之和平, 孔孟月刊, 弟十期, 3. 참조.

4) 조영식, '나의 世界平和白書', 『평화연구』 제VI권, 제2호, 경희대학교 국제평화연구소, 1987년, 12월, p.19.

5) 「(국가 또는 세계의) 평화, (사람들 또는 그룹간의) 화합, 친목, 친화, (사회의) 치안, 안녕, 질서, 화해, (마음의) 너그러움, 안심, 평온 평정, 평온(평정)한 상태, (장소의) 평정, 조용함, 한정, 침묵, 고요.」, 일본평화학회 편집위원회 편, 이경희 역, 『평화학: 이론과 과제』(서울: 문우사, 1987), p.206.

6) 차기벽, 『간디의 생애와 사상』, (서울: 한길사, 1989), pp.134-145.

7) Johan Galtung, "Peace Research: Past Experiences and Future Perspectives," Peace and Social Structure: Essays in Peace Research, Vol. 1, Atlantic Highland: Humanities Press, 1975-85, pp.244-252.

8) 조영식, "전쟁없는 인류세계를 바라보며," 국제평화연구소편, 『세계평화는 과연 이루어질 수 있는가』(서울: 경희대출판국, 1984), pp.29-34.

방해하는 구조적 폭력은 배제하는 방식으로 평화에 접근한다.[9] 뿐만
아니라, 평화의 의미에는 복지, 발전 – 평등의 개념과 페미니즘, 초국
가주의와 시민운동(grassroots movement) 등이 중요한 것으로 포함된다.[10]

평화연구에 대하여는 경험주의에 기초한 경험적(empirical) 평화 연
구, 비판주의에 기초한 비판적(critical) 평화연구, 구조주의(constructivism)
에 기초한 구조적 평화연구로 구분할 수 있는데, 특히 구조주의적
평화연구란 어떤 일들을 하는 데 필요한 가치와 대상의 연구에 역점
을 둔다. 특히 갈퉁은 '평화적 수단에 의한 평화'의 저서에서 평화의
이론에 대해 광범위한 내용과 방대한 자료로서 설명하고 있으며, 구
체적으로 평화연구를 진단, 예측, 처방의 3단계로 구분하고 있다.[11]
진단은 평화가 무엇인가? 왜 평화를 연구해야 하는가에 대해 전쟁의
참혹상, 핵 반대, 폭력, 파괴 등으로 인한 물질적 정신적 폐해 등에
서 찾을 수 있겠다. 예측에 대해 조영식과 이케다 두 사람은 평화실
천을 위한 방안으로 어떠한 상황을 예측해보았을까? 조영식은 70년
대 말 세계 3차 전쟁이 발발할 수 있다는 예측과 판단 아래 '세계평
화'를 강력하게 주장하게 된다. 이케다는, 일본이 남의 나라를 침략
하고 폭격하는 것을 반대하고 더 이상의 파괴가 없도록 원자폭탄 수
소폭탄 제조금지 선언을 실행한 스승(도다 조세이, 창가학회 2대회
장)의 영향을 받아 일본이 타국에 사죄해야 한다는 사고(思考)를 견
지하게 된다. 처방은 두 사람의 이러한 진단과 예측에 따른 일련의
상황에 대하여 어떠한 방안으로 대처해 나가는가로 모아질 수 있다.

---

9) 박주식, "탈현실주의 평화학", 『유엔세계평화의 해 10주년 기념 학술회의, 평화연구: 이론과 실
제』, 사단법인 한국정치학회, 1996. p.8.

10) 하영애, "동아시아 평화운동과 여성의 역할," 한국여성 NGO위원회, 『제2차 동아아시아 여성
포럼』, 1986, pp.375-376.

11) 요한 갈퉁 저, 강종일, 정대화, 임성호 등 역, (2000), pp.69-100.

따라서 본 연구는 평화를 위한 처방, 즉 조영식과 이케다의 평화운동의 실천적 측면에 중점을 두고 비교 고찰해본다.

비교분석을 시도함에 있어서 평화운동은 무엇인가? 평화운동을 보다 적극적으로 추동시킬 수 있는 범주는 무엇이 있는가? 문화적이고 적극적인 평화는 폭력의 합법화를 평화의 합법화로 바꿀 수 있다. 또한 사상, 종교, 예술, 학교, 대학, 언론 등이 적극적인 평화의 문화를 만들 수 있으며 이러한 요소들을 통해 평화운동을 실천해나가야 한다. 평화 운동은 실제로 광범위하고 다양하다. 국제평화연구위원회(IPRA)에 의해 설정된 18가지 규정의 분류에서 평화운동들에 대한 정의를 살펴보면, 평화운동은 사회와 세계의 내부에 있는 직접적이고 구조적이며 문화적인 평화를 위한, 사회와 세계 내부에 있는 시민 사회의 운동들이라고 제시하고 있다.[12] 그렇다면 평화운동을 어떻게 실천해야 할 것인가? 간디는 평화의 실천운동을 세 가지로 제시했는데 첫째, 비폭력 사회를 위한 개인의 마음을 준비하기 위해 새 교육 제도의 기초를 세우는 것이며,[13] 둘째, 근대 공업문명의 영향을 거의 받지 않아 옛날의 소박성을 그대로 가지고 있는 인도 농촌에서 도덕적 및 경제적 부흥의 '건설적 프로그램(Constructive Program)'에 착수하는 것이었다. 셋째, 폭력적 세력이 비폭력적 사회의 건설을 가로막고 있는 장애물을 제거하기 위하여 사티아그라하[14]의 방법을 창안하였다. 즉 교육을 통해 제도개선과 경제적 삶의 질 향상으로 발전을 추구하며, 정신적으로 상대방을 계몽시키는 방안으로 해석할

---

12) 요한 갈퉁 저, 강종일, 정대화, 임성호 등 역, (2000), pp.89-90.

13) 차기벽, 『간디의 생애와 사상』, p.134.

14) 사티아그라하는 상대방을 폭력으로 패배시키는 대신 정신적으로 상대방의 마음을 변화시킴. 즉 자진하여 고난을 당함으로 상대방의 마음속에 있는 사랑과 인간적인 감정을 환기시키는 데 있다. 차기벽, 『간디의 생애와 사상』, pp.134-138.

수 있겠다. 이론가이면서 실천을 중시하는 갈퉁은 최근 한 세미나에서 한국의 독도 문제에 대해 한국과 일본이 공동으로 관리하고, 그에 관한 경제적 이익도 함께 공유해야 한다는 파격적이지만 실질적인 방안을 제시하기도 하였다.[15]

그러나 평화운동을 실천함에 있어서 창조적인 갈등해소의 대안은 없기 때문에 해결되지 않는 문제는 수직적으로는 강연으로, 수평적으로는 세미나와 토론으로 개발될 수 있고 학생들과 교수들의 대화를 비롯한 평화지도자들 간의 대담으로 개발될 수 있다. 갈퉁은 연방(정부−관료주의), 자본(기업) 그리고 사람과 사람의 비공식 또는 공식적인 모든 조직이 시민사회 내에 있는 사회나 세계의 다른 세 분야에서 얻을 수 있다고 보았다. 또한 공식조직은 비정부조직(NGO)과 같이 세계 내의 NGO들을 포함하고 있다. 그러므로 평화연구가는 6가지의 범위에서 연구할 수 있을 것이다. 첫째, 정부들과 정부들 간의 기구들. 둘째, 많은 평화잠재력을 가지고 있는 UN에서. 셋째, 국내와 다국적 기업들 내부에서. 넷째, 국내와 국제민간 기구들(IPO; International People's Organization). 다섯째, UN을 포함한 국가 조직 내에서 대안들을 제시함으로써, 폭력사용을 억제하는 데 더 많은 초점을 맞추든가 그렇지 않으면 이러한 대안들을 규정하는 데 초점을 맞추어야 한다. 여섯째, 대학과 대학원 교육에 관심을 가지고 연구발전 시켜야 하며 평화훈련 역시 중요하다. 이에 대하여 갈퉁은 이 세상에 절대적으로 필요한 것은 대학원졸업 후의 훈련으로서 경영학 석사(MBA) 같이 '평화갈등의 해소 석사(Master of Peace and Conflict Resolution)' 과정은 여러 곳에 있을수록 좋다[16]고 제시

---

15) 선문대학에서 개최한 문선명 평화사상 기념 학술세미나에 초청된 요한 갈퉁의 기조연설 중에서. 2015. 8. 24. 오전 10시.

16) 요한 갈퉁 저, 강종일, 정대화, 임성호 등 역, (2000), pp.89-91.

하였다. 이외에 평화운동과 그 실천에서 종교적인 요소 역시 중요하다. 간디는 바람직한 종교도 사랑 내지 아힘사(비폭력)를 통하지 않고는 진리를 발견할 수 없다는 주장으로 파괴의 법보다 더 고차원적인 법이 평화의 법, 비폭력의 법이며 "아힘사는 인류의 규범이요, 힘사(폭력)는 동물계의 법칙"이라고 강조하였다.[17] 차기벽은 '간디의 생애와 사상'에서 간디에 의하여 공개적으로 수행된 집단적인 종교적·도덕적 실험은 정치적 및 사회적인 것이었으며, 정치적 실험은 인도해방운동으로서 수행되었고 사회적 실험은 각종의 건설사업(Constructive Work) 단체들의 도움을 얻어서 경쟁이 아니라 협동에 입각하며 착취가 전혀 없는 비폭력 사회를 건설하려는 노력으로서 수행되었다[18]고 갈파했다. 간디의 사상이 거대한 종교적 기초와 눈에 보이지 않는 기초위에 세워지고 실현 가능성과 조국의 원망(願望)에 적용된 사회활동이라면 조영식과 이케다는 인류복지에 큰 뜻을 두고 평화스런 사회를 만들기 위한 다양한 사회운동을 전개하였다. 본 연구는 위의 6가지 중에서 첫째, 대학 교육에서 평화 이념의 실천. 둘째, NGO 조직을 통한 평화운동의 진행. 셋째, 종교를 통한 평화운동 전개. 넷째, 유엔을 통한 평화운동의 주장과 실천의 4개 항목에 대해 비교·분석해 보고자 한다.

평화운동의 주체자로서는 지식인, 학자 등이 핵심적인 역할을 할 수 있다. 지식인 및 학자들이 주도적 세력으로 적극적인 활동을 전개하는 것이 필요한데 이는 그들이 사상과 이론을 학술세미나를 통해 지속적이고 체계적으로 실천해온 것은 반핵, 반전운동 이상으로 값지고 보람 있다[19]고 하겠다. 그러나 이러한 지식인이나 학자들의

---

17) 차기벽, (1989), p.86. 재인용.

18) 차기벽, (1989), p.82.

19) 평화운동의 주체자로 지식인 및 학자가 중요한 이유는 첫째, 이들은 비교적 현대세계가 당면

통찰력과 전문적인 연구를 추동할 수 있는 힘, 즉 평화운동을 전개하는 자가 필요하다. 그것은 바로 오늘날 다양한 분야에서 정부나 국가가 하지 못하는 일까지 하는 시민단체 및 NGO들이 주체가 되어야 평화활동은 더욱 확산될 수 있다. 평화운동의 방식은 과거, 반핵, 전쟁방지, 평화-안보 군축 등의 방법에서 인권, 평등, 갈등해소 등으로 변천하였고 운동의 양상도 정부기구의 국가, 국제기구 등에서 사회단체, 시민단체 NGO로 많이 바뀌고 있는 양상이다.

그러므로 본 연구에서 평화·평화운동의 함의는 분쟁을 포함한 비평화적 상황을, 힘에 의해서가 아니라 교육, 세미나, 강연, 좌담회, 결의문 등 다양한 방안과 기구를 통해 인류복지를 추구해나가는 것을 의미한다. 또한 적극적 평화관으로서 인간을 존중하고 개인, 집단, 국가의 발전과 가치실현을 가능하게 하는 인류복지사회를 이루어 가는 과정을 포함한다.

평화에 대한 선행 연구로는 최상용의 현대평화사상의 이해,[20] 차기벽의 간디의 생애와 사상,[21] 요한 갈퉁의 평화적 수단에 의한 평화,[22] 오영달의 현 유엔의 한계와 대안적 평화유엔,[23] 김택환의 세계평화와 한길땅(한반도) 통일을 위한 언론의 역할과 사명,[24] 국제

한 문제점을 잘 파악하고 있고. 둘째, 미래사회가 어떻게 되어야 하는지에 대한 비전(vision)도 다른 어떤 계층들보다 잘 제시할 능력이 있고, 셋째, 지식인 학자들은 정치인 및 종교인들 보다 편입된 이익을 위해 몰입하는 경우가 적으며 비교적 객관적으로 평화운동을 운영할 수 있다. 신정현, "현대세계와 평화연구", 『평화연구』, 제1권 제1호, 경희대국제평화연구소, 1981. pp.37-38.

20) 최상용, 『현대 평화사상의 이해』, (서울: 한길사, 1976)

21) 차기벽, 『간디의 생애와 사상』,(서울: 한길사, 1989)

22) 요한 갈퉁 저, 강종일, 정대화, 임성호 등 역 『평화적 수단에 의한 평화』, (서울: 들녘, 2000)

23) 오영달, "현 유엔의 한계와 대안적 평화유엔." 세계평화교수협의회, 통일사상연구원, 선문대 문선명연구원 주최, 『문선명 선생의 평화·통일운동과 비전』, 성화3주년 기념 국제학술세미나 발표논문, 2015. pp.271-289.

24) 김택환, "세계평화와 한길땅(한반도)통일을 위한 언론의 역할과 사명", 세계평화교수협의회, 통일사상연구원, 선문대 문선명연구원 주최, 『문선명 선생의 평화·통일운동과 비전』, 성화3주년

평화연구소의 세계평화는 과연 이루어질 수 있는가[25] 등이 있다. 이들 자료는 평화연구에 있어 다양한 이론적 토대와 이해의 폭을 넓혀준다. 본 연구에서 대상으로 삼고 있는 조영식과 이케다 다이사쿠에 관한 연구로는 오영달·하영애의 칸트의 영구평화론과 조영식의 오토피아평화론,[26] 하영애의 오토피아(Oughtopia) 이론의 내용과 전개,[27] Ikeda Daisaku, Humam Revolution[28] 등이 있다. 그 외 한국 SGI와 미원 조영식 박사 기념 사업회에서 출판한 자료들이 상당수 있다.[29] 그러나 이들 대부분은 조영식과 이케다의 사상과 업적들에 관한 연구에 중점을 두고 있으며 두 사람을 비교한 사례는 드물다. 특히 평화운동의 실천에 관해 두 사람의 연구를 체계적으로 비교한 것은 없다. 따라서 본 연구는 조영식과 이케다가 국내외에 펼쳐 온 평화실천운동에 중점을 두고 비교 고찰해본다. 또한 두 사람의 평화실천운동에서 공통점과 차이점은 어떠한 점이 있는지도 검토할 것이다.

기념 국제학술세미나 발표논문, 2015. pp.547-558.

25) 국제평화연구소 편, 『세계평화는 과연 이루어질 수 있는가』(서울: 경희대 출판국, 1984)

26) 오영달, 하영애 "칸트의 영구평화론과 조영식의 오토피아평화론: 세 수준의 이론적 분석, 『아태 연구』 제17권 제2호 (2010년 8월)

27) 하영애, "오토피아(Oughtopia) 이론의 내용과 전개: 중국과 대만사회의 수용", 『한중사회 속 여성리더』, (파주: 한국학술정보, 2015)

28) Ikeda Daisaku, The Human Revolution, (New York: Weatherhill, 1972)

29) 조영식, 『민주주의 자유론』(서울: 경희대학교 출판문화원, 2014); 조영식, 『문화세계의 창조』(서울: 경희대학교 출판문화원, 2014); 이케다 다이사쿠, 『인간혁명의 세기로』(서울: 중앙일보J&P, 1999); 이케다 다이사쿠, 『지지않는 청춘』(서울: 조선 뉴스프레스, 2015); 이케다 다이사쿠, 『이케다 다이사쿠 명언 100선』(서울: 매일 경제신문사, 2014) ; 이케다 다이사쿠, 조문부, 『희망의 세기를 향한 도전』(서울: 연합뉴스, 2004); 이케다 다이사쿠, 미하일 고르바초프, 『20세기 정신의 교훈』(서울: 연합뉴스, 2003)

3. 조영식과 이케다 다이사쿠의 생애와 평화사상의 배경

조영식과 이케다는 수많은 저서를 숙독했으며 다양한 분야에서 활동을 하였고 광범위하게 국내외적으로 많은 사람들을 만났다. 그들은 칸트, 아리스토텔레스, 간디, 공자 등 동서양의 석학들의 연구들을 섭렵하여 폭넓은 사고를 가지기도 하였다. 본 논문은 두 사람의 다양한 사상 중에서 평화에 대해 집중적으로 조명해보고자 한다.

1) 조영식의 생애와 오토피아 평화사상

조영식은 1921년 10월18일 평안북도 운산에서 태어났다. 운산지역에서 금광업을 하는 아버지 조만덕(趙萬德)의 영향으로 인생에 가장 중요한 것은 매사를 '생각하라'는 교훈이었다고 한다. 이 '생각'을 중요시하는 사상은 그가 평생 사랑한 경희대학교의 교정과 도서관에 '生覺하는 者 天下를 얻는다'라는 제어에서도 볼 수 있으며, 그가 뛰어난 평화사상가 실천가로서 외국인들에게 위대한 국보급 인물(偉大的 國寶人)로[30] 칭송되는 배경이기도 할 것이다. 그는 어린 시절 민족적 수난기와 혼란기를 겪었고 '학도병 의거사건'을 주도하여 감옥 생활을 하였으며 해방 이후 월남하였다. 조영식의 인생에 있어 부모에 대한 효심이 뛰어난 것은 잘 알려진 사실이다. 그는 혼자 월남하였고, (북한에서 오시지 못한 부친을 위해 빈 묘소를 세워두고

---

30) 세계평화의 날 행사에 참여한 외국인들은 경희대학교 국제캠퍼스의 교문 개막식에 참석하여 독일 통일을 상징하는 형상의 교문 제막식에서 입을 모아 환호하였으며, 한 중국학자는 조영식 박사를 위대한 국보급 인재(偉大的 國寶人)로 호칭하였다.

있다) 후일 남하하여 학교교육에 전념할 수 있도록 물심양면으로 도움을 준 어머니 강국수 씨와 부인 오정명의 숨은 공로를 뺄 수 없을 것이다. 당시 어려운 여건 속에서 평화복지대학원이 설립되었고 전 교생이 장학생인 이 학교에서 초창기 학생들의 체력을 중시하였으나 체육복을 사는 비용이 없어, 어머니와 부인 오정명 등이 시장에서 천을 사와서 직접 만들어 입혔다. 또한 학교 교직원들의 봉급 날짜에 부족한 재원을 마련하기 위해 부인 오정명은 고심하며 걷다가 전봇대를 받아 이마에 그 흔적이[31] 평생 남아 에피소드로 전해지고 있다.

조영식은 평화에 대한 깊은 연구와 사색에 기초하여 독특한 '오토피아'[32] 평화론을 제시하였고 이를 바탕으로 한평생 인류사회의 복지를 위해 전쟁방지 등 세계평화에 관한 여러 문제들을 논의했을 뿐만 아니라 또한 평화 운동을 실천에 옮기기 위해 현장에서 혼신의 노력을 기울여왔다. 그는 이미 그의 20대 후반인 1948년 민주주의 자유론―자유정체의 탐구, 1951년 문화세계의 창조, 1975년 인류사회의 재건, 그리고 1979년 오토피아: 전승화 이론을 기초로 하여 등을 주요 단행본으로 출판하였었다.[33] 뿐만 아니라 그가 주도적으로 조직해왔던 수많은 국내외 회의들에서 행한 연설의 원고들이 2001

---

31) 자금 마련을 위해 고심하다가 집 골목길의 전봇대에 이마를 찌여 80세에도 마치 부처의 앞이마처럼 흉터가 남아 있다.

32) 오토피아(Oughtopia)라는 저서의 이름이자 이 용어는 조영식 자신이 조어한 것으로 '당위적으로 요청되는 사회(ought-to-be society)'를 의미하는 것이다. 흔히 '정신적으로 아름답고(spiritually beautiful), 물질적으로 풍요로우며(materially affluent) 그리고 인간적으로 보람 있는(humanly rewarding) 사회'를 그 구체적인 내용으로 한다. 그는 오토피아가 하늘나라나 개념적 낙원이 아니라 이 지구상에서 실현가능한 사회로서 역사적으로 이와 유사한 개념들인 플라톤의 이상세계, 칸트의 목적의 왕국, 토마스 모어의 유토피아와 다르다고 말한다(Young Seek Choue 2001, p.235).

33) 그가 주창하는 전승화(全乘和) 이론과 주의생성론 (主意生成論) 등에 관해서는 하영애, "오토피아(Oughtopia) 이론의 내용과 전개: 중국과 대만사회의 수용", 『한중사회 속 여성리더』, (파주: 한국학술정보, 2015) 참조.

년과 2003년에 각각 3권(영문)과 5권의 전집(국문)으로 발간되었다. 대표적으로 '세계평화의 날'을 제정하게 되었고, 세계평화 국제세미나를 수십 년간 지속적으로 추진하였으며, 세계평화백과사전을 만들었고, 평화인재 육성을 위해 분투하였다. 상술한 것처럼 시대적인 배경과 환경은 조영식으로 하여금 평화에 대한 정신과 집념이 남달랐다고 하겠다.

2) 이케다 다이사쿠의 생애와 니치렌 불법(日蓮 佛法)

이케다는 1928년 1월 2일 일본 도쿄에서 출생하였다. 해초 제조업을 하는 아버지 네노기치(子之吉)씨와 어머니 사이에 8남매 중 다섯째로 태어났다. 그가 성장하는 시기에 4명의 형이 전쟁에 참가하였으며 큰형 기이치(喜一)가 여러 번 출정한 뒤 버어마에서 전사하였고(1947. 5. 30. 전사통지 도착),[34] 이에 대한 어머니의 절규와 슬픔을 직접 보았으며, 또 전화(戰火)로 집이 소실된 경험을 겪는 등 전쟁을 아주 깊이 증오하고 있었다.[35] 이케다는 이러한 청년기에, 믿어서 후회하지 않는 인생과 평화의 원리를 찾고 있었는데 그 시기에 스승 도다 조세이와 일본의 니치렌 불법을 만났다고 한다. 동시에 그가 평화사상을 체득하게 된 중요한 동기 역시 은사와 니치렌 불법임을 밝히고 있다.

그는 말하기를,

---

34) Ikeda Daisaku, *The Human Revolution*, (New York: Weatherhill,1972). 제1,2장 ; 마에하라 마사유키 지음, 박인용 옮김, 『이케다 다이사쿠 행동과 궤적』(서울: 중앙일보시사미디어, 2006), p.222.
35) 이케다 다이사쿠 지음, 화광신문사 옮김, 『행복을 여는 여성』(한국: 화광신문사, 1997 5판), p.225.

내가 열아홉에 불법을 평화의 철학으로 신앙한 직접적인 동기는 물론 은사 도다 조세이(戸田城聖, 1900-1958) 선생님의 위대한 인격에 감명을 받았기 때문입니다. …(전쟁을 증오하던 그러한 시기에 불법을 만나게 된 것입니다.) 나는 또한 이 불법을 통하여 세계적으로 확산시키고자 하였으며, 일생을 통한 도전으로 확신하고 추진력을 강구하였습니다. 왜냐하면, 인간을 위한 종교, 평화를 위한 종교인 불법을 일본과 세계에 유포해 나가는 것은 전대미문의 사업이었으며, 그 도전 속에서 나는 온갖 것을 배웠습니다. 인간의 강함과 약함, 숭고함과 비천함, 현명함과 어리석음을…. 그 모든 것들은 나를 단련시켰고, 점점 불법에 대한 확신을 깊게 해 주었습니다.[36]

일본 군국주의 정책에 반대하여 결국 옥사한 초대회장 마키구치 쓰네사부로(牧口常三郞)의 평화를 위한 신념을 이어받았다고 하겠다. 다른 하나는, 제2대 도다 회장의 원수폭 금지 선언이다. 1957년 9월 8일, 미쓰자와 육상경기장에서 열린 청년들의 체육대회에서, 지구상에서 원자폭탄, 수소폭탄을 절멸하는 것을 나의 제자들의 유훈으로 남긴다[37]고 선언한 유명한 평화 선언이다.

이케다에게 평화사상을 체득하게 하고 이를 평생의 실천사업으로 하도록 이념을 갖게 한 것은 세 가지로 보여진다. 즉 큰형의 전사, 초대 마키구치 회장의 일본 군국주의 정책에 관한 평화의 신념, 그리고 존경하는 도다 조세이 은사의 원폭, 수폭 금지선언 등은 이케다로 하여금 평화를 위한 길을 평생에 걸쳐 관철해 오게 했다고 할 수 있다. 이는 동시에 SGI에서 추구하는 평화의 이념이라고 할 수 있다.

36) 요한 갈퉁·이케다 다이사쿠 대담집, 『평화를 위한 선택』, (서울: ㈜신영미디어,1997), p.23.
37) 한국 SGI 문화홍보국이 2015. 10. 20. 제공한 자료 중에서.

4. 조영식과 이케다 다이사쿠의 평화운동 실천의 비교

앞에서 논의하였던 것처럼 조영식과 이케다의 평화운동 실천을 위한 비교의 요소는 다음의 4개 요소로 구분할 수 있다. 첫째, 대학 교육에서 평화 이념의 실천. 둘째, NGO 조직을 통한 평화운동의 진행. 셋째, 종교를 통한 평화운동 전개. 넷째, 유엔을 통한 평화운동의 주장과 실천. 이들 4개 요소에 대해 구체적으로 고찰 해 보고자 한다.

1) 대학 교육에서 평화이념의 실천

1960년대 중반 베를린 장벽의 축성과 쿠바의 미사일 사태가 양대 초강대국간의 전쟁을 촉발할 위기에 이르자 조영식은 세계적인 평화교육의 중요성을 깨닫고, 세계 고등교육 기관들의 상호협력과 교류의 목적을 가진 세계대학총장회의(The International Association for University Presidents: 이하 'IAUP')의 창립을 1964년에 논의하였다.[38] 여기에는 미국, 필리핀, 아프리카 등 대학총장 4명의 교육계 지도자들과 그의 비전에 대해 논의하고 그들의 적극적인 동의를 받아내었다. 이 비전은 예측 및 실현 가능하고, 현실적이며, 또 명확한 목표를 가진 스마트(SMART: Specific, Measurable, Attainable, Realistic and Tangible)한 비전으로 발전하였으며[39] 1965년 영국 옥스퍼드 대학에서 창립총회를 개최하고[40] 21개국에서 150여명의 대학총장들

---

38) Won Sul Lee, *The IAUP and Dr. Choue*, Global Leader With Great Vision, p.475.

39) *Ibid.*, pp.475-476.

40) 금년이 IAUP 50주년이었으며, 경희대 조인원 총장이 당시 발기인 중 한사람인 조영식과 경희

이 참여하였으며 아놀드 토인비(Arnold Toynbee)를 비롯하여 아더 노링톤(A.L.P. Norrington) 옥스퍼드 대학 총장 등이 기조연설을 하였고 조영식은 주제발표를 하였다.

제2차 IAUP회의는 1968년에 경희대학교에서 거행되었고 이 행사에는 세계의 석학들과 한국의 박정희 대통령이 직접 회의장에 도착하여 축하연설을 하였다. 이 대회의 개최는 국민총생산(GNP)이 80여불 밖에 안 되는 당시의 국가현실로 보아 지극히 어려운 일이었으나, 상아탑에서의 평화교육의 중요성과 이에 대한 세계 지성인들의 역할을 강조함으로써 이들의 동참을 이끌어내었으며 조영식 특유의 조직력과 불굴의 의지력으로 성공할 수 있었다고 하겠다. 그 후 조영식은 1971년에 필리핀 대학총장연합회가 주최한 마닐라 시 창설 400주년기념 세계대학총장회의(WCUP)에서, '교육을 통한 세계평화의 구현(World Peace through Education)'이란 주제로 기조강연을 하였으며, 제4차 IAUP회의를 보스턴에서 개최하였을 때, 그는 기조연설에서 "오늘의 대학은 정신적 심연에서 허덕이는 인류를 건져 내야 한다"고 강조하고 특히 그 실천방안으로 '평화지향의 교육'을 제시하였다. 조영식의 이처럼 다양한 국제학술회의 개최의 원래의 목적은 전 세계 지성인들이 한자리에 모여 현대문명의 위기를 진단하고 세계평화의 길을 모색하자는 것이었다.41) 조영식은 국제적으로는 IAUP 활동을 통해 세계 상아탑에서 평화의 실천을 강조하였고 국내적으로는 자신이 설립한 경희대학교에서 평화이념을 실천하였다. 또한 그는 갈퉁이 주장한 대학원 과정에서 평화학 석사들을 배출해내었으며42) 이들은 다양한 훈련과 실천을 통해 세계 각지에서 평화분

대를 대표하여 옥스퍼드 대학에 참여하고 당시를 회고하고 기조연설을 하였다. 2015. 5. 26.

41) 『학문과 평화, 그 창조의 여정 — 경희학원 설립자 미원 조영식 박사』, (서울: 경희대학교 출판문화원, 2014), pp.156-157.

야에 주목할 동량으로 성장해나가고 있다.[43]

이케다는 1964년에 「創価大学設立構想」을 발표하고, 1971년 봄에 소카대학이 개교되었으며 1985년에는 소카여자단기대학이 개교되었다.[44] 그 후 미국 등 해외에 소카대학(SUA)이 설립되었다.[45] 예를 들면, 平成13年(2001年) には'アメリカ・カリフォルニア州に'アメリカ創価大学(SUA)が開学 池田大作名誉会長は'SUAの使命を「世界市民の育成」と語る°「将来'世界を舞台に' 人類全体のために活躍する人物を輩出したい」「一宗一派のためにやっているんじゃない」.[46] 또한 2015년에는 '인도 소카이케다 여자대학교'에서 제16차 입학식이 거행되었다.[47] 현재 소카대학에는 이 학교 출신의 다마이 히데키(玉井秀樹)교수가 평화학과 국제관계론을 담당하고 있다.

2) NGO 조직을 통한 평화운동의 실천

조영식의 평화 추구는 세계평화에 많은 중점을 두고 있다. 이에 대한

---

42) 심지어 평화전문교육기관 평화복지대학원(The Graduate Institute of Peace Studies-GIP로 약칭함)을 설립하여 학생정원 100명에 6개 학과와 26개 전공을 세분화하고 석사과정의 교육이 이루어졌다. 특히 평화학과에서는 평화학 전공, 국제기구 전공, 분쟁조정전공, 통합이론 전공, 평화통일 전공으로 세분화 하였으며 이들 재학생들은 모두 전액장학생으로서 교육에만 전념할 수 있도록 배려하였다. 『평화복지대학원 25년사 (1984-2010)』, (평화복지대학원 발행, 2015), pp.64-66.

43) 필리핀의 페드로 (Pedro B. Bernaldez) 교수, 히로시마 대학의 김미경 교수, 연세대학의 문경재 교수, 충남대의 오영달 교수, 경희대학의 신상협, 홍기준 교수 등 약 40명의 교수와 학자들을 비롯하여 평화운동가로서 미국 할렘가에서 인권운동을 하고 있는 최상진 목사, 동티모르대학의 최창원 등 졸업생 총 403명을 배출하였다. 『평화복지대학원 25년사 (1984-2010)』, (평화복지대학원 발행, 2015), p.202.

44) SOKA net 平和 文化 教育, http://www.sokanet.jp/hbk/heiwa.html(검색일: 2015. 10. 5.)

45) SOKA net 平和 文化 教育, http://www.sokanet.jp/hbk/heiwa.html(검색일: 2015. 10. 5.)

46) SOKA net 平和 文化 教育, http://www.sokanet.jp/hbk/heiwa.html(검색일: 2015. 11. 4.)

47) 화광신문, 2015.10.9. 관련기사에서.

내용을 구체적으로 보면, 그는 이제 지역협동사회(Regional Cooperation Society)와 지역공동사회(Regional Common Society) 그리고 지구협동사회(Global Cooperation Society)와 지구공동사회(Global Common Society)라는 새로운 개념을 제시하며 그 실현을 주창해왔다. 그리고 그 실천운동을 밝은사회 클럽이라는 NGO 단체가 추진하면서 평화운동의 가치를 돕는 운동 즉, 지구협동사회에서 Global Common Society – 지구공동사회, 또는 Global Confederate States – 하나의 세계 국가연합을 지향하였다.[48]

조영식이 주창하는 평화운동을 실천하는 조직체로서 밝은사회 운동의 조직은 유엔경제사회이사회에 등록되어 있으며, 이 GCS-NGO 국제본부(GCS International)의 초대 총재를 조영식이 맡아서 세계평화 운동 등 5대 운동을 전개하였고, 각각의 단위클럽에서도 꾸준히 실천해 나가고 있다.[49] 이 GCS-NGO 클럽의 회원들은 평화를 위한 '인간 띠 잇기 운동'을 개최하였고, 매년 '세계평화의 날'을 기념하며 다양한 활동을 추진하고 있다. 과거 조영식이 생존 시에는 세계의 석학들을 초청하여 평화 관련 국제세미나를 17년간 지속적으로 개최하였으며[50] 동부 클럽에서는 '평화음악회'를 금년까지 7년 동안 진행하여 이웃과 지역주민들에게 평화의식을 고취하고 있다. 2015년 10월 24일 일본 도쿄에서 기존의 GCS일본 국가본부 외에 새로운 GCS 도쿄클럽의 결성식을 개최하였으며,[51] GCS-NGO단체의 평

---

48) 조영식. "21세기 민주주의와 팩스 UN을 통한 신국제질서". 조영식, 『아름답고 풍요하고 보람 있는 사회』, 제2권. (서울: 경희대학교 출판국, 2003), p.663.

49) 예를 들면, 밝은 사회 국제클럽 한국 본부 동부클럽에서는 2015년 세계평화의 날 기념을 맞이 하여 제7회 평화음악회를 개최하였는데, 600여명이 들어가는 구리문화예술관 대극장이 꽉 차 도록 시민들에게 많은 각광을 받고 함께 즐기는 지역축제로 자리잡아가고 있음을 볼 수 있음. 2015. 10. 13. 오후 7시30-9시30 공연.

50) '세계평화의 날 기념 및 국제세미나 개최현황', 하영애, (2005), pp.213-215.

51) 밝은사회 일본 도쿄 결성대회(10월21일-24일) 참고. 2014년에는 GCS미얀마 국가본부 결성. 일

화운동은 지속적으로 추진하고 있다.

한편, 조영식은 또한 '일천만 이산가족재회운동 추진본부'를 발족시키고 국내외적으로 이 운동을 전개하였다. 2천여만명의 서명을 받아 기네스 북[52]에 올랐고, 이산가족재회위원회는 회장의 공문을 각국의 대통령, 유엔의 사무총장, 각 국가의 대사들에게 보내어 그들의 동의를 이끌어내고 한국의 분단 상황을 각 국가에 알리는데 큰역할을 하였다. 그러나 이산가족의 상봉을 위한 노력은 한 가지 사례에 불과하다. 또한 그는 GCS 한국본부의 회원들 수 천 명이 판문각에 모여 평화통일을 염원하는 '인간 띠 잇기' 행사를 개최하기도하였다. NGO의 맹아기에 유엔 경제사회이사회와 밝은사회 국제본부, 경희대 3자가 공동주최한 '1999서울 NGO세계대회'[53]를 개최하였고, 기공식 후 23년 만에 완성한 경희대학교 내의 건축물을 '평화의 전당'으로 명명하였다. 동시에 그 회의 기간에 난민, 평화보트, 평화군축 운동 등 많은 세미나가 개최되어 국내외에 NGO의 활성화를 통해 평화의 의미와 중요성을 정착시키는 계기가 되었다.

이케다의 NGO활동으로는 여성조직을 통한 평화운동의 실천을사례로 들 수 있다. 이케다는 니치렌 불법의 영향을 평화이념에 녹여내었다. 그리고 서구와 그리스도교보다 동양과 여성사회가 더욱적극적으로 실천할 수 있다고 보았다. 특히 여성사회가 억압받고 있음에 비유하여 남성사회의 폐쇄성과 권력성과의 관계에서 해결점을

본과 미얀마의 두 결성대회는 필자가 직접 참석하였다.

52) '일천만 이산가족 재회 추진위원회'(위원장 GCS국제본부 총재 조영식)은 1983년 9월 한국의 KBS TV를 통해 이산가족 찾아주기 활동을 전개하여 10,180가족을 상봉(재회)시킴. 1993년에는 제3차 사업으로 '이산가족 재회 촉구 범세계 서명운동'을 전개하였고 1994년 11월 4일 통계에 따르면, 서명인 총수는 153개 국가, 21,202,192명으로(기네스 북 1위) 하영애, (2005), pp.147-148.

53) 1999서울NGO 조직위원회, 『1999서울NGO 백서』, (1999서울NGO 조직위원회 발간: 2000)

모색하고 있음도 보여 지고 있다. 그는, 니치렌 불법에서는 '수라(修羅)'를 남성에 비유했는데 이 수라의 오만함은 8만 4천 유순(고대 인도에서 길다는 것을 나타내는 거리의 단위)에 미치고, 대해의 물도 무릎밖에 차지 않을 정도라는 것이다. 모든 것을 자기 지배 아래에 두고 자기 뜻대로만 하려는 수라의 충동은 바로 남성의 논리 그 자체라는 것이다. 남성사회가 가진 이러한 관념성과 폐쇄성, 권력성을 극복하기 위해서는 확고한 현실감각에 뿌리를 둔 '등신대(等身大)'의 평화사상, 평화운동이 반드시 필요하다고 주장한다. 즉 '등신대'는 추상적인 이론보다는 인간의 감성에 충실하고, 크리스트교의 '신'과 결부된 초월적인 관점은 언제나 배제된다. 그리고 이러한 불교의 사고방식은 인간이 기준이 된 것이며, 동양적 발상의 특징이기도 하다54)고 그는 강조한다. 이러한 그의 여성관은 많은 저서에서 SGI 회원들과 특히 여성회원들을 고무시키고 있다. 한국SGI에서도 150만 회원 중 여성의 활약이 두드러진데, 여성에게도 남성과 동등하게 역할을 맡기고 발언권을 부여함으로써 여성들이 크게 활약하고 있다. 또한 인도에서도 여성의 활동이 두드러진다. 예를 들면, '인도 소카 이케다 여자대학교'에서 제16차 입학식이 거행되었으며 2015년도부터 경제학부와 사회복지학부가 개설되고 수학, 영문학, 사회복지학 석사과정이 개설된다.55)

특히, 이케다가 전개하는 평화운동 중에는 언론매체를 활용하여 자신의 평화운동 실천을 전 세계에 홍보하고 있다는 점이다. 대표적인 언론으로는 한국SGI에서 매주 금요일 발행하는 '화광신문'을 들 수 있다. 필자는 학문적 호기심과 한 여성NGO를 이끌고 있는 책임

---

54) 요한 갈퉁·이케다 다이사쿠 대담집, 『평화를 위한 선택』, p.67.
55) 화광신문, 2015. 10. 9. 관련기사에서.

자로 회원증가의 요인에 대해 묻지 않을 수 없었다. 이에 대해 SGI 관계자는 "아마 '니치렌 불법'으로 SGI회원님들이 괴로운 인생이 행복한 인생으로 전환되고, 인생을 바라보는 관점이 긍정적이고 희망적으로 바뀌면서 신앙에 대한 확신을 갖게 되며, 그런 감사함에서 자발적으로 후원을 하게 되는 것 같다."[56]고 설명한다. 그리고 이러한 후원회는 1년에 한 번 4일간 개최 되는데 회원들은 그들의 소신과 형편에 따라 후원금을 내게 되었고 그 결과로 이케다 기념 홀이 만들어졌다고 한다. 이는 타 NGO 단체와는 다른 종교적 힘이 있기 때문이기도 하지만 다른 한편으로 이케다는 종교도 경제적으로 자립하지 않으면 국가의 간섭에서 벗어나기 어렵기 때문에 '종교의 경제적 자립'을 강조한 것이 많았는데 이러한 사고는 전체 SGI에서 자연스럽게 받아들여졌다고도 할 수 있겠다.

또한 이케다는 일본 정당 중에 '공명당' 의원들을 많이 배출하였다. 그러나 의원들은 시민의 신하, 공복노릇을 해야 한다고 강조함으로써 정치와 종교 혹은 니치렌 불법을 정치권 위에 두기도 하는 모습을 보이기도 하였다.[57] 이는 그만큼 일본 내에서 이케다 자신과 창가학회의 기반이 공고함을 보여주고 있으며 그가 일본 내에서 수많은 탄압을 받았지만 건재하게 니치렌 불법으로 평화운동을 실천하고 있는 증거라고 할 수 있겠다.

---

56) 구형모 한국SGI 대외협력부장과의 대화에서. 2015. 10. 8. 오후4시-20분.

57) 필자가 일본소카대학을 방문했을 때, 공명당 국회의원들이 면담을 요청하였으나 이케다는 의원들을 만나는 일정을 많이 미루었으며, 다른 일에 더 우선순위를 두기도 했었다. 비슷한 내용을 저서에서도 볼 수 있다. 마에하라 마사유키 지음, 박인용 옮김, 『이케다 다이사쿠 행동과 궤적』, pp.209-210.

3) 종교를 통한 평화운동 전개

　평화운동의 실천에서 종교는 중요한 기제라고 할 수 있다. 간디와 갈퉁 역시 이러한 견해를 가지고 있는데 그러나 간디와 갈퉁은 어느 하나의 종교에 치우치지 않아야 된다고, 타 종교의 중요성을 갈파하였다. 종교와 관련하여 특히 이케다는 니치렌 불법을 통해 그의 평화 사상을 체득하였기 때문에 이 불법에 자신의 평화이념을 녹여내고 실천운동으로 전개하고 있다.

　그러면, 이케다가 말하는 불법, 즉 니치렌(日蓮) 대성인 불법58)은 무엇을 말하는가? 그는 말하기를, "니치렌 대성인의 불법은 '내면에서 침잠(沈潛)'하는 것을 중시하는 종래의 불교입장에서 '내면에서 발동(發動)'하는 것을 중시하는 입장으로 전환함으로써 민중불교로 확립된 것입니다. 내면으로 침잠하는 것을 중시하는 입장이 사회의 번민에서 벗어나는 것을 이상으로 하는데 비해, 내면의 발동을 중시하는 입장에서는 사회생활을 오히려 '연(緣)'으로 삼아 그것을 실현해 나가는 일이 가능하다고 봅니다. 여기에는 불법의 골격이라 할 수 있는 '연기(緣起)' 설이 실천적 형태로 살아 있습니다".59) 그는 다

---

58) 좀 더 실질적이고 구체적으로 설명하면, 흔히 우리가 이해하고 있는 불교는 법당에 세 부처의 상이 있다. 그러나 니치렌 불교는 법당의 단상에 금이나 나무로 만들어 세워진 케이스에 불상은 없고, 세로로 글씨―南舞妙法蓮華經 日蓮(이것을 일본어로 '남묘호렌게교 니치렌'이라고 읽는다고 한다)―가 쓰여진 '만다라 본존'이 있다. 또한 일반적인 불교경전의 법화경(法華經)에도 '만인 불성'이 있는데 이는 모든 사람에게 불성(佛性)이 있다고 설한다. 그러나 그 불성을 어떻게 끄집어내는가에 대해 구체적으로 설파하지 못하고 있었다고 한다. 그런데 13세기 니치렌에 의해 법화경 경문의 이름, 우주 법칙의 이름(그들은 남묘호렌게교를 또한 우주 법칙의 이름이라고 한다)을 부름으로써 불성을 끄집어낼 수 있다는 것이다. 특히 '만다라 본존'을 연으로 하여 불성을 끄집어내어 긍정적인 생명을 얻게 된다는 것이다. 그런데 중요한 것은 바로 창가학회 초대 회장 마키구치 교장이 1928년에 니치렌 불법을 만나고, 2년 후 1930년에 창가학회를 설립하였고, 그 후 제2대 회장에 도다, 제3대 회장에 이케다가 취임하게 되는데, 창가학회에 의해 니치렌 불법이 현대에 되살려졌다고 한다. 필자와 한국SGI 주요간부와의 인터뷰. 2015. 10. 6. 14시-16시까지. 한국 SGI 본부방문.

59) 요한 갈퉁·이케다 다이사쿠 대담집, 『평화를 위한 선택』, p.177.

시 강조한다. "내발적인 것을 중시하는 니치렌 대성인의 불법에서는 연기설이 인간의 실천, 생활차원에 살아있습니다. 연기설은 모든 사실의 상호관련이라는 인식의 차원을 넘어 그 상관관계를 성립시키는 생명의 역동성을 가리키고 있습니다. 그것을 자신의 생명에서 발견해 나가는 것이 연기설적인 에토스(공생의 에토스)를 형성해 나가기 위해서는 불가결하다고 생각합니다".[60] 이러한 니치렌 대성인 불법에서는 '대승 불교'를 철저하게 중시하고 있는데 그것은 사회생활을 영위하는 재가의 사람들에 대한 불도(佛道)의 완성을 주안점으로 하는 교의(敎義)와 수행형태가 수립되었기 때문이라고 한다.

이케다는 (갈퉁과의 대화를 통해) 갈퉁의 불교에 대한 견해, 즉 불교는 평화의 적극적 창조에 가장 접합한 신앙체계라고 평가하고 스무 가지 장점(무아·비폭력·자비·공생·다양성·중도사상 등)을 공감하였다. 그러나 갈퉁이 제기한 여섯 가지의 단점에 대해서도 의견을 피력하였다. 그것은 ① 불교는 그 관용성으로 인해 예컨대 군국주의와 같은 극히 폭력스러운 조직마저도 용인하기 쉽다. ② 경제정책에서 구조적 폭력도 묵인하기 쉽다. ③ 승가(僧伽)는 흔히 사회로부터 고립하여 자폐(自閉) 집단이 되기 쉽다. ④ 때로는 보수나 그밖의 이익을 수반하는 권력에 쉽게 영합한다. ⑤ 패배를 간단히 받아들이는 '숙명론'에 빠질 경향이 있다. ⑥ 종종 의식(儀式)에 흐르고 화려해지며 품위를 잃기 쉽다. 그런데 이케다는 이러한 요인은 불교가 민중생활을 떠나 '인간을 위한 종교'라는 본래의 역할을 잊고 제도와 종교의 권위에 예속되었을 때 빠지는 경향이라고 비판하였다. 또한 이것은 불교에만 국한 된 것이 아니라 크리스트교 사회에서 흔히 행해지는 교회비판과도 상통한다는 것이다. 그러나 특히 니치렌

---

60) 요한 갈퉁·이케다 다이사쿠 대담집, 『평화를 위한 선택』, p.177.

불법에서는 '법(法: 다르마)'의 내재성 때문에, 단점을 극복하기 위해 서는 끊임없는 자기혁신(르네상스)운동이 불가결하다고 제시하였다.

이케다는 창가학회(SGI)라는 조직체를 통해 자신의 평화이념을 실천에 옮겨나갔다. 창가학회는 니치렌 불교의 종단이라고 할 수 있다. 창가학회 초대 회장 마키구치 교장은 1928년에 니치렌불법을 만난다. 2년 후 1930년에 창가학회를 설립하고 책 '창가교육학 체계'를 집필하였다. 처음 '창가학회'의 이름은 '창가교육학회'였는데 후일 '창가학회'로 체계화 하였다. 그 후 마키구치 회장은 사상범으로 1944. 11. 18. 옥중사망 하였으며 2대 도다 조세이 회장은 1945. 7. 3. 병보석으로 풀려나오게 된다.[61] 도다 회장은 이 조직을 일본 내에서 크게 번창시켰다. 그가 취임시기 3,000세대이던 학회를 7년간 75만 세대로 확장 발전시킨 것이다. 그러나 이케다가 평생 숭상해 온 스승 도다 회장은 외국에 나가보지 못했다. 따라서 제3대 회장을 맡은 이케다는 스승 도다의 세간의 칭호 '조직가'의 실력을 뛰어넘어 자신의 평화이념을 국제창가학회(SGI)라는 국제기구로 격상시키고 미국, 소련, 브라질, 이탈리아, 한국 등 192개 국가로 아시아는 물론 전 세계적으로 확장시켜 나가고 있다.[62] 그중에서도 한국 SGI는 현재 150만 명의 회원을 가지고 있으며, 일본 창가학회에 이어 세계에서 두 번째로 큰 니치렌 불교 종단인 셈이다. 또한 이케다는 평소에 평화를 추진해나가는 조직체 중에 여성들의 활동에 커다란 중점을 두었다. 그는 서구에서는 백인과 기독교 그리고 남성조직이 구조적 폭력을 낳았다고 강조하고[63] 이와 반대로 아시아에서는 불교와 여

---

61) Ikeda Daisaku, *Ibid.*, pp.3-16. ; 한국 SGI 방문 주요간부와의 인터뷰 중에서, 2015. 10. 6. 오후 2시-4시까지.

62) 한국 SGI 방문, 김규식 문화홍보국장, 구형모 대외협력부장, 이희주 부인부장 등과 필자의 인터뷰 중에서. 2015. 10. 6. 오후 2시-4시까지.

성이 평화를 위한 중심축이 될 것을 바랐고 그러한 맥락에서 창가학회는 일본, 중국, 한국 등 아시아에서 활발히 추진되고 있으며, 특히 구성원 중 여성들의 수가 적지 않다. 예를 들면, 현재 한국 SGI에서 전체 150만 명 중 여성회원은 55%[64]에 이르고 있을 뿐만 아니라 2010년에 구로동에 새 건물 '이케다 기념강당'을 건립하였으며 평화전시회를 개최하고 있다.[65] 한국 SGI가 추구하는 운동 중에는 이케다의 '평화'를 1순위에 두고 있다. 그들은 이케다의 사상과 정신을 인간 개개인에 쏟아 부음으로써, 개개인 회원이 밝고 긍정적이며 평화와 행복을 추구하며 니치렌 불교를 더욱 발전시키고 있다고 생각하고 있다.

그러면, 한국 SGI 회원들은 어떻게 이 니치렌 불법 운동을 생활에 적용시키고 있을까? 지면관계로 세 사람의 인터뷰 내용을 요약하면, 김규식 국장과 구형모 부장은 병약했던 어머니가 니치렌 불법을 신앙한 후 완쾌되었고[66] 여성간부는 깊이 납득되는 가르침과 법문에 마음이 끌렸고, 특히 3대 이케다 회장이 일본이 36년간 한국을 통치한데 대하여 일본이 잘못했다고 하며, 한국을 일본에게 있어 문화대은인의 나라라고 언급하는 역사인식은 그들에게 큰 감동을 주었다고 하며, 이케다 회장의 가르침과 삶의 지침에서 큰 용기를 얻는다고 한다.[67] 이들은 매일 아침저녁으로 '남묘호렌게쿄(南無妙法蓮華經)'라고 부름으로써 자신의 생활을 점검하고 용기와 희망을 통해, 니치렌 불법을 생활화한다고 하였다.

---

63) 요한 갈퉁·이케다 다이사쿠 대담집, 『평화를 위한 선택』, pp.6-7.

64) 한국SGI 방문, 주요간부와 필자의 인터뷰 중에서. 2015. 10. 6. 오후 2시-3시까지.

65) "핵무기 없는 세계를 향한 연대展", 이케다 기념강당 1층 특별전시장, 2015. 10. 6. 필자참관.

66) 한국SGI 방문, 주요간부와 필자의 인터뷰 중에서. 2015. 10. 6. 오후 2시-3시까지.

67) 한국SGI 방문, 주요간부와 필자의 인터뷰 중에서. 2015. 10. 6. 오후 3시-4시까지.

이들은 현재 한국 SGI 중진간부로서 니치렌 불법을 평화, 행복과 더불어 추진해나가고 있는 핵심인물들이다. 이처럼 이케다의 니치렌 평화불법의 궁극적인 운동전개는 '인간의 행복', '인류의 복지'를 위한 희망을 향해 나아가고 있다고 보인다.

조영식 역시 종교와 관련하여 세계적으로 유명한 성지를 탐방했고 그의 사상이 깊이를 더 할 수 있도록 하였다. 그는 특히 기독교를 중시하였고 목회자가 되고 싶어 며칠 동안 철야기도를 올렸으나 결코 어떠한 기독교적 기적도 일어나지 않았으며 결국 포기하고 말았다고 한다.[68] 그러나 그는 경희의료원에 '성지에서 온 교회'를 지어 환자나 기독교인들이 동참할 수 있도록 하였다. 그럼에도 그는 기독교에 국한되지 않았고 종교를 초월했다고 할 수 있는데, 석가모니에 관한 문헌과 불교의 성지를 고찰하고 이에 대한 소회를 글과 시를 통해 불교의 평화사상을 내면화하기도 했다.

4) 유엔과 국제사회에서 평화운동의 주장과 실천

평화지도자들의 불굴의 노력은 불가능할 것처럼 보이는 것을 가능하게 만든다. 바로 조영식의 '코스타리카 결의문(Costa Rican Resolution)'[69]은 유엔으로 하여금 '세계평화의 날'을 지정토록 한 결정적 계기로서 이를 뒷받침한다. 1981년 7월 3일 코스타리카(Costa Rica)의 수도 산호세에서 열린 제6차 IAUP 마지막 날 조영식은 "유

---

68) 경희대학교의 '목요 세미나'는 약 40여 명으로 구성되어 있는데, 어느 날 세미나 평가 시에 조 박사는 이러한 자신의 종교관련 내용을 솔직히 털어놓았다.

69) 세계평화의 날을 제정하게 된 중요한 단초가 된 '코스타리카 결의문'에 관해서 당시의 상황을 서술하고 있다. 미원조영식박사 기념사업회, 『학문과 평화 그 창조의 여정』, pp.173-175.

엔으로 하여금 세계평화의 날과 세계평화의 해를 지정하도록 촉구하자"고 제안했다. 미·소간의 경쟁이 치열해지고 핵무기와 장거리 미사일에 의한 제3차 세계대전이 발발할 경우 인류가 멸망할 것이라는 지성인들의 우려 상황에서 조영식이 제안하였고, IAUP는 이를 받아들여 '코스타리카 결의문'을 채택하였다. 그러나 당시 한국은 유엔회원국이 아니었기 때문에 의안을 제출할 권한이 제한되어 코스타리카의 로드리고 카라조 대통령의 도움을 얻어 안건을 제출하였고, 시련을 겪은 후 1981년 11월 30일 참가국 만장일치로 '세계평화의 날'이 유엔에서 통과되었다. 그러나 조영식은 이 일을 위해 27일에서 30일까지 3일간 회갑잔치까지 포기한 채 뉴욕에 체류하면서 각국 대표들을 만나 설득하는 한편 무려 2,000통의 편지를 세계지도급 인사들에게 발송하는 등 인고의 노력 끝에 값진 결과를 이루어 내었다.[70]

2015년 현재는 한국이 이미 유엔에 가입(1991년 9월) 되어 국제사회에서 다양한 활동을 하고 있지만 1981년 당시는 유엔에 미가입 상태였기에 평화의 날 제정을 위한 어려움은 더욱 컸다. 그러므로 세계지성인들인 수많은 대학총장들의 평화에 대한 열망을 담아 조영식 의장이 제출했던 '코스타리카 결의문(Costa Rican Resolution)'은 (비록 코스타리카의 대사를 통해 유엔에 제의되었지만) 마침내 유엔의 제36차 총회에서 통과되었던 것이다. 따라서 당시 제출되었던 "Costa Rican Resolution"은 세계평화의 날 제정의 뿌리와 원류로써 대단히 주목할 필요가 있으며, 동시에 커다란 시사성을 내포하고 있다고 하겠다. (부록 참조)

---

70) 당시 한국의 가족과 지인들은 철야기도를 했다고 한다. 왜냐하면, 당시 조영식은 유엔에 평화의 날 제정이 통과되지 않으면 돌아오지 않고 자결을 할 의도로 단도를 품고 갔기 때문에 초비상이었다고 한다. 김봉임, '세계평화의 날 제정되던 그날', 『인간 조영식박사 101인집』, p.521.; 김운호, "살신성인의 의지로 평화의 날과 해를", 『인간 조영식박사 101인집』, pp. 492-495.

뿐만 아니라 조영식은 세계의 평화와 관련하여 많은 사람들을 만났다. 수많은 국제평화세미나를 개최하였고, 수많은 국가를 방문하여 석학들과 만나고 대화를 했다. 인도의 시인 타고르, 고르바쵸프, 역대의 유엔 사무총장들을 만났으며 유엔사무차장 죠셉 버너 리드는 이러한 조영식의 평화기념식과 국제세미나에 예외없이 참여하여 분단된 한국인을 격려하였다. 수많은 선언서, 결의문이 채택되었고 이러한 내용은 영어, 독어, 중국어 등으로 번역되었으며 각 국가에서 자료를 요청하였다. 특히 그의 평화운동의 궁극적인 목적은 인류의 복지를 위함이며 제2르네상스 운동, 인류사회재건 운동, 지구공동사회운동 등을 통해 끊임없이 추구되고 있다고 하겠다.

이케다의 평화에 대한 실천은 '사람'을 만나고 사람과 '대화'하면서 평화와 인간의 중요성을 니치렌 대성인의 불법으로 설파하면서 전개하였다. 그리고 그것은 수많은 강연과 인간과의 만남에서 체현되었다고 보인다. 예컨대, 하버드대학 강연에서 생과 사에 대해 무엇이 연(緣)해서 노사(老死)가 있는가, 생에 연해서 노사가 있다고 연기론의 인과율을 제시하였고 또 그가 항상 주장하는 인간본성을 갈파하였다. 그는, "불전에는 내가 곧 나의 주인이다. 어찌 다른 누가 주인일까, 나를 잘 억제한다면 인간이 구하기 어려운 주인을 얻게 된다."고 강조하고, 불법의 '나' '자신'이 '소아(小我)'가 아니라 '대아(大我)'를 말하며, 대승불교가 설한 이 대아는 일체중생의 고(苦)를 자신의 고(苦)로 삼는 '열린 인격'의 다른 이름이며, 항시 현실사회의 인간군(人間群)을 향해 발고여락(拔苦與樂)의 행동을 펼치는 것이다[71] 라고 하였다. 또한 그는 평화운동을 위해 국내외에 전시회를

---

71) 이케다 다이사쿠, 『21세기 문명과 대승불교-해외대학 강연집』, (서울: 화광신문사, 2011), pp.32-33.

개최하였는데, '용기의 증언-안네 프랑크와 홀로코스트전(勇気の証言-アンネ・フランクとホロコースト展)', '라이너스 폴링과 20세기전(ライナス・ポーリングと20世紀展)'을 비롯하여 '전쟁과 평화전(戦争と平和展)'은 1989년 뉴욕의 유엔본부에서 순회를 시작하여 5개 국가 13개 도시에서 순회 전시하였는데 세계의 시민 80만 명이 감상하였고 이는 군사 면에 거치지 않고 인종차별정책 등 평화에 대한 다각적인 관심을 제시하였다.[72]

이케다는 수많은 국가를 방문하였고 그 국가에 영향력을 발휘하는 많은 사람들과 만나고 대화하고 강연하였다. 중국의 주은래(1974년 12월)와 북경에서 일·중의 국교 회복을 위한 회견, 영국의 아놀드 토인비(1972년 5월)와 런던에서 생명론, 환경 문제, 전쟁과 국제문제, 여성론 등 다양한 분야로의 대담을 비롯하여, 소련의 고르바쵸프(1990년 7월)와 크렘린에서 인류의 미래에 대한 상념들을 펼쳐가며 폭넓은 대담을 하는 등 1960년부터 많은 사람들과 교류하고 그의 평화불법을 피력하였다. 1997년 11월에는 조영식 박사를 일본의 소카대학에 초청하여 대담 시 일본정부를 강력하게 비판하였고,[73] 이듬해인 1998년 5월에는 경희대학교의 조영식 총장이 이케다를 초청하여 그가 추진해 온 평화의 노고에 대해 명예박사학위를 수여하였다.

이상에서 고찰하였듯이 조영식과 이케다는 유엔과 국제사회에서의 평화에 대한 실천과 평화에 대한 결의문·강연·대담으로 인류 복지를 추구하고 있음을 알 수 있다.

---

72) http://www.sokanet.jp/hbk/heiwa.html (검색일: 2015. 10. 6.)

73) 조영식 박사와 필자를 포함한 8명의 교수들이 소카대학과 창가학회를 방문하여 '평화'간담회를 하였다. 이케다는 조영식일행과 함께한 대화 중에 한국 침략에 대해 일본정부를 비판하였다. 1997년 11월 1일 소카대학 회의장에서.

5. 결론

2015년의 G20 정상회의를 앞두고 테러분자들은 프랑스 전역에 동시다발로 총기를 난사해 수백 명의 사상자를 내는 끔찍한 만행을 저질렀다. 이는 우리들에게 평화와 평화운동의 필요성을 더욱 부각시켜주고 있다.

본 연구는 조영식과 이케다 다이사쿠의 평화운동의 실천에 대한 비교고찰이다. 비교분석의 요소는 대학 교육에서 평화 이념의 실천. NGO 조직을 통한 평화운동의 진행. 종교를 통한 평화운동 전개. 유엔을 통한 평화운동의 주장과 실천 4개 항목으로 고찰하였다.

첫째, 조영식과 이케다는 각각 경희대학교와 소카대학을 설립하고 그 교육과정에 평화관련 과목을 설강했다. 경희대 평화복지대학원에는 평화학 전공, 국제기구 전공, 평화 통일전공 등을, 소카대학교에는 문학부에 평화분쟁해결학, 법학부에 국제평화·외교코스를, 학제과(學際系)에는 평화, 인권, 세계 과목이 설강되어 있어[74] 두 창립자의 평화에 대한 교육이념이 대학교육에 반영되고 있음을 알 수 있다. 특히 경희대 평화복지대학원은 다양한 분야의 업적을 인정받아 1993년에 유네스코로부터 '평화교육상'을 수여받았다.

둘째, NGO 조직을 통한 평화운동의 측면에서는, 조영식은 GCS국제본부의 창립, 1999년 서울 NGO 세계대회 개최, 이산가족 재회운동, 인간 띠잇기 운동 등의 실질적 운동으로 한국사회에 인간애와 평화의식을 제고시키는 역할을 했다. 두 사람의 단체들은 UN-NGO로 등록되어 역할을 하고 있다. 즉 한국에서 창설된 GCS국제클럽은 유

---

74) http://www.soka.ac.jp/sp/department/department (검색일: 2015. 11. 16.)

엔경제사회이사회 자문기구로 등록되어 있고, 이케다가 결성한 SGI 역시 유엔경제사회 이사회와 유네스코에서 NGO로 활약하고 있다.

셋째, 종교적 측면에서는 조영식은 초기에 기독교에 심취하였으나, 불교성지 탐방 등 비교적 폭넓게 종교를 접하였으며 석가의 정신적 측면을 중시하기도 했다. 그러나 그는 평화실천운동에 종교를 직접 적용하지는 않았다고 하겠다. 반면, 이케다는 니치렌 불법을 통해 그의 평화사상을 전개해 나가고 있다. 이 니치렌 불법은 그의 인생의 선배이자 스승 도다 조세이로부터 전수받고 192개 국가의 SGI를 통해 평화에 대한 인식을 확산시키고 있다. 예컨대, 핵·전쟁 반대, 전쟁과 평화, 인권관련 다양한 전시회를 미국 뉴욕, 한국을 비롯한 많은 도시에서 개최하여 이를 관람하는 수많은 국내외 시민들에게 평화의 중요성을 실감케 하였다.

조영식과 이케다는 많은 공통점과 차이점을 가지고 있었다. 공통점으로는, 첫째, 그들은 전쟁을 반대하고, 평화스러운 사회를 구축해야 되며 궁극적으로는 제 2르네상스 시대를 열어 정신적으로 물질적으로 행복한 인류의 복지사회를 만드는 것이었다. 그들은 동서양의 수많은 저서를 독파했고, 전 세계의 수많은 석학, 정치 지도자들, 평화 사상들을 만나 대화했으며, 의견을 교환하고 세계평화에 대해 자신들의 목소리를 내고 함께 논의하였다. 둘째, 그들은 세계평화를 위한 근본적인 방도는 세계적 연대를 이루는데 있다고 갈파하였고 다양한 연합체가 필요하다고 주장했다. 조영식은 지구공동사회(GCS), '팍스 유엔(PAX UN)'을 강조하였으며 이케다 역시 유엔의 역할을 중시한다. 왜냐하면 유엔이 평화적 수단으로 평화를 촉진할 것을 기대하기 때문이며[75] 또한 그는 평화를 바라는 세계시민의 합의를 상

---

75) 요한 갈퉁·이케다 다이사쿠, 『평화를 위한 선택』, p.6.

징하는 인류의 의회(議會)로서의 유엔을 강화해야한다고 했다. 셋째, 그들은 평화운동 전개를 위한 '조직적 실천가들' 이었다고 할 수 있다.

미국정치학회 회장을 역임했으며 펜실바니아대학교 정치학 명예교수였던 노먼 팔머(Norman Palmer)는 국제관계분야 사전(Lexicon)에 '오토피아(Oughtopia)', '팍스 유엔(PAX UN)', '지구협동사회(GCS)'를 올렸으며 '낙관적인 전망을 가진 실천주의자이다'.[76) 조영식의 평화를 위한 실천적 업적에 대해 평가하고 있다. 이케다 역시 조직적 실천의 대가이다. 그는 스승 도다 조세이가 니치렌 불법을 전파하면서 3,000세대에서 75만 세대로 확장시킨데 대하여 세인들이 '조직가'라고 극찬하였지만, 이케다 자신은 이러한 스승을 능가하여 평화를 중시하며 니치렌 불법을 192개 국가로 확산시켰다. 평화학자 갈퉁은 이러한 이케다의 평화불법과 평화운동에 대하여 공감하는 것을 볼 수 있다.

두 사람의 평화운동 실천의 차이와 특징에 대해 약술하면, 조영식의 평화운동의 실천적 처방은 '평화교육'에 중점을 두고 추진해나갔으며, 이케다의 평화운동의 실천적 처방은 '니치렌 불법'을 통해 전개해 나갔다. 조영식은 세계대학 총장협의회, 인류사회재건 연구원, 국제평화연구소, 밝은사회 국내외클럽 등의 조직을 통하여 개인적, 조직적 차원의 평화연구, 평화교육, 평화운동 등 삼위일체적인 활동을 유기적으로 펼쳤다.[77) 또한 그는 평화전문교육기관 GIP를 설립하였고 갈퉁을 비롯한 국내외 평화전문가를 초청하여 이들을 평화지도자로 육성훈련시켰으며 그의 이러한 노력으로 GIP는 1993년 '유네스코 평화교육상'[78)을 수상하여 주목받았다. 특히 미국, 중국

---

76) 인간조영식 박사 101인집 출간위원회, (1994), pp.184-186.

77) 손재식, '지구공동사회 구현 통한 세계평화를 꿈꾸다', 경희대학교 『대학주보–조영식 학원장 추모특집』, 2012. 2. 19. p.27.

48 조영식과 평화운동

등 대학에서 조영식이 주장한 '제2르네상스 운동' 학과 과정 설립, '오토피아 연구소 및 석사과정 개설' 등을 비롯하여, 중국과 대만의 지식인들이 오토피아 평화이론을 수용하고 있음은 주목할 가치가 있다고 하겠다.[79] 반면에, 이케다는 4명의 형들이 모두 전쟁터에서의 생활을 직접 경험하였고 맏형이 전사하는 참담함으로 평생 전쟁을 혐오했으며, 동시에 스승들의 영향으로 군국주의에서 벗어나지 못하는 조국 일본을 끝까지 비평하며 니치렌 불법을 통해 평화운동을 추진해나가고 있다. 니치렌 불교조직은, 이케다의 리더십과 종교가 갖는 '생명의 존엄성' – 연기를 통해 도다 스승보다 더욱 확산시켜 전 세계에 확산 증진되고 있다. 그리고 그들은 3대 운동 중 평화운동에 중점을 두며, 전쟁을 반대하는 전시회 등을 지속적으로 진행해 나가고 있다.

본 연구의 결과, 조영식과 이케다 두 사람의 평화운동의 궁극적 목적은 인류의 복지에서 찾을 수 있었다. 그들이 똑같이 '제2의 르네상스 운동'을 추구하며 인류가 원하는 인간다운 사회를 건설해야 한다고 강조한 점은 주목하지 않을 수 없는 평화운동가들의 실천정신이라고 하겠다.

끝으로, 조영식은 평생 그토록 갈망하던 조국통일을 뒤로하고 2012년 세상을 떠났다. 비록 뒤늦게나마 교육을 통한 평화운동에 착안하여 대학에서 후마니타스칼리지 세계평화주간이 선포되고[80] 평화의 중요성을 기리는 것은 바람직한 일이다. 여기서 2016년에는 한

---

78) 경기도 남양주에 있는 GIP 교정에는 '평화의 탑'이 세워져 있고 학교본부 건물 안에는 '유네스코 평화교육상' 조형물이 있다.

79) 하영애, (2015), pp.373-377.

80) "후마니타스칼리지 세계평화주간"(Humanitas College Global Peace Week)선포.
http://mail.12.daum.net/hanmailex/Top.daum (검색일: 2015. 9. 9.)

국인 조영식이 평화의 일념으로 핵심역할을 하여 이루어 낸 '세계평화의 날'의 제35주년(9월 21일)을 맞이하여 유엔 본부에 그에 걸맞은 '기념 표석'이라도 마련해야 한다는 과제를 제기한다.

▶ 부 록) 코스타리카 결의문
(Costa Rican Resolution)

2장_오토피아(Oughtopia)와
유토피아(Utopia)의 차이

밝은 사회운동을 연구함에 있어서 다른 사회단체나 조직체보다 독특한 점은 그 이론이 철학적 배경을 가지고 있다는 점이다. 그것은 「오토피아Oughtopia」의 저서에서 절정을 이루고 있다. 따라서 본문에서는 오토피아와 유토피아에 관해 살펴보고자 한다.

동서고금을 막론하고 인간은 행복하고 부유하고 보람 있는 사회생활을 꿈꾸며 살아왔다. 이러한 인간의 꿈을 문자로 기록해 놓은 것이 이 유토피아문학이라고 할 수 있다. 서구문화권에서는 플라톤의 「이상국가론」, 모어의 「유토피아(Utopia)」, 캄파넬라(Campanell)의 「태양의 나라」, 그리고 칸트의 「목적의 왕국」 등이 있는가 하면, 동양 문화권에서는 공자(孔子)의 태평대동(太平大同)의 이상사회사상(理想社會思想), 맹자(孟子)의 왕도정치론(王道政治論) 등을 들 수 있다.

그리스어 Utopia는 ou(無)와 topos(場所), 즉 어디에도 없는 곳(제일 좋은 곳-낙원)이라는 뜻에서 온 말인데, 이는 자본주의의 형성초기

에 있던 영국사회의 빈부의 격차를 일소하고 평등하게 사는 이상사회관을 세워보려고 한 것이었다.[1]

많은 유토피아 사상가들이 그들의 상상적인 낙원에서 실현하려고 한 것은 무엇이었는가? 그것은 곧 인간이 인간답게 살 수 있는 사회의 실현이 그 동기가 되고 있다고 하겠다. 예를 들면, 플라톤은 그의 이상국가에서 아테네의 타락한 형식적 민주주의가 아니라 공평하게 인간의 능력에 따라 가장 조화롭고 균형 있게 실현되는 실질적 민주주의를 그려놓았고 토마스 모어는 그의 유토피아에서 영국의 초기 자본주의의 발달과정에서 일어난 참혹한 현실을 비판하면서 수탈(收奪)없는 사회를 구현하였다.[2]

유토피아 사상가들의 상상적인 인간낙원이 오랜 세월을 두고 인간의 마음에 감동을 준 것은 인간이면 누구나 갈망하고 있는 이상적 상태, 곧 인간으로서의 보람이 실현되는 상태가 그들의 유토피아에서 나타나 있기 때문이다. 그러므로 단순한 상상적 국가(想像的 國家)에 그치지 않는 유토피아는 단지 문학적 흥미의 대상에 한정되지 않고 모든 분야에서 사상적으로 많은 영향을 미치게 되었다. 어떤 의미에서는 이러한 유토피아적 이상이 인류역사의 일관된 한 주류였다고 할 수 있다.[3]

그러므로 유토피아에 대한 긍정적인 면도 없지 않다. "유토피아는 인간의 가장 영원한 이상의 표현이었으며, 이것이 유토피아를 몽상(夢想)으로 만들지 않은 원인이었다. 이러한 의미에서 황문수 교수는 "유토피아사상가들은 참으로 웅대한 이상주의자였다."[4]고 피력하고

---

1) 조영식, 「인류사회의 재건」, p.222; 조영식, 「오토피아」, p.211.

2) 황문수, "오토피아와 인간적 보람", 「오토피아—이론과 실제」, 경희대 인류사회재건연구원 편, 1981, p.217.

3) 상게서, p.217.

있으며, 또한 유도진 교수 역시 "유토피아 사상가들은 모두 그들의 타고난 천분(天分)을 가지고 근본적인 원리와 우주의 심오한 정수(精髓)를 그려보고, 그러한 원리에 기초하여 그들이 살고 있던 역사적 시기에 바람직한 인간과 사회의 모습을 제시했던 천재들이었다."[5] 고 하였다. 그러나 유토피아는 오늘의 현실사회에서는 그 한계성을 가지고 있으며 그 실현을 위한 구체적 방법을 제시하지 못한 것을 지적할 수 있다. "이상국가론들은 본질적으로 당시의 사회적 문제 상황으로 부터 출발하여, 당시까지 가능하였던 해결방법을 적용하였던 것이므로 오늘의 지도이념이 될 수 없다."[6] 무엇보다도 인간의 능력마저 고려대상에서 제외한 무차별 평등사회를 지향하였고, 역사적 시대의 흐름과 사회적 배경을 무시한 것을 큰 단점으로 지적할 수 있다. 말하자면 아무데도 없다고 하는 뜻을 가진 유토피아는 사실상 또 영원히 어디서도 찾아볼 수 없는 공상으로 남게 되어 버린 이상국가론이 되었다.[7] 유토피아 그 자체가 나쁜 것이 아니라 그 실현방법이 모호하기 때문에 한낱 실현성 없는 환상에 불과하다고 하는 의미에 일부 사람들에 의해 경멸되어 온 것이다.[8]

그렇다면 오토피아는 오늘의 우리사회 시민의 이론으로서 뿐만 아니라 실천 가능성, 아니 실천해야 된다고 하겠다. 이에 관해 유도진 교수는 인간과 사회의 측면에서 설득력 있게 의견을 제시하고 있다.

> 그들의 유토피아는 인간적 보람이 완전히 실현된 상태를 상상
> 하고 이러한 상태의 실현이 인간의 이상이고 당위임을 강조하기

---

4) 상게서, p.219.

5) 유도진, "오토피아의 이론과 현실," 「오토피아―이론과 실제」, p.185.

6) 유도진, 상게서, p.185.

7) 조영식, 「오토피아」, p.211.

8) 조영식, 「인류사회의 재건」, p.223.

는 했으나, 그 구체적 실현을 위한 현실적 조건을 무시함으로써 현실과 유리된 상상에 그치게 되었다.9)

오토피아가 현대의 어떤 문제들에 대한 문제의식에서 발생되고 어떠한 해결을 제공하고 있는가를 보기 전에 선결되어야 할 기본적 문제라고 생각되는 것이 있다. 즉 어떠한 구체적 형태의 이상사회론이든 그것은 왜 촉구되어야 하고, 과연 실현 될 수 있는가의 문제이다. 이에 대한 해답의 하나를 인간과 사회의 관계에서 찾을 수 있다. 즉, 인간은 사회의 결정적 영향을 받기 때문에 이상사회는 반드시 인간에게 제시되어야 하고, 인간은 사회적 현상과 방향에 영향을 미친다는 점에서 이상사회론의 실현가능성이 있다. 그러면 오토피아에서 제기 되고 있는 독립적 실체, 사회적 실체로서의 인간이 사회구조와 어떠한 관계를 가지고 있는가를 살펴보자.

전통적인 사회관(社會觀)에서는 사회를 인식하기 이전에 통치관(統治觀)과 인간관계의 질서를 유지하기 위한 윤리관(倫理觀)으로서의 인간을 파악하는 데 그쳤다. 그러나 오토피아는 인간파악에 초점을 두었을 뿐만 아니라 인간의 사회파악에 초점을 함께 둔 데에 그 독특성이 있다10)고 하겠다.

밝은 사회운동의 이론의 핵심이라고 할 수 있는 조영식 박사의 "오토피아"도 인간적 보람, 인간적인 참인간사회건설을 궁극적 목표로 하고 있음에는 종래의 유토피아와 그 맥(脈)을 같이 하고 있다고 볼 수 있다. 그러나 조영식 박사의 오토피아는 실현가능성을 나타내는 데 그 특색이 있다고 하겠다.

조영식 박사는 자신의 오토피아와 종래의 유토피아의 차이를 다

---

9) 황문수, p.218.
10) 유도진, p.178.

음과 같이 말하고 있다. 오토피아(Oughtopia) 는 소망스러우면서도 소망할 수 있는, 인간이 현실적으로, 당위적으로 이루어야할 이상사회(理想社會)라는 의미에서 과거 소망만을 바라보는 비현실적, 비당위적 이상사회를 지향했던 유토피아와 구별한다.

> 이 이상사회는 인간이 행복하고 값있기 위하여 당위적으로 그렇게 살아야 한다는 의미에서 ought(當爲)와 topia(場所) 즉 Oughtopia 라고 이름한 것인데, 이것은 인간으로서 바랄 수 있고 또 당위적으로 그래야 할 실현가능한 사회라는 뜻에서이다. 오토피아는 무엇인가? 그것은 B.A.R., 즉 정신적으로 아름다운 사회(spiritually beautiful society), 물질적으로 풍요하여 편익하며 살기 좋은 사회(materially affluent society), 인간적으로 보람 있는 사회(humanly rewarding society)를 말한다.[11]

즉 아름답고 풍요롭고 보람 있는 사회를 이룩하는 것은 정도의 차이는 있으나 실지로 충분히 실천할 수 있는 실천을 전제한 이상사회라고 할 수 있다. 김기형 전 인류사회재건연구원장은 오토피아는 조영식 박사가 이제까지 품어왔던 철학을 집대성한 것이라고 이야기한다. "주의생성론(主意生成論)이 모든 사물, 사건의 근원적 원리를 논한 것이라면, 전승화(全乘和) 이론은 그러한 사물, 사건이 변화하여 조화하는 기능, 작용의 법칙을 논한 것이며 오토피아는 그러한 이론과 법칙에 근거하여 인간이 소망할 수 있고 실현할 수 있는 당위적 요청사회를 모색한 것이다."라고 오토피아-이론과 실제의 머리말에서 피력하고 있다. 황문수 교수 역시 "그의 오토피아는 현실과 유리된 허구(虛構)로서의 이상사회가 아니라, 현실을 기반으로 하고 그 기반 위에서 인간의 의식혁명에 의해 이룩하고자 하는 실현가능한

---

11) 조영식, 「오토피아」, pp.240-241.

이상사회"라고 제시하였다.[12)

　이상에서 살펴본 바와 같이 오토피아는 실현가능한 이상사회를 지향한다. 그렇기 때문에 그가 지향하는 밝은 사회의 이론은 <실천이론>이라고도 할 수 있다. 이념, 규범, 조직 그리고 활동을 골고루 갖추고 있는 명실상부한 실천이론으로서 이론이 이론 그 자체로서 끝나지 않는 것이 특징이라고 할 수 있으며 이러한 조영식 박사의 GCS의 이념은 바로 오토피아 역시 당위성과 함께 실현(실천)의 현실적 방안을 제시하고 있다는 점에서 종래의 유토피아와 크게 다르다고 하겠다.

---

12) 황문수, 상게서, p.219.

3장_오토피아(Oughtopia) 이론의 동북아시아의 수용

1. 서론

현대사회는 과학기술과 물질문명의 발달로 모든 것이 빠르고 편리함을 추구하는 사회로 변화하고 있다. 그러나 다른 한편으로는 전쟁, 폭력, 살인, 인신매매, 자살 등 극단적인 병리 현상이 만연하고 있는 것도 현실이다. 이러한 사회현상 속에서 오토피아 이론은 인간의 의지(意志)를 중요시하고 의식개혁과 시대정신을 통해 보람 있고 인간적인 사회를 이룰 것을 강조하고 있다. 오토피아[1]는 인간이 소망할 수 있고 또한 인간이 이룰 수 있는 당위적 요청사회로서, 정신

---

[1] 오토피아(Oughtopia)는 조영식의 저서의 명칭이다. 그는 인류가 능동적이고 자주적인 삶을 영위할 수 있도록 인간중심주의(Humancentrism)를 강조하며 인간이 외세에 쫓기며 다른 것에 기대지 말고 자립하여 살 수 있도록 하는 신념과 태도를 강조한다. 그리고 인간의 보람과 행복과 가치를 창조할 수 있는 20世紀人으로서의 책무를 다하기 위하여 이 저서를 출간한다고 그 목적을 제시하고 있다. 조영식, 『오토피아(Oughtopia): 전승화 이론을 기초로 하여』(서울: 을유 문화사, 1979), p.2.

적으로 아름답고 물질적으로 풍요로우며 인간적으로 보람 있는 사회를 말한다. 오토피아 이론의 제창자 조영식은 세계평화의 중요성과 긴박성에 대해 각국 석학들의 결의를 모았고 1981년 이를 유엔에 제의 하여 '세계평화의 날'을 만드는데 핵심적인 역할을 하였다. 당시 시대적 상황에서 평화에 대한 이러한 노력은 국제사회의 큰 반향을 일으켰고 미·소 양 대국의 화합을 가져오는 계기를 마련하기도 했다.

오토피아에 관한 연구는 이미 여러 학자에 의해 이루어졌다. 이화수의 "인간중심주의와 오토피아"는 오토피아에서 밝힌 '주리 생성론(主理 生成論)'을 원효의 화쟁론(和諍論)과 휴머니즘을 통해 비교분석하고 있다.[2] 또한 안정수는 "오토피아의 의미"에서 오토피아는 50년대의 '문화세계', 70년대의 '밝은 사회'와 내용적으로 이상적인 사회상을 표언(表言)하는 일관된 사상이 근저해 있으며, 하나의 사회개조운동의 지향목표로서 추구되고 있다[3]고 결론지었다. 유도진은 "오토피아의 이상과 현실"에서 이상 사회론의 실현가능성에 관하여 연구하고 국제적 공동기구건립, 인간존엄성에 대한 윤리적 가치의 재정립을 제시하였다.[4] 이외에도 적지 않은 학자들이 오토피아에 관해 연구하고 있다.[5] 그러나 이들 대부분은 오토피아의 이론연구에

---

2) 이화수, "인간중심주의와 오토피아", 인류사회재건연구원 편, 『오토피아의 이론과 실제』(서울: 양문각, 1981), pp.97-104.

3) 안정수, "오토피아의 의미", 인류사회재건연구원 편, 『오토피아의 이론과 실제』(서울: 양문각, 1981), pp.163-164.

4) 유도진, "오토피아의 이상과 현실", 인류사회재건연구원 편, 『오토피아의 이론과 실제』(서울: 양문각, 1981) pp.187-211.

5) 金天一의 『當代韓國哲學 Oughtopia 解析』(서울: 경희대출판국, 2005), 『重建人類社會의燈塔 — 趙永植博士與 GCS運動』(서울: 경희대출판국, 2005), 경희대 인류사회재건연구원과 요녕 대학 오토피아연구센터가 공동으로 펴낸 『오토피아니즘을 통한 인류사회의 재건』(2003), 하영애, "오토피아(Oughtopia)이론의 전개와 실천 그리고 세계평화를 위한 그 의미", 2009 한국국제정치학회 연례 학술회의 12월12일 발표논문.
Jae Shik Sohn ed., Restoration of Morality and Humanity (Seoul: The Institute of International

중점을 두고 있으며, 오토피아의 실천 활동에 관한 연구는 극히 드물고 특히 외국에서의 오토피아의 실천에 관한 체계적인 연구는 아직까지도 찾아보기 어렵다. 따라서 이 논문에서는 중국과 대만사회에서 오토피아 이론이 어떻게 수용되고 있으며 실제생활에서 어떻게 적용, 실천되고 있는지에 대해 고찰하고자 한다. 중국과 대만에서의 이 이론에 대한 수용과 영향을 살펴보는 것은 오토피아 이론이 단지 한국 내에서만 논의 되는 것이 아니라 한국 밖에서도 호소력이 있는 것으로 보여지기 때문이다. 더구나 중국과 대만은 자기 자신들의 문화에 대한 자존심이 높다는 것을 감안하면 더욱 그렇다.

어떤 하나의 이론이 그 호소력을 획득하기 위해서는 그에 대한 꾸준한 연구개발이 있어야하며 그것이 사람들에 의해 실천됨으로써 하나의 이상적 가치로서 받아들여져야만 한다. 따라서 오토피아 이론과 실천의 문제에 대하여 가치, 조직, 그리고 인간의 실천을 살펴보는 것은 매우 중요하다고 할 수 있다. 첫째, 사회과학 중에 가치(values)에 대한 가장 보편적인 용법은 인간의 주관에 따른 필요, 태도 혹은 욕망(desires)과 관련된 목표 또는 이 목표와 관련된 사물이라고 말할 수 있다.6) 오토피아에서 추구하는 가치는 정신적으로 아름다우며(Spiritually Beautiful), 물질적으로 풍요롭고(Materially Affluent), 인간적으로 보람 있는(Humanly Rewarding) 사회 (이하, B・A・R 사회로 약칭)의 성취이다. 다시 말해 인간의 존엄성을 가장 중시하는 사회, 일상적인 삶에서 선의, 협동, 봉사－기여정신의 실천을 말한다. 둘째, 조직의 중요성이다. 알몬드와 포웰(Almond와 Powell)은 『비교

Peace Studies ,1994), Pedro B. Bernaldez, Oughtopian Peace Model for Neo-Renaissance,(Legazpi: Aquinas University of Legazpi, Inc ., 2002)과 Praxis of Oughtopia (Seoul: The Institute of International Peace Studies, 1996) 등이 있다.

6) Louis Schneider, "Institution" in Julius Gould and William L. Kolb(ed), A Dictionary of the Sciences (1974) (臺北: 馬陵出版社, 1975), pp.15-20.

정치학』(Comparative Politics)에서 조직의 역할은 곧 하나의 구조라고 역설한다. 그들은 또한 하나의 구조는 일련의 상호적인 역할로 만들어진다[7]라고 지적하였다. 그러므로 오토피아 이론은, 그 이념개발을 위한 조직으로서 인류사회재건연구원을 들 수 있고, 그 실천활동을 위한 조직으로는 밝은 사회(GCS)[8]클럽국제본부, 외국의 각 GCS Club과 각 국가본부, GCS한국본부, 한국의 각 단위클럽을 두고 있다. 셋째, 인간의 실천적 측면은 오토피아 이론이 조직을 통해 그 가치를 구체적으로 어떻게 행동과 실천으로 옮기는지가 중요하다. 인간의 행동과 실천을 통하여 각종 활동을 실행해야만 비로소 사회조직 체계에 동태적 현상이 나타나게 된다. 즉 하나의 조직이 그 기능을 제대로 발휘하느냐 못하느냐의 여부는 실제로 어떤 조직의 구성원들의 실천의지와 행동과 관계가 있다[9]고 할 수 있다. 이러한 이해 하에서 본 논문은 오토피아 이론에서 주장하는 인간이 소망하는 사회(要請社會)를 이루기 위해 개인과 단체가 어떠한 활동을 했는지를 살펴보고자 한다.

2. 오토피아 이론과 인간가치의 추구

흔히 오토피아를 말할 때 유토피아를 떠올린다. 일반적으로 어떠

---

7) Gabriel A. Almond and G. Bingham Powell Jr., *Comparative Politics: System, Process, and Policy*, 2nd (Boston: Little, Brown and Co., 1978), p.12.

8) GCS는 선의, 협동, 봉사-기여(Good Will, Cooperation, Service)의 머리글 GCS와 Global Cooperation Society, Global Common Society 등의 의미를 가지고 있으며, '밝은 사회국제클럽 국제본부'와 '한국본부' 에서는 통상 '밝은 사회운동' 의 영문 약자를 'GCS'로 표기하고 있다. 본 문에서는 밝은 사회와 밝은 사회운동을 GCS로 함께 병용 한다

9) Femont E. Kast & James E. Rosenzweig, *Organization and Management: A Systems Approach* (New York: McGrow-Hill Book co., 1970), p.170.

한 형태의 이상사회론 이든 그것은 왜 추구되어야 하고, 과연 실현될 수 있는가의 문제로 귀결될 수 있을 것이다.[10] 전통적인 사회관(社會觀)에서는 사회를 인식하기 이전에 통치관(統治觀)과 인간관계의 질서를 유지하기 위한 윤리관(倫理觀)으로서의 인간을 파악하는 데 그쳤다. 그러나 오토피아는 인간파악에 초점을 두었을 뿐만 아니라 인간의 사회파악에 초점을 함께 두었다는 데에 그 독특성이 있다[11]고 하겠다. 오토피아의 이상사회는 "인간이 행복하고 값있기 위하여 당위적으로 그렇게 살아야 한다는 의미에서 ought(當爲)와 topia(場所) 즉 Oughtopia라고 이름 한 것인데, 이것은 인간으로서 바랄 수 있고 또 당위적으로 그래야 할"[12] 실현가능한 사회라는 뜻에서이다. 즉 오토피아는 이상사회를 넘어 '실현가능성'에 초점을 두고 있다. 조영식은 이러한 이상의 논리적 기초로서 주의 생성론(主意 生成論)과 전승화론(全乘和論)을 제시한다. 주의 생성론은 인간의 의지를 강조하는 원리론으로 인간중심사상에 기초하고 있다. 이 이론은 인간에게 가장 중요한 것은 정신이 주도력을 가지고 있다는 것을 부각시키며 같은 맥락에서 인간의 '의지'를 강조한다. 오토피아 이론은 홉스나 로크, 루소처럼 인간성에 대해 긍정적이거나 부정적 측면에서 일원화 하지 않고 상대성원리를 갖고 있음에 주목하였다. 특히 주리 생성론은 인간을 자유의지(自由意志)에 의한 인격적 존재(人格的 存在)로 파악하고 있음이 돋보인다.

중국 북경대학의 철학자 이에랑(葉朗)은 조영식의 주리 생성론에

---

10) 하영애, 「유토피아와 오토피아의 차이」, 『밝은 사회운동과 여성』(서울: 범한서적, 2005), pp.121-123.

11) 유도진, 「오토피아의 이론과 현실」, 인류사회재건연구원 편, 『오토피아─이론과 실제』(서울: 양문각, 1981), p.178.

12) 조영식, 『오토피아(Oughtopia): 전승화 이론을 기초로 하여』(서울: 을유 문화사, 1979), p.264.

대해 연구한 후 주리 생성론이 '주리'(主理) 혹은 '주의'(主意)의 주도적 작용을 강조하기 때문에 인류의 입장에서 보면 '주의'는 결국 인류의 자유의지이자 인류의 인격이며, 인류의 자유의지와 인격의 주체는 곧 사람의 생명이며 생명은 곧 인간중심의 근간이 된다[13]고 하였다. 이와 같이 주리 생성론은 인간의 의지와 인간중심주의를 강조한다. 인간중심주의는 서로 인격을 존중하여 수단이 아닌 목적으로 대하며 또 각자의 책무를 중요시하며 뿐만 아니라 서로 도우며 봉사하고 사회발전과 문화 창조에 기여하는 것을 강조한다. 이러한 오토피아 이념은 조영식이 전개해온 '밝은 사회운동 헌장'과 '밝은 사회 클럽 집회선서'에서 체현(体現)되고 있는데[14] 이 헌장과 집회선서는 국내외 모든 밝은 사회클럽에서 월례회나 국제행사의 식순에 포함되고 있다.

오토피아의 중요한 이론 중 다른 하나는 전승화론이다. 전승화론은 오토피아 이론의 실현을 위한 기능론(機能論), 작용론(作用論)이라고 할 수 있다. 전승화론은 우주의 실재(實在)와 변화하는 여러 현상의 원리와 인과관계를 연구하여 우리의 미래에 의도적, 능동적으로 대비함으로써 보다 값있고 보람 있고 행복한 삶을 영위할 수 있도록 해야 한다는 작용론이다.[15] 전승화는 삼라만상이 원인−결과, 결과−원인에 따라 이루어지며, 이 이론에 따라 구명해야 하고, 그 상관상제(相關相制) 관계는 어떤 이치와 원칙, 즉 주의(主意: 정신)를 근간으

---

13) 葉朗, 「"和"와 "生"은 21세기 人類의 양대(兩大)깃발」, 경희대학교 인류사회연구소, 요녕 대학 오토피아 연구센터 공편,『오토피아니즘을 통한 인류사회의 재건』(서울: 경희대 출판국, 2003), pp.335-336.

14) '밝은 사회운동 헌장' 중 "우리는 인간이 존엄하다는 것을 재확인하고 인간복권에 기여한다"; '밝은 사회 클럽의 집회선서'에서도 "우리는 선량한 인간본연의 자세로 돌아가 인간적으로 보람 있는 평화로운 인류의 문화 복지사회를 이루기 위하여 몸과 마음을 바쳐 일할 것을 다짐한다"고 명문화하고 있다.

15) 조영식,『오토피아(Oughtopia)』(서울: 경희대 출판국, 1996), pp.156-157.

로 하여 이루어진다고 주장한다. 이를 가능케 하는 기제로서 시간, 공간, 환류(還流), 실체(實體)의 4기체(基體)를 제시한다. 이 중에서 실체에 대해 살펴보면, 실체는 존재성을 가지고 무한소와 무한대의 그리고 고차원과 하차원의 형태로 자존자립하며, 특성과 속성을 주축으로 하여 상호 유관한 가운데 이합 집산하여 생멸한다.[16] 특히 실체 중에서 인간은 이실체(理實體)를 가지고 있음으로써 인간은 단순한 동물과는 달리 사색을 통하여 사상을 체계화할 수 있기 때문에 감성적 생활과 이성적 생활을 폭넓게 할 수 있으며, 영적 정신생활을 함께 할 수 있기 때문에 야수와 같은 낮은 행동을 하기도 하고 천사와 같은 어진 행동도 한다[17]는 주장을 편다.

『오토피아』에서 추구하고자 한 가치는 무엇일까? 조영식은 무엇보다도 인간, 교육, 평화 문제에 대해 고심하고 번민한 것을 볼 수 있다. 먼저 그의 인간에 대한 관점을 보면, 그는 인간이 신(神)도 동물도 될 수 없으며 또한 인간은 종교에 치우치거나 과학에 얽매이지 않아야 된다고 주장한다. 왜냐하면 인간은 인간으로서 독자성을 가지고 있으며 그 자체로서 완성체일 뿐만 아니라 문화와 가치의 창조자로서 독특한 개성을 가지고 있다고 판단했기 때문이다.[18] 그는 또한 인간의 '경향성'을 중요시했는데 인간은 어떠한 환경의 자극을 받아서 그것에 반응하며 자극과 반응의 연속적 생활을 영위한다는 것이다. 또한 인간은 선천적이라고 하는 것보다 후천적, 경험적이며 배워야 비로소 아는 현실적인 인간이라는 관점에서 '교육'의 중요성을 보았다. 기실 아무리 중요한 이념과 사고가 존재한다고 하더라도 그것이 교육을 통해 사람들에게 내면화되지 못하면 실천은 더더욱

---

16) 조영식, 위의 책, pp.158-167.
17) 조영식, 위의 책, p.165.
18) 조영식, 『문화세계의 창조』(대구: 문성당, 1951), p.17.

어렵게 될 것이다. 그는 인간이 우주 만물 중에서 가장 중요하다고 생각하였고 이러한 신념은 후일 그가 인재육성을 위한 교육 사업에 종사하는 계기가 되었다. 특히 그는 평화이념의 교육에 관심이 커서 경희대학교에 평화복지대학원, 인류사회재건연구원, 국제평화연구소 등을 설립하였다. 또한 그가 세계대학총장협회(IAUP, The International Association of University Presidents)를 통해 채택한 서울 결의문(1976)에서 '우리는 교육과정의 개정과 그 교육을 통하여 학생들의 마음속에 평화의 정신을 심어주는 데 최선을 다할 것을 결의한다'는 것을 명문화하게 하였다.[19]

인간과 교육에 대한 그의 이러한 신념은 1979년에 집필한 『오토피아』에서도 볼 수 있을 뿐만 아니라 이보다 30여 년 전에 펴낸 『문화세계의 창조』(1951)에서 인간이 여느 동물과 다른 것은 인간이 가지고 있는 인격(人格) 때문이며 인간은 육체와 정신을 가지고 있지만 이 육체와 정신 위에 주리에 해당하는 인격이 있음으로 동물 중에서도 높은 차원의 인간으로 완성시킬 수 있다고 주장한 데서도 잘 나타난다.[20] 또한 '인간의 의지작용(意志作用)'과 '인간의 의식적 지도성(意識的 指導性)'을 중시한다. 특히 주목할 것은 조영식은 인간이 왜 존재해야 하는가? 에 대한 전제를 제시하였는데 인간의 존재가치 즉, 인간의 임무는 대외적으로는 인류사회를 위해 '봉사(奉仕)'하고, 대내적으로는 인류사회를 가장 올바른 방향으로 이끌려는 '건설적인 정신을 가진 인간을 완성'하는 것에 둔다고 하였다. 즉, 그는 다음과 같이 주장한다.

---

19) 하영애, "오토피아 이론(Oughtopianism)의 전개와 실천 그리고 세계평화를 위한 그 의미", 2009 한국국제정치학회 연례학술회의, 2009. 12.12 발표논문. p.229.

20) 조영식, 『문화세계의 창조』, p.7.

인간은 인본주의적이며 현실적 과학적인 인생관을 가지고 나 자신의 행복을 인류의 행복 속에서 구하며 타인의 손실 중에서 자신의 손실감을 느끼는 인간이 될 뿐만 아니라 외부적 재물의 축적이나 신을 위한 자기완성에서 만족을 느낄 것이 아니요 인류사회를 위해 봉사를 남기고(대외적), 인류사회를 가장 올바른 방향으로 이끌려는 건설적인 정신에 장익한 인간을 완성하는 곳(대내적)에 인간의 임무가 있다.[21]

이처럼 인간존재와 역할에 대하여 우리 인간이 인류사회를 위해 봉사를 해야 하며, 봉사를 통하여 인간의 참된 보람과 가치를 느끼고 행복 할 수 있다는 것을 많은 저서와 강연에서 누누이 강조한다. 예컨대, 그의 인간에 대한 이와 같은 관점은 '1999 서울 NGO 세계대회'에서도 강조되고 있음을 볼 수 있다. 그는 기조 강연을 통해 "다가오는 사회가 진정으로 인간이 존중되고, 인간이 중심이 되는 인간적인 인간사회를 구현해야할 것이다."[22]고 강조하고 있다.

오토피아 이론은 평화를 중요시한다. 이는 조영식 자신이 처한 시대적 배경과 무관하지 않을 것이다. 그는 1921년 평안북도 운산에서 태어났으며 민족적 수난기와 혼란기를 겪었고 일제 말 '학도병 의거 사건'을 주도하여 감옥 생활을 하였으며[23] 해방 이후 월남하였다. 또한 1970년대에 세계는 미국과 소련 등 강대국 간의 경쟁으로 긴장상태가 끊이지 않았다. 특히 당시 국제사회는 미소양국의 강대국 체제에서 중국이 부상하기 시작했다. 1970년 4월 24일 중국은 최초의 인공위성을 발사하였다. 또한 유엔총회 개막일에 맞추어 폭발시

---

21) 조영식, 『문화세계의 창조』, p.21.

22) 1999서울 NGO 세계대회조직위원회, 『1999 서울 NGO 세계대회 백서』, (서울: 1999 서울 NGO 세계대회조직위원회 발간, 2000), p.1. 발간사 중에서.

23) 아직 일제 시대인 1945년 1월 2일 당시 그는 평양의 공병부대 소속이었다. 만약 그때 그가 이 사건을 통해 영창에 감금되지 않았더라면 소속부대가 수송선을 타고 필리핀으로 이동 도중, 미국 전투기의 공격에 의해 격침되었을 때 그도 함께 바다에 수장되었을 것이라고 하였다. 2001년 10월의 둘째 목요일. '목요세미나 강연에서', 경희대학교 본관 2층 세미나 실.

킨 3메가톤급 핵폭탄은 미·소 양 대국에 의한 국제질서에 대해 중국이 도전한다는 뜻에서 중요한 국제정치적 의의를 지니게 되었다. 특히 중국의 이러한 행동은 중국이 문화대혁명(1966-1976)과정에서 재확립된 정치적 통제력, 비용 감당의 경제력, 고도의 과학 공학 기술적 수준, 군사전략의 확정 등으로 미·소 두 선진 초강대국에 대항할 수 있는 잠재력을 극적으로 과시한 것으로 해석되었다.[24] 기존 미·소 양국에 중국까지 가세한 국제사회는 강대국의 세력이 나날이 격렬해지고 있었고 이와 더불어 신예무기가 개발되어 세계 3차 대전의 발발 위기에 봉착하는 듯하였다. 따라서 조영식은 평화문제에 더욱 깊은 관심을 갖게 되었다. 1975년의『탈 전쟁의 인류평화사회』, 1981년의『평화는 개선보다 귀하다』에서 전쟁의 원인은 인간성 자체에 기인하는 것이 아니라 인간의 사회생활과 제도적 모순에서 비롯되는 것이며 따라서 전쟁 방지를 위해 제도개선을 주장하였는데 특히 평화교육과 유엔의 강화를 중요시하였다.[25] 같은 맥락에서 1984년에 '오토피안 평화모델(Oughtopian Peace Model)'을 발표함[26]으로써 평화에 대한 이론체계를 확고히 하였으며 그가 회장으로서 운영을 주도했던 '세계대학총장협회'의 보스턴 선언, 테헤란 선언 등 각종 선언문[27]에서 유엔의 강화와 세계평화에 대해 각 국가가 힘을 모을 것을 제의한다. 당시 이러한 위기극복을 위해 평화를 위한 강력한 조치가 요구되었는데 평소 평화를 주창해온 조영식은 세계 평화 운동에 적극적으로 뛰어들었던 것이다.

---

24) 이영희 평론선, 창비 신서 4 『전환시대의 윤리 ─ 아시아, 중국, 한국』, (서울: 창작과 비평사, 1970), p.34.

25) Pedro B. Bernaldez, *Oughtopian Peace Model for Neo-Renaissance*-Young Seek Choue's Peace Thoughts and Strategies-, (Legazpi: Aquinas University of Legazpi, Inc., 2002), pp.209-210.

26) *Ibid.,* Chapter V.

27) 각 선언문과 결의문. 보스턴 선언(1975), 서울 결의문(1976), 테헤란 선언문(1978), 방콕 선언문(1979).

3. 오토피아 이론의 실천전개

조영식은 오토피아라는 이상적인 사회를 이루기 위해 이론을 제시했을 뿐만 아니라, 무엇보다도 이의 실천을 위해 자신을 포함한 수많은 개인과 조직체를 통해 사회운동을 전개하는 '행동하는 지도자'라고 할 수 있다. 그의 모든 관심은 B·A·R의 오토피아 사회를 이루는데 모아졌고 다양한 국내외 조직을 통해 그의 이론을 실천에 옮기는데 주력하고 있다. 조영식은 우선 오토피아의 지속적인 연구를 위해 '인류사회재건연구원'을 설립하였고 또한 그 실천운동 조직으로서 '밝은 사회클럽'을 창립하였으며 특히 평화교육에 관한 그의 미래지향적 의지는 국제평화 교육기관으로서 경희대학교에 '평화복지대학원'[28)]을 설립하였다. 조영식이 그의 오토피아 이론을 실천에 옮기기 위해 기울인 노력들의 사례를 밝은 사회운동의 전개, '세계평화의 날' 제안과 평화운동 전개를 중심으로 고찰해본다.

1) 밝은 사회운동(GCS)의 전개

오토피아의 이론은 밝은 사회운동(GCS)조직을 통해 한국은 물론이고 세계 여러 나라에서 추진되고 있다. 앞서 살펴본 바와 같이 오토피아는 인간의 임무를 '대외적으로 봉사'하는 데에 두고 있다. 이 대외봉사의 한 가지 내용으로서 조영식은 국제봉사를 위해 '밝은 사회 국제본부'와 '한국본부'를 설립하고 오토피아라는 이상사회(理想

---

28) 평화복지대학원은 2014년에 설립 30주년을 맞이하고 있으며 평화지도자 양성을 목표로 하여 모든 학생들에게 '전액 장학금'을 지급하고 있다.

社會) 건설을 추구해 왔다. 다시 말하면, 오토피아라는 당위적 요청 사회를 이루기 위한 조직체로서 밝은 사회클럽을 만들고 그 이념을 실천해나가고 있는 것이다. 조영식은 『밝은 사회운동의 이념과 기본철학』에서 이러한 뜻을 밝히고 있다.[29] 밝은 사회운동이란 '문화세계'의 창조를 통한 인류사회재건 운동과 제2의 르네상스 운동을 전개하여 물질이 정신과 조화롭고, 개인의 관심이 공동체의 윤리와 조화를 이루어 인간이 인간답게 사는 사회를 건설하는 시민운동, 사회운동이다.[30] 이 밝은 사회운동은 1978년 한국에서 처음 창립되었으며 현재 국내에는 약 150여 개의 단위클럽이 결성되어 있고[31] 외국에서는 미국, 독일, 일본, 중국을 비롯하여 40여 개 국가에 밝은 사회클럽이 조직되어 활동하고 있다.[32] '라이온스 클럽'(Lions Club)과 '로타리 클럽'(Rotary Club)이 미국에서 한국으로 파급되어 왔다면 '밝은 사회클럽'(GCS Club)은 한국에서 미국과 세계 각국으로 진출하여 전개되고 있다고 하겠다.[33]

예를 들면, 1997년 5월17－18일 서울 'GCS 연차대회'에 참석한 각 국가 본부는 콜롬비아, 하와이, 로스엔젤레스, 중국 동북성, 일본, 아르헨티나, 그리고 대만 등으로서 국가별 다양한 활동상황을 발표

---

29) '밝은 사회운동을 한다는 것은 인간으로서 아름답고, 풍요하게, 그리고 값있고 보람 있게 살고자 하는 것인데, 오토피아에는 세 가지 목표가 있습니다. 그 하나는 정신적으로 아름다운 도덕사회, 즉 건전한 인간사회를 만들자는 것입니다. 이는 바로 밝은 사회운동의 첫째 본령(本領)입니다'. 조영식, 『밝은 사회운동의 이념과 기본철학－Oughtopia를 지향하며』(서울: 밝은 사회연구소, 2003), pp.26-27.

30) 하영애, 앞의 책, p.29.

31) 단위클럽은 30명 이상이 모여 1개의 클럽을 구성할 수 있다. 서울, 부산, 울산, 광주, 제주도 등 전국에 '밝은 사회클럽'이 설립되어있으며 다양한 활동을 하고 있다. 최근에 '밝은 사회 서울클럽'에서는 캄보디아에 학교지어주기 운동을 전개하고 있으며, '밝은 사회 음성클럽'에서는 국내에 불우이웃을 위한 집 지어주기 운동을 실천에 옮기고 있다.

32) http://www.gcs-ngo.org. (검색일: 2009. 8. 27.)

33) 하영애, 『새로운 시대에 접근하는 시민단체의 역할: 밝은 사회, 라이온스, 로타리. JC의 사회봉사에 관한 실증적 연구』(서울: 한국학술 진흥재단 연구보고서. 1997). pp.11-13.

하였다. GCS 콜롬비아 클럽에서는 밝은 사회이념을 교육하기 위해 '제2의 르네상스'란 과목을 보고타(Bogota)에 위치한 임파우 대학(IMPAU University)의 정규과목으로 설강하고 GCS활동소식지 발행 등을 보고하였다.[34] GCS 하와이 클럽은 환경보호와 약물방지 운동을 매스컴(KBFD-TV)과 한국 신문에 정기적으로 보도하고 회원들이 의복을 직접 제작하여 배포하는 등의 봉사를 실행하였다. 특히 중국의 동북지역 클럽의 활동보고서에 따르면, 의술을 가지고 있는 의사 회원들이 협력하여 가난한 이웃을 위해 의료봉사를 하였는데 작은 병원도 건립하여 지속적으로 진료를 해주었다.[35] 이외에도 2003년도의 'GCS 인도 대회', 2005년도의 'GCS 필리핀 대회', 2007년도의 'GCS 태국 대회' 등에서도 많은 국제회원들이 참석하였다. 특히 인도대회에서는 당시 인도의 지진피해를 돕는 행사를 전개하였다. 즉, 당시 인도의 지진피해를 돕기 위해 수 천 톤의 의류, 신발, 구호물품들을 국내외적으로 거두어 전달하였으며,[36] 현장에서도 즉석 모금운동을 전개하였다.[37] 또한 쓰나미 재난, 중국 쓰촨성 지진 이재민 돕기 운동을 전개하여 성금을 전달하였다.[38] 특히 '밝은 사회를 위한 L.A 다민족 지도자 한국연수프로그램(Multi-cultural Leadership Korea Visitation Program)'은 'GCS국제본부'와 미국 'GCS L.A. 클럽'이 공동으로 1997년부터 시행하고 있는데 이 행사는 캘리포니아 남부의 다양한 인종집단간의 갈등을 해소하고 다민족 간에 상호이

---

34) 『GCS 각 국가별 활동보고서』(서울: 경희대 밝은 사회연구소 , 1997), 콜롬비아 보고에서 발췌.

35) 위의 책, 하와이, 로스 엔젤레스, 중국 동북성, 일본, 아르헨티나, 대만 보고에서 발췌.

36) GCS 한국본부에서는 전국의 클럽을 통해 인도 돕기 물품수집운동을 전개하여 3개월 동안 모은 의류, 신발, 시계 등 수 천 톤을 인도에 보냈다. 밝은 사회 한국본부 사무국 자료제공.

37) 당시 인도유아들의 분유마련을 위해 GCS '타이뻬이 총회', 한국의 '목련클럽연합회', '서울여성 클럽' 등이 성금 $5,000을 찬조하여 인도클럽에 전달하였다. 2003년의 인도대회에 필자 참석.

38) 전국 클럽에서 약 8천7백 불의 성금이 모아졌다. 2008. 7. 30. GCS한국본부 사무국 제공.

해와 화합을 증진시켜 밝은 사회를 이루기 위한 목적으로 추진되고 있다. 이 프로그램은 매년 시행하고 있으며 양 지역의 좋은 호응을 얻고 있다.[39] 무엇보다도 NGO가 초기단계에 있던 한국사회에 '1999 서울NGO 세계대회'를 유엔과 공동으로 개최하여 전 세계 107개국에서 1,360개의 NGO를 대표하는 활동가 1만 3천여 명 및 자원봉사자 670여 명이 참여하였다.[40] 이 대회를 계기로 한국정부는 'NGO 기금'을 마련[41]하게 되었으며 이를 주최한 '밝은 사회국제본부(GCS International)'는 NGO라는 용어가 한국사회에 정착되는 단초를 제공하였다. 가장 최근인 2015년 10월에는 일본에서 GCS 도쿄클럽이 결성되었고, 한국의 GCS서울 클럽과 자매 결연을 맺었다. 몇 년 만에 박근혜 대통령과 아베 신조 총리의 한일 양국정상회담이 개최 되었다. 두 나라의 사회발전에 서울-도쿄 GCS 자매클럽이 다양한 역할을 할 수 있도록 지속적인 교류활동이 요청된다.

2) '세계평화의 날' 제안과 평화운동 전개

다른 한편 더욱 실제적이고 구체적인 결실을 가져온 것은 세계평화에 대한 실천 활동이다. 조영식은 오토피아의 핵심가치라고 할 수

---

39) 중앙일보 THE KOREA CENTRAL DAILY 미주 판, 1997. 1. 15. ; 서울 신문, 1997. 3. 8. 제 17면.

40) UN공보처 NGO집행위원회(CONGO)와 UN경제사회이사회 NGO 협의회(NGO/DPI)가 UN의 후원을 받아 공동주최하였다. 1999 서울 NGO 세계대회조직위원회, 『1999서울 NGO세계대회백서』(1999서울 NGO 세계대회조직위원회 발간: 2000), 대회개최 배경 중에서.

41) 김대중 대통령은 치사를 통해 "저와 앞으로 한국을 포함한 세계 모든 나라들이 건전한 발전을 촉진하기 위해서는 시민사회와 정부 간의 적극적인 유대관계를 만들어 가는 것이 반드시 필요하다고 굳게 믿고 있습니다." 『1999 서울 NGO 백서』 각종 연설문, 김대중 대통령 치사, p.14. 그 후 한국정부는 NGO 기금을 행정자치부에서 민간단체운영기금으로 책정하여 시행하도록 하였다

있는 세계평화의 증진을 위해 그의 독특한 인재활용과 조직을 바탕으로 유엔을 통해 '세계평화의 날' 제정을 이끌어 낸다. 1970년대 당시 미소 양 강대국이 국제사회의 패권경쟁에 있었고 이에 따라 세계는 끊임없는 전쟁과 분쟁으로 평화가 위협받고 있었다. 따라서 당시 '세계대학총장협회(IAUP)'의 회장이었던 조영식은 1981년 6월 코스타리카(Costa Rica)의 수도 산호세에서 개최된 제6차 IAUP회의에서 세계평화를 위한 중요한 노력을 기울였다. 당시 한국은 유엔에 가입되어 있지 않은 상황이었기 때문에 코스타리카의 로드리고 카라조(Rodrigo Carazo) 대통령과 협의하여 코스타리카의 유엔대사 피자(Piza)가 '세계평화의 날'제정에 관한 결의안을 유엔에 발의하도록 하였다.[42] 유엔총회는 같은 해 11월 30일 개최된 전체회의에서 만장일치로 이 결의안을 통과시켜 9월 셋째 화요일을 '세계평화의 날'로 공포했다. 1982년에는 이를 기념한 국가가 북한을 포함해 147개 국가에 이르렀고, 1986년은 '세계평화의 해'로 지정[43]되었다. 이러한 결과가 있기까지는 오토피아를 주창한 조영식의 평화에 대한 열정과 숨은 노력이 자리하고 있었다.[44]

그 후 이 '세계평화의 날'을 기념하기 위하여 경희대학교 '국제평화연구소'와 'GCS 국제본부', 'GCS 한국본부'가 공동주최하여 매년 '세계평화의 날 기념식 및 국제평화학술회의'를 개최하고 있다.[45]

---

42) Pedro B. Bernaldez, *UN International Year of Peace And Global Transformation* (Seoul: Kyung Hee University Press, 2001). pp.29-30.

43) UN document number A/36/L.29/Rev.1. Pedro B. Bernaldez, *Ibid.*, pp.30-31.에서 재인용

44) 당시 조영식은 이 결의안이 통과되지 않을 경우 한 목숨 희생할 각오로 '단검'을 가슴에 품고 갔다고 하는 비화가 있다. 김봉임, "세계평화의 날 제정되던 그날", 인간 조영식 박사 101인집 편집위원회, 『조영식 박사, 그는 누구인가 인간 조영식 박사 101인집』, (서울: 교학사. 1994), p.521.

45) 하영애, "한중관계와 오토피아(Oughtopia) 사상", 2008 건국 60주년 기념 학술회의, 한국정치학회, 한국국제정치학회, 세계지역학회 공동주최, 2008. 8. 21. 속초 발표논문, p.14.

이 국제평화행사에는 세계 각국의 GCS국제회원들 및 'GCS 한국본부'와 전국의 단위클럽회원들이 참여하여 평화의식을 고취하고 있으며, 이 국제회의에 대만 30여 명, 중국 10여 명 등 여러 국가의 대표단이 참가하고 있다. 1982년 9월 21일 개최한 '제1회 세계평화의 날 기념식 및 국제평화학술회의'는 한국의 프라자 호텔 국제회의장에서 "현대세계의 위기와 평화"(Crises and Peace in Contemporary World)의 주제로 개최하여 100여 명이 참여하였으며, 1986년 9월 1일 '제5회 국제평화학술회의'는 'Great Global Human Family Looking at the 21st Century' 주제로 평화복지대학원 회의실에서 300여명이 참여하였으며, 1995년 9월 5일－7일까지 개최된 '제14회 세계평화의 날 기념식 및 국제평화학술회의'는 'Tolerance, Restoration of Morality and Humanity'의 대 주제로 신라호텔 국제회의장에서 개최되었는데 기조연설에서 조영식은 '제2르네상스의 횃불을 높이 들고 새로운 역사를 세우자'고 강조하고 평소 그가 주장하는 당위적 요청(Ought to do-Ought to be)의 사회를 만들기 위해 공동목표(Common Goal)와 공동규범(Common Norm)을 세우고 공동사회(Common Society)를 이루자고 촉구하였다.[46] 이 회의는 또한 유엔창설 50주년을 기념하는 의미를 가지고 있어서 유네스코 본부, 세계대학총장협회, 유엔 한국협회 등 관계 단체를 비롯하여 조지프 베르너 리드(Joseph Verner Reed), 칸－이치 미야지(Kan-Ichi Miyaji) 등 각 국가에서 평화 관련 전문가 등 약 1,000여 명이 참석하여 세계평화에 대해 논의하였다.[47]

---

46) Young Seek Choue, "'Reconstruction of Human Society through a Second Renaissance-A Grand Design for the Human Society Toward the Next Millennium", Young Seek Choue · Jae Shik Sohn, edsSoc*Tolerance, Restoration of Morality and Humanity* (Seoul: The Institute of International Peace Studies, 1996), pp.40-41.

47) 이외에도 이 대회에는 국내에서 도덕성 회복 분과회의, 인간성 회복 분과회의, 종교지도자 회의, 언론인 회의, 교육자 회의 등으로 구성되어 당시 사회의 주요 문제와 현안에 대해 진단하고 처방해보는 유익한 회의였다. 이 회의 에서는 외국학자 27명이 논문발표를 하였고, 한국에

뿐만 아니라, 오토피아가 추구하는 인간적으로 보람 있는 사회, 실현가능한 평화사회를 만들기 위하여 조영식은 평화 교육기관을 설립하였다. 국제사회에서 보기 드물게 전문 석사과정을 개설하고 있는 '평화복지대학원'[The Graduate Institute of Peace Studies(GIP)]의 교정에는 '평화는 개선보다 귀하다'라는 표어가 그 평화의 탑에 새겨져 있다. 세계 도처에서 모여든 젊은 학도들을 평화 지향적 국제지도자로 양성하고 있으며 정기간행물로서 'Peace Forum'을 발행하고 있다. 이 평화복지대학원을 졸업한 학생들은 평화의 이념과 실천을 위해 미국을 비롯하여 아프리카 오지 빈민촌으로 나가 활동을 하고 있다. 예컨대, 미국 워싱턴 할렘가에서 흑인의 빈곤과 화합의 삶을 위해 수 년 간 목회활동을 하고 있는 최상진 목사, 일본 히로시마에서 평화연구와 강의에 종사하고 있는 김미경 교수, 동티모르 대학에서 자원봉사로 교육에 임하고 있는 최창원 교수, 아프리카 지역에 봉사를 떠났다가 풍토병을 앓은 적이 있는 동문, 이라크에서 평화와 인권을 위해 활약하다가 구사일생으로 목숨을 건지고 돌아와 화제가 되었던 '지구촌 나눔 운동'의 한재광 씨도 바로 이 학교가 배출한 대표적 평화활동가들이다.

서 53명이 논문발표를 하였다. 또한 유엔창설 50년 및 유엔이 정한 '관용의 해' (the UN Year of Tolerance)를 기념하는 자리이기도 했다.

조영식·손재식, 『관용, 도덕과 인간성 회복』, 관용, 도덕과 인간성 회복을 위한 대 국제회의 논문집(한국어 분과회의) (서울: 경희대 국제평화연구소, 1995).

4. 중국과 대만사회의 오토피아 이론의 수용과 실천

1) 중국과 대만에서의 오토피아 이론연구

오토피아 이론은 중국과 대만의 많은 사람들, 특히 지식인들과 교육기관에 영향을 끼치고 있다고 할 수 있다. 먼저 대만학자들의 경우를 보면, 대만의 '중화문화건설위원회' 부주임이며 딴쟝(談江)대학의 콩치우첸(孔秋泉)은 오토피아의 정신을 '아름다운 인간의 낙원'에 비유한다.

> 마침내 조영식 박사는 그의 저서 『오토피아(Oughtopia)』를 통해 문화세계를 창조하고, 밝은 미래를 향해서 매진하는 것만이 인류의 이상이라고 주창하고 그 이론을 발표하자 세상 사람들, 특히 지식인들은 그제서야 아름다운 인간의 낙원을 보게 된 듯한 충격에 사로잡혔다. 조 박사의 필치는 스펭글러 와는 너무나 다르다. 이야말로 늘 신중하면서도 대담한 당위적 희망론자의 관점인 것이다.[48]

콩치우첸은 또한 오토피아를 '인문학의 신대륙 발견'에 비유하면서 정신문화에 끼친 오토피아 이론의 영향을 극찬한다. 콩치우첸의 평가의 구체적 내용을 보면, "세계 문명사적, 거시적인 각도에서 조영식 박사의 사상─전승화 학설을 고찰해 볼 때 그것은 인류문명사에 있어서의 하나의 커다란 발견이다. 그것은 한줄기 맑은 물길과도 같은 것이어서 혼탁한 사상적 조류에 있어 정화작용을 하는 것으로

---

48) 孔秋泉, "공자, 콜롬부스와 조영식", 인간 조영식 박사 101인집 편집위원회, 『조영식 박사, 그는 누구인가 인간 조영식 박사 101인집』, (서울: 교학사. 1994), p.171.

세상 사람들에게 빛과 희열로 가득 찬 오도피안(悟道彼岸) 즉 깨달음에서 펼쳐지는, 그래서 도달하는 한 널찍한 낙토가 있음을 깨우쳐 주고 있는 것이다."[49]라고 하였다. 또한 그는 오토피아의 정신적 철학에 대해, "비교사(比較史)적인 각도에서 조 박사의 철학을 통한 정신적인 발견을 본다면 이는 인문학의 역사와 정신문화의 역사에 있어서의 신대륙이나 다름없다."[50]고 역설하였다. 또한 쟝지에스(蔣介石) 총통의 차남인 쟝웨이꿔(蔣緯國) 장군은 『오토피아』의 평화사상과 자신의 홍중도(弘中道)의 일치성에 공감을 표명하고 그가 연구할 때 백과사전으로 활용하였다고 술회한다. 즉, "오토피아가 필자의 '홍중도(弘中道)'와 추구하는 이념과 사상이 일치하나 10여 년이나 앞선 사상으로 필자의 사상에 많은 영향을 끼쳤으며 대작 『오토피아』는 필자의 백과사전이 되었다"고 하였다.[51] 또한 중화민국(中華民國) 감찰원(監察院) 감찰위원이며 입법위원(立法議員: 한국의 國會議員)인 린치우샨(林秋山)은 "저서를 통해 본 조 박사의 사상과 철학"에서 인류는 세계와 역사, 문명의 주인으로서 가장 존중을 받아야 한다는 '7개 항목의 선언'을 명시하고 이 선언은 옛 중국의 '인본주의'와 '천하위공(天下爲公)', '세계대동(世界大同)'의 사상과 일맥상통한다고 오토피아 이론과 그 철학의 심오함을 역설하였다.[52]

오토피아 이론은 시대정신과 정신문화를 강조한다. 중국학자들 중에 지린(吉林)대학의 까오칭하이(高清海)는 "조영식선생의 미래의

---

49) 孔秋泉, 위의 논문, p.172.

50) 위의 논문, pp.172-173.

51) 蔣緯國, "조박사는 한국의 공자요, 선지 선각자", 인간 조영식 박사 101인집 편집위원회, 『조영식 박사, 그는 누구인가 인간 조영식 박사 101인집』, (서울: 교학사. 1994), pp.105-106.

52) Chou-Shan Lin, "Dr. Choue's Thoughts and Philosophy Expressed in his Writings", The Publication Committee of Global Leader With Great Vision, *Global Leader With Great Vision*, (Seoul: Kyohaksa, 1997), pp.182-185.

이상세계를 보여준 오토피아가 현시대의 정신문화적 조건에서 충분히 실현될 수 있는 원인은 그것이 인간의 본성을 보여줬기 때문"이라고 하였다.[53] 북경대학 철학과의 이에랑(葉朗)은 중국의 숑스리(熊十力)의 철학과 한국의 조영식의 철학을 비교 연구하였다. 그는 중국의 공자, 맹자, 노자, 선진제가를 비롯하여 인도의 석가모니, 이스라엘의 이사야, 그리스의 탈레스 등 모두가 인류가 직면한 근본 문제들을 지적했음을 말하고 이들 사상가들에서 조 박사가 말한 '인류의 동질성' 혹은 '동시대성'을 읽을 수 있으며 "진정한 철학은 모두 시대적 산물이며 전 인류성(全 人類性)을 담고 있다"고 강조한다.[54] 또한 "조 박사의 철학은 '生'의 철학과 '仁'의 철학의 복귀를 지향하지만 훨씬 더 높은 경지를 지향한다. 그것은 인류문명이 직면하고 있는 심각한 위기에 대한 인류문화의 위대한 부흥이자 희망이다. 뿐만 아니라, 오토피아는 동양전통철학과 세기전환기의 시대정신이 상호 결합한 산물이며, 동방인자(東方仁者)의 철학(趙永植的 哲學, 乃是東方傳統哲學和世紀轉變期的時代精神相結合的産物, 乃是東方仁者的哲學)"이라고[55] 높이 평가하였다. 중국의 대철학자로 칭송받는 그가 "오토피아는 미래학이다. 21세기는 오토피아의 이상사회를 창건하는 인류미래의 무한한 믿음을 품고 신세기를 창조해야 한다"[56]고 주장하는 것은 우리에게 시사하는 바가 크다고 하겠다.

이외에도, 중국의 교육기관에서 오토피아를 다루고 있는 사례로

---

53) 高淸海 '時代精神的視覺理解 Oughtopia' 2002. 8. 12. 경희대 인류사회재건연구원 초청강연. 자료. p.4.

54) 葉朗, 「東方仁者的哲學」, 『GCS 運動과 社會平和』, GCS 國際學術會議, 1998. 5. 17. 서울 롯데호텔, 國際學術會議 發表論文 p.47.

55) 葉朗, 위의 논문, p.51.

56) Ye Lang, "The Great Reconstruction of Human Civilization", The Publication Committee of Global Leader With Great Vision, *Global Leader With Great Vision*, (Seoul: Kyohaksa, 1997), p.138.

는 여러 곳이 있다. 중국 하남성(河南省)의 정주(鄭州)대학에는 승달 관리학원(昇達管理學院)이라는 대학원 교육과정이 있는데 이는 왕꽝야(王廣亞)가 설립하여 이미 15년 넘게 교육을 통한 인재양성에 주력하고 있다. 왕꽝야는 중국에서 태어났지만 대만의 교육계에 특히 많은 영향력을 끼쳤고 육달(育達) 교육재단을 설립하여 중·고등학교 및 전문대학을 운영하고 있다. 그는 학교운영에 조영식의 교육이념을 많이 활용하고 있다. 그래서인지 많은 사람들은 왕꽝야를 '중국의 조영식'이라고 평가하였다.[57] 뿐만 아니라 조영식의 교육이념과 평화관념은 이케다 다이사쿠 회장이 경영하는 일본의 창가대학(創價大學: Soka University)에서도 보여 진다. 이케다 회장은 조영식의 철학에서 많은 공감을 얻었고, 이는 그를 초청하여 명예박사학위를 수여하는 계기가 되었다.[58] 특히 2002년 중국 요녕 대학교에서는 '오토피아 연구센터'를 개관하였고 동시에 "오토피아니즘을 통한 인류사회의 재건"을 주제로 국제학술세미나를 개최하였다. 이 국제세미나에서는 북경 대학, 청화 대학, 길림 대학 및 요녕 대학의 철학자들과 한국의 대학교수 20여 명이 주제발표를 통해 오토피아 이론과 철학에 대한 심층적인 논의를 하였다.[59] 또한 『오토피아(Oughtopia)』는 1979년에 한국에서 처음 발간된 이후 중국어를 비롯한 다양한 언어로 번역출판 되었다. 뿐만 아니라 대만의 중국문화대학에서 교과서로 사용되는 등 국내외에서 오토피아니즘에 대한 연구가 심도

---

57) 중국 정주대학(鄭州 大學) 대학원 승달 관리학원(昇達 管理學院)의 창립 10주년 기념식의 포럼에 필자가 참석하여 교수, 대학관계자들과의 대화에서. 2004. 10. 15.

58) 1997년 11월 2일 일본 성교신문(聖教新聞). 일본 창가대학(創價 大學: Soka University)에서는 개교 제27주년 기념일을 맞이하여 경희대학 창립자 조영식 박사를 초청 명예박사학위를 수여하였으며 필자를 포함한 10여명의 인류사회재건연구원 교수들이 참여하여 양 대학의 교수들과 좌담회 및 토론회를 개최하였다.

59) 경희대학교 인류사회연구소·요녕 대학 오토피아연구센터 공편, 『오토피아니즘을 통한 인류사회의 재건』, pp.6-7. 발간사.

있게 진행되고 있으며 특히 중국학자들에 의해 많이 연구되어오고 있음을 알 수 있다.

이상에서 살펴본 바와 같이 오토피아 이론은 중국과 대만 학자들의 다양한 연구를 통해서 '인문학의 신대륙발견', '동방인자의 철학'으로 평가 되고 있음을 살펴보았다. 다음은 오토피아 이념을 실천하고 있는 중국 GCS클럽과 대만 GCS클럽의 활동사항을 살펴본다.

2) 중국과 대만에서의 오토피아 B·A·R 사회의 실천 활동들

중국지역과 대만에서 오토피아의 B·A·R 사회 실현을 위한 다각적인 활동들이 GCS 국가본부의 회원들을 통해 추진되고 있음을 볼 수 있다. 앞서 설명한 바와 같이 오토피아의 실천 활동은 밝은 사회운동, 평화운동 등으로 전개되었는데 그중에서는 밝은 사회 해외 클럽인 'GCS 대만본부', 'GCS 중국지구'가 다양한 역할을 하였다. 대표적인 활동 중에 우선 인간적으로 보람 있는 사회의 실천을 예로 들면, 'GCS 중국지구'(동북아 지역: 회장 진쩌(金哲))에서는 다양한 국제 활동을 전개하고 있는데, 한·중 청소년 교류사업 및 도서기증, 조선족 노인협의회와 문화시설 건립·노인을 위한 행사실시, 병원건립, 중국 수재민에게 밀가루 지원, 북한에 밀가루 50톤 지원 등의 봉사를 실천에 옮기고 있다.[60] '중국 동북지구 GCS연합회'에서는 '한·중 교육사업'의 일환으로 한·중 청소년 교류를 길림성 반석시(吉林省

---

60) 中國 北京協會 活動報告, 『UN NGO GCS國際學術會議, GCS Movement and Social Peace』, 1999, GCS International, p.182.

盤石市) 홍광 중학교(고등학교를 중학교라 칭함)와 청량리 고등학교
가 자매결연[61]을 맺어 상호방문, 교류할 수 있도록 역할을 하였다.

풍요로운 사회를 위한 운동은 GCS클럽의 잘 살기 운동의 일환으
로 추진되었다. 중국연변지역 농촌개발사업 시행에 관해 구체적으로
살펴보면 'GCS 한국본부'에서는 1998년부터 중국 농촌개발 사업으
로 연변의 광명촌(光明村)에 제1차 농촌시범마을을 선정하여 매년 수
십 마리의 소를 구입, 그들로 하여금 소를 기르게 하고 새끼를 쳐 배
가운동을 전개하는 등 주민들의 소득증대에 기여하고 있다. 또한 몇
해가 지난 후에는 품종을 '소' 대신 면역성이 뛰어난 '오리'로 바꾸
고 부엌시설 개량사업 지원 등 주민들의 생활향상에 기여하고 있
다.[62] 한국본부에 속한 'GCS 중앙클럽'에서도 2001년부터 중국 연
변 화룡시(華龍市)에 제2차 시범마을 조성활동을 전개하였다. 이농현
상으로 폐교가 된 학교건물을 마을회관으로 보수하고 매년 수십 마
리의 양을 구입하여 300마리가 되도록 하였으며 주민의식개혁, 잘
살기 운동, 생활환경 개선을 추진하였다. 뿐만 아니라, GCS클럽의
활동의 일환으로 의료혜택을 제공하였다. 'GCS 중국 동북지구협회'
(회장 쑨시타이(孫西太))의 보고에 따르면, 'GCS장춘협회(長春協會)'
회원 4명은 장춘에서 유일한 지체부자유자 종합 진료소를 차리고
치료비 면제나 염가치료를 해주고 있다. 그 숫자가 1년간 무려
5,000명에 이르고 있어서 지방정부와 환자들에게 큰 호응과 칭찬을
받고 있다고 한다.[63] 'GCS장춘협회'는 또한 중의 학원(中醫學院: 의

---

61) 中國 盤石協會 活動報告,『UN NGO GCS國際學術會議, GCS Movement and Social Peace』,
   2000, GCS International, Global Cooperation Society(GCS) International, p.44.

62) 중국 연변 시 광명촌 현지방문. 1998년 8월 10일. 그 후 연구조사차 중국에 가서 설문조사를
   하였으며 불과 몇 년 만에 생활이 향상됨을 알 수 있었다 ; 신대순, 하영애, 이환호,『중국동포
   삶의 질 향상을 위한 실태조사 』(서울: 재외동포재단, 2002), 3장-4장 참고.

63) 하영애, "동북아에서 GCS평화운동의 실천방안모색",『목요세미나』, 제7권, (서울: 경희대학교

과대학)과 한국 유학생의 의과대학실습의 교량 역할을 해오고 있다. 예를 들면, 유학생들에게 실습기자재 및 학습활동을 돕고 있으며, 또한 유학생 보건사업 진찰을 187차에 걸쳐 해주었으며 혼수상태에 빠진 유학생 최수영의 생명을 구하기도 하였다. 또한 'GCS 길림시 클럽'과 'GCS 반석시 클럽'에서는 장학금 지급,[64] 의료보건 활동을 실천에 옮기고 있다.[65]

자유중국대만(自由中國臺灣)에는 'GCS 중화민국총회(中華民國總會)' 를 비롯하여 각 지회(分會라 칭함)가 결성되어 활동을 하고 있다. 이들은 'GCS 대북 지회(臺北 分會)', 'GCS 고웅 지회(高雄 分會)', 'GCS 육달 지회(育達 分會)', 'GCS 대화 지회(臺華 分會)' 등으로 조직되어 다양한 역할을 하고 있다. 그들은 『광명사회운동지남(光明社會運動指南)』에서 이 운동의 3대 목표, 3대 정신과 5대 운동을 규정해 놓고 있다.[66] 3대 목표는 화목한 가정(和睦的 家庭), 건전한 사회(健全的 社會), 평화적 세계(和平的 世界)를 명시하고 있으며 3대 정신으로는 선의(善意), 합작(合作), 봉사-기여(服務-奉獻)의 정신을, 그리고 5대 운동으로는 건전사회운동(健全社會運動), 생활개선운동(改善生活運動), 자연 애호운동(愛護自然運動), 홍양 인본운동(弘揚人本運動), 세계평화운동(世界和平運動)을 명문화하고 정기회의, 좌담회, 봉사활동 등을 개최하고 있다.[67] 또한 'GCS 臺北 分會(타이뻬이 市 지회)'의 회장 랴

인류 사회재건연구원, 2004), pp.243-244.

64) 『光明社會運動指南』1996, -UN NGO G.C.S Club 國際光明社會世界總會 光明社會問題硏究所, pp.5-8. 이 3대 목표, 3대 정신과 5대 운동은 국내의 모든 GCS Club의 공통된 사항으로 GCS 국제본부에서 각 헌장 및 규정에 명시하여 시행하고 있다.

65) 하영애, "동북아에서 GCS평화운동의 실천방안모색", p.244.

66) 『光明社會運動指南』1996, -UN NGO G.C.S Club 國際光明社會世界總會 光明社會問題硏究所, pp.5-8. 이 3대 목표, 3대 정신과 5대 운동은 국내의 모든 GCS Club의 공통된 사항으로 GCS 국제본부에서 각 헌장 및 규정에 명시하여 시행하고 있다.

67) 國際光明社會促進會中華民國總會及臺北分會, "擴大理監事聯誼座談會", 밝은 사회 국제본부 소식지 등 관련 자료 2001. 1. 8.

오완룽(廖萬龍)의 보고에 따르면, 랴오 회장은 형기를 채웠거나 가석방된 청년을 자신이 경영하는 회사와 공장에 근무케 하여 자신의 잘못을 각성하게 하고 새로운 마음으로 일할 수 있는 터전을 마련함으로써 주위의 좋은 평가를 받았다.[68] 또한 GCS 세계대회에 참석한 임원이나 회원들은 각 국가의 GCS 회원들과 만나서 세미나와 포럼, 연수회를 개최한다. 이러한 세계대회 참석 및 교육연수는 밝은 사회운동을 전개하는데 중요한 역할을 할뿐만 아니라 클럽회원의 태도 변화에도 중요한 원동력이 되어왔다.[69]

이와 같이 다양한 실천 활동은 클럽회원들의 참여와 정신함양을 위한 다목적 훈련일 뿐만 아니라 오토피아의 이념과 정신을 지속적으로 배양하게 되는 중요한 경로이기도 하다.

5. 결론: 오토피아 이론과 실천 활동의 사회적 영향

본 연구는 오토피아 이론에 대한 가치, 조직, 인간의 실천 활동과 그 운용을 다양한 활동으로 고찰해보았다. 또한 국제사회에서의 활동과 더불어 중국지역과 대만에서의 실천 활동을 분석하였다. 오토피아에서는 인간중심과 교육 평화의 가치를 가지고 주리 생성론과 전승화론을 통하여 이 이론을 체계화하였으며 이 이론은 인류사회 재건연구원과 국내외 GCS클럽의 조직을 통해 많은 사람들과 국내외 회원들이 봉사를 실천에 옮기고 있음을 고찰해 보았다.

---

68) "1999 GCS 臺灣總會與臺北市分會 主要事業活動報告" 중에서.

69) 김종은, 「밝은 사회교육의 효율화 방안에 관한 연구」, 『밝은 사회연구 13-14집 (1990)』(서울: 경희대학교 밝은 사회연구소), p.115.

특히 이 이론의 제창자 조영식은 오토피아의 실천을 위해 다양한 기구를 제도화·조직화·체계화하였다. 그는 오토피아의 이념을 실현하기 위하여 세계대학총장협회, 밝은 사회국제본부, 인류사회재건 연구원, 평화복지 대학원과 국제평화 연구소 등을 조직화하고 이를 제도화하였으며 이 조직기구들을 활용하여 아름답고 풍요롭고 보람 있는 이상사회의 실현을 체계적으로 추진해 나갔다. 특히 '세계평화의 날'제정에 산파역을 했으며 또한 탁월한 지식을 인류사회를 위해 십이분 발휘함으로서 세계 3차 대전의 위기에서 평화적 화해분위기로 전환시킨 잠재적 기능(Latent Function)[70]을 발휘하였다고 하겠다.

오토피아 이론과 실천 활동의 사회적 영향을 다음 몇 가지로 분석할 수 있다.

첫째, 중국과 대만사회에서 오토피아 연구의 학문적 초석을 마련하였다.

오토피아 이론은 중국과 대만사회 지식인들의 학문적 연구에 커다란 호응을 얻고 있다. 오토피아의 주의 생성론과 전승화론은 인간의 의식내면에 있는 인간이 하고자 하는 일에 대한 열망과 관심을 불러일으켜 보다 나은 생활, 보다 풍요로운 생활, 보다 가치 있는 생활을 영위할 수 있는 정신적·지식적 삶에 변화를 불러왔다. 4대 성현(聖賢)을 낳은 중국에서 어떻게 철학박사를 배출할 수 있느냐는 학풍은 수십 년 동안 국립 대만대학교(臺灣大學)의 철학과에 박사과정을 두지 않게 하였던 적이 있다. 이러한 그들의 문화에 비추어 볼 때 오토피아 이론에 대한 학자, 전문가, 정치인들의 평가는 주목할 만하다. 특히 오토피아 이론에 대해 '인문학의 신대륙 발견', '동방인자의 철학', '21세기의 시대정신' 등으로 평가 하는 것을 보면 중국

---

70) Femont E. Kast & James E. Rosenzweig, op, cit, p.173.

과 대만사회에 있어서 오토피아 이론의 수용은 대단히 주목할 만하다. 이는 또한 오토피아 이론이 동북아나 다른 국가에서도 연구될 수 있는 학문적 초석을 마련했다고 하겠다.

둘째, 국제사회에 평화운동추진과 한국의 국격(國格)을 제고(提高)시켰다.

오토피아 이론과 실천 활동은 직간접적으로 국제사회에 한국을 널리 알리는 커다란 역할을 하였다. 조영식은 당시 국민소득 80불밖에 안 되는 시기의 한국에 '세계대학총장회의'[71]을 유치하여 세계의 석학과 국가원수를 한 자리에 참석게 하였다. 또한 인간 본연의 인정에 호소하며 '이산가족재회추진운동'을 전개하여 153개 국가에서 2천여만명의 서명을 받아 기네스 북[72]에 올랐고, NGO의 맹아기에 '1999 서울 NGO 세계대회'[73]을 개최하여 한국의 국격(國格)을 높이는데 큰 공헌을 하였다. 故 이한빈은 이에 대해, 조영식은 자신의 철학을 체계화 하여 다른 지성인들을 창조적으로 조직화하고, 그것을 국제적 차원으로 전개시킨 창업적 지성인[74]이라고 높게 평가하였으며 전 유엔사무총장 부트로스 갈리 역시 그의 글에서 유엔에

---

71) 제2차 세계대학총장회의[The Second Conference of the International Association of University Presidents (IAUP)]는 1968년 6월 18일부터 29일까지 서울 경희대학교에서 개최하였으며, 당시 박정희 대통령 및 세계 각국의 대학총장들이 대거 참여 하였다. 당시 한국에서 국제대회유치는 쉽지 않았던 점을 감안할 때 이 회의의 개최 의의가 깊다고 하겠다. Institute of International Peace Studies, *TOWARD OUGHTOPIA-Dr. Young Seek Choue's International Activities*-(Seoul: Kyung Hee University Press: 1983), pp.119-120. IAUP는 2015년에 50주년을 맞이하여 옥스퍼드대학에서 세미나를 개최하였으며 경희대 조인원 총장이 초청되어 격려사를 하였다.

72) 당시 '일천만 이산가족 재회 추진위원회'(위원장 GCS국제본부 총재 조영식)은 1983년 9월 한국의 KBS TV를 통해 이산가족 찾아주기 운동을 전개하여 10,180가족을 상봉(재회)할 수 있게 하였다. 1993년에는 제3차 사업으로 '이산가족 재회 촉구 범세계 서명운동'을 전개하였고 1994년 11월 4일 발표한 집계에 의하면 서명인 총수는 153개 국가, 21,202,192명이란 세계기네스 북에 올랐다. 하영애, 『밝은 사회 운동과 여성』, pp.147-148.

73) 1999 서울 NGO 조직위원회, 『1999 서울 NGO 백서』(서울: 1999 서울 NGO 조직위원회, 2000)

74) Hahn Been Lee, "An Uncommon Intellectual with the Talent of Inaugurating new Enterprises", the Publication Committee of Global Leader With Great Vision, *Global Leader With Great Vision*, (Seoul: Kyahaksa, 1997), p.255.

끼친 조영식의 업적을 높이 평가한다[75]고 명시하고 있다.

셋째, 오토피아 이론연구의 지속성과 실천 활동을 특성화 할 필요가 있다.

현재의 인류사회재건연구원은 그동안 초대원장 조영식이 일구어 온 기반을 바탕으로 '한국연구재단 중점연구소'로 선정되어 학문연구와 활동을 하고 있다. 소장학자를 중심으로 지구시민사회에 관한 다양한 세미나[76]와 국제학술활동을 통하여 학술연구지 『오토피아(Oughtopia)』를 등재지로 끌어올리는 성과를 가져왔다. 그러나 조영식이 운용하던 시기의 오토피아 이론연구와 실천 활동과는 다소 거리가 있는 것으로 보인다.[77] 오토피아 이론의 보다 내실 있는 학문연구의 계발을 위하여 이 분야에 관심 있는 지식인들의 끊임없는 연구와 노력이 필요하다. 미국의 행태주의(Behavioralism)를 탄생시킨 '시카고 학파'와 같이 이 분야의 학자와 전문가를 비롯하여 관심 있는 자들을 중심으로 오토피아 이론을 연구 발전시킬 수 있는 '오토피아 학파'를 구축하는 것도 한 방안이 될 것이다.

또한 오토피아 이론의 실천으로 중국과 대만사회에서의 봉사활동들은 그 지역의 주민들과 유학생, 청소년들에게 실제적인 삶의 질 향상에 작은 밀알의 역할을 하였다고 평가할 수 있다. 그러나 타 봉사단체를 살펴보면[78], 라이온스 클럽(LIONS Club)은 '봉사의 실천'

---

75) Boutros Boutros-Ghali, "Chancellor Choue and the United Nations", the Publication Committee of Global Leader With Great Vision, *Global Leader With Great Vision*, (Seoul: Kyahaksa, 1997), pp.15-16.

76) 지구시민사회와 대안적 정치 패러다임(2007. 10. 11), 지구시민사회와 세계정치(2008. 11. 28) 등의 주제로 학술발표회를 개최하고 있다.
http://crhs.khu.ac.kr/content.html?bbs_cls_cd=001003004. (검색일: 2009. 11. 20.)

77) 조영식이 총재로서 총괄했던 인류사회재건연구원은 초기에 세계대학총장협회(IAUP) 부속기관으로 역할을 했으며 5개 연구소 (밝은 사회연구소, 국제 평화연구소, 인류사회 연구소, NGO연구소, 사이버연구소)를 운영하고, 오토피아의 이론뿐만 아니라 밝은 사회운동, 세계평화 운동 등 실천 활동을 적극적으로 펼쳐나갔다.

78) 하영애, "GCS, LIONS, ROTARY클럽과 J. C의 활동현황과 발전방향", 『韓中사회의 이해』(서울: 한국학술정보(주), 2008), pp.180-183.

(We Serve), 로타리 클럽(ROTARY Club)은 '초아의 봉사'(Service Above Self)등의 이념과는 달리 밝은 사회 클럽(GCS Club)의 이념은 '아름답고 풍요롭고 보람 있는(B·A·R) 사회의 실현'으로 포괄적이다. 또한 밝은 사회클럽은 5대 운동(건전사회 운동, 잘 살기 운동, 자연애호 운동, 인간복권 운동, 세계평화 운동)의 실천 활동에 있어서 어려움이 있는 것으로 보인다. 특히 지방의 밝은 사회 클럽에서는 이 5대 운동이 너무 이론적이거나 전문적이어서 실천에 어려움이 있다는 의견이 제기되고 있다.[79] 그러므로 GCS각 국가 본부나 GCS 단위클럽에서는 이 5대 운동의 실천항목을 지역의 실정과 여건 상황에 맞게 1-2개 운동항목에 집중할 수 있도록 특성화를 제기해 본다.

또한 지속적인 평화활동을 위해 최근에 GCS 국제본부에서 실천하고 있는 세계태권도연맹의 연계활동을, 평화복지대학원 및 국제평화 관련기관과 제휴하여 평화 전문 인력을 양성하고 또한 다양한 필드워크(field work)모색을 통해 평화스런 사회추구를 제의해 본다.

---

79) 지방의 밝은 사회클럽에서는 인간복권 운동에 대한 실천이 쉽지 않고, 여성클럽에서는 평화운동에 대한 실제적인 접근을 위하여 장난감 병정놀이, 유해 장난감 사용안하기 운동 등 구체적인 방안이 필요하다는 지적이 있었다. '2008 밝은 사회 지도자 수련회' 각 클럽발표에서.

4장_칸트의 영구평화론과
조영식의 오토피아평화론

1. 서론

인류의 동서고금을 통하여 평화라는 주제에 대하여 사색하며 그를 실현하기 위해 노력한 인물들은 매우 많다. 그것은 흔히 인류의 삶이 많은 갈등의 모습을 보여주고 있으며 그만큼 평화에 대한 희구심도 크기 때문일 것이다. 이러한 점은 20세기 그리고 21세기의 오늘을 살아가고 있는 우리 인류의 삶에 있어서도 마찬가지이다. 잠시 근 현대 인류사를 되돌아보면 제국주의적 침탈과 두 번의 세계 대전, 그리고 대소의 국지전 속에서 엄청난 수의 인류의 인명 살상과 땀 흘려 일구어 놓은 문화유산의 파괴가 있었다. 조영식은 최근의 이러한 시대상황 속에서 평화를 위해 헌신한 많은 인물들 중의 한 인물로서 주목할 만하다. 그는 평화에 대한 깊은 연구와 사색에 기초 하여 독특한 오토피아[1] 평화론을 제시하였고 이를 바탕으로 한 평생 인류사회의 자유, 평등, 공영 그리고 전쟁 등 여러 문제들을 논의했을 뿐만 아니라 또한 이를 실천에 옮기기 위해 현장에서 혼신의 노력을 기울여왔다. 이러한 사실은 이미 출판된 수많은 그의 저술과 연설문집 그리고 밝은 사회운동 등 활발히 진행되어 온 많은 국내외적인 사회운동들, 그리고 무엇보다도 그의 국내외 지인들의 증언에 의하여 증명되고 있다(인간 조영식 박사 101집 출간위원회 1994). 그는 이미 그의 20대 후반인 1948년 민주주의 자유론－자유정체의 탐구, 1951년 문화세계의 창조, 1975년 인류사회의 재건, 그리고 1979년 오토피아: 전승화 이론을 기초로 하여 등을 주요 단행본으로 출판하였었다. 뿐만 아니라 그가 주도적으로 조직해왔던 수많은 국내외 회의들에서 행한 연설의 원고들이 2001년과 2003년에 각각 3권(영문)과 5권의 전집(국문)으로 발간되었다.(조영식 2001; 조영식 2003). 그는 인류공동체의 평화에 기여하기 위한 노력으로서 직접 수많은 사회 운동을 조직, 전개해왔는데 먼저 농촌 등의 빈곤퇴치를 위한 목적에서 1960년대의 '잘 살기 운동', 그리고 1970년대 중반 이후의 '밝은 사회 운동', 1990년대의 남북이산가족재회운동, 1990년 후반 이후의 네오르네상스운동 등을 들 수 있다. 또한 그는 세계를 대표하는 지성인들의 모임체라고 할 수 있는 세계대학총장회(International Association of University Presidents)의 조직을 주도하고 운영하면서 세계평화 문제를 논의해왔다. 이 회의에서 기울

---

1) 오토피아(Oughtopia)라는 용어는 조영식 자신이 조어한 것으로 '당위적으로 요청되는 사회 (ought-to-be society)'를 의미하는 것으로 흔히 '정신적으로 아름답고(spiritually beautiful), 물질적으로 풍요로우며(materially affluent) 그리고 인간적으로 보람있는(humanly rewarding) 사회'를 그 구체적인 내용으로 한다. 그는 오토피아가 하늘나라나 개념적 낙원이 아니라 이 지구상에서 실현가능한 사회로서 역사적으로 이와 유사한 개념들이 플라톤의 이상세계, 칸트의 목적의 왕국, 토마스 모어의 유토피아와 다르다고 말한다(Young Seek Choue 2001, 235). 최근 오토피아에 대한 학술연구로는 그 이론과 그 실천에 중점을 둔 하영애의 연구가 있다(2010, 27-51).

인 노력의 결과의 하나는 1981년 제36차 유엔 총회를 통해 '세계평화의 날'과 '세계평화의 해'를 지정한 것이었다. 뿐만 아니라 조영식 자신이 훌륭한 교육자요 또한 교육 사업가로서 특별히 국제평화와 관련하여 지속적인 연구와 교육 그리고 재정적 지원을 통해 그가 설립한 경희대학교 산하의 인류사회재건연구원과 경기도 광릉 독립 캠퍼스의 평화복지대학원은 지속적인 평화연구 수행과 평화지향적인 국제적 인재들을 양성해오고 있다.

따라서 조영식이 평화를 위해 걸어온 지칠 줄 모르는 족적은 세계평화의 전반적 문제를 조명하는데 있어서 보다 심도 있는 고찰과 평가를 필요로 하는 시점이 되었다. 그리하여 이를 위해 그가 조어한 '오토피아' 즉, '당위적으로 요청되는 평화로운 사회'를 위해 나아가자고 호소했을 때 그러한 견해의 저변에는 어떤 이론적 요소들이 자리하고 있는지를 고찰, 분석하는 것은 평화의 도정에 있는 많은 사람들에게 중요한 시사점을 제공할 수 있을 것이다. 그러나 어떤 인물의 개인적 평가는 그 자체만으로 접근할 때 자칫 주관적 찬양에 빠질 수 있고 결과적으로 그 진정성을 훼손할 우려도 없지 않다. 따라서 본 논문은 조영식의 오토피아 평화론을 고찰함에 있어서 인류 역사에 있어서 대표적인 평화사상가로 인정되는 임마누엘 칸트(Immanuel Kant)의 영구평화론과 견주어 접근하고자 한다. 주지하다시피 칸트는 일찍이 프랑스 혁명 직후인 1795년에 영구평화론(on perpetual peace)이라는 저술을 발표하였고 오늘날까지 학계에 큰 영향을 미치고 있다. 칸트의 인류사회를 위한 영구평화에 대한 구상이 오래도록 생명력을 갖는 것은 그의 구상이 견고한 이론적 요소에 기초하고 있기 때문일 것이다. 따라서 칸트의 영구평화론에서 보여 지는 주요 이론적 구성요소들에 유의하면서 약 200년 후에 활동하는 조영식의 오토피아 평화론 속에서 보여지는 주요 이론적 구성요소들과 어떤 공통점이 있으며 그리고 차이점이 있다면 그것이 무엇인지 논의하고자 한다.

조영식은 유년 시절 사서삼경 등 한학을 수학하면서 동양 고전을 접했고 청년기에는 세계의 대표적인 사상가들에 대한 독서를 통해 동서양의 사상가들을 폭넓게 섭렵한 것으로 전해지고 있다(밝은 사회운동 30년사 편찬위원회 2007, 77). 그가 27세에 출판한 최초 저서인 민주주의 자유론, 30세에 출판한 문화세계의 창조는 그의 견해들을 개진함에 있어서 수많은 동서양의 사상가들을 인용함을 볼 수 있다. 이후 1979년의 오토피아 등 그의 저서나 연설문들 중에서도 다양한 동서양 사상가들에 대해 인용되고 있다. 특히 이 중에서도 칸트 등 자유주의 사상가들이 가장 많이 논의되고 있음을 볼 수 있다.[2] 그가 인류역사에 있어서 대표적인 평화사상가인 칸트의 사상에 대하여 깊은 관심을 가졌던 것은 지극히 당연한 일이었을 것이다. 그러나 그는 칸트를 비롯한 다양한 사상가들의 논의를 검토하고 이를 바탕으로 그 나름대로의 독자적인 평화구상을 시도하는데 이것은 흔히 '오토피아평화모델'로 불린다(조영식 1991). 조영식의 평화철학의 중요한 특징 중의 하나는 그가 기존의 사상들을 두루 섭렵하고 이것을 그대로 수용하기보다는 비판적으로 발전시키고 있다는 점이다. 특히 조영식은 전쟁의 원인이 인간성 자체에서 기인하는 것이 아니라 인간의 사회생활에서 생겨나는 제도적 모순에서 비롯되기 때문에 제도적 개선을 통한 접근을 중요시하였다(Bernaldez 2002,

---

2) 이를 위해 그의 20세기 중반 저서들인 민주주의 자유론―자유정체의 탐구, 문화세계의 창조, 오토피아: 전승화이론을 기초로 하여 등을 참조. 비교적 최근인 1992년 10월 12일 스웨덴 스톡홀름 국제평화연구소(SIPRI)에서 행한 한 특강에서는 칸트의 영구평화초안에 나오는 세계 공화국 건설과 전쟁 없는 영원한 하나의 세계에 대해 언급하고 있는 것도 그 예이다(조영식 2003, 508, 512).

209-210). 그럼에도 불구하고 평화라는 이상이 인류의 오랜 역사에 있어서 고도의 보편성을 띠고 있기 때문에 평화 지향적인 철학과 사상들 사이에는 흔히 중요한 공통점이 보여 지는 것도 사실이다. 이 논문은 이러한 기본적 이해 하에서 칸트 영구평화론과 조영식의 오토피아 평화론 사이에 보여 지는 중요한 이론적 공통점을 살펴보고 나아가 조영식이 20세기와 21세기의 새로운 시대상황 속에서 이를 어떻게 새롭게 발전시키고 있는지 고찰하고자 한다. 이러한 시도를 함에 있어서 본 논문은 조영식과 칸트의 평화이론의 비교분석을 위해 국제정치학 분야에서 오랫동안 활용되어 온 세 가지 분석수준들, 즉 개인, 국가, 국제사회에 초점을 두어 접근하고자 한다.[3]

이 논문은 다음과 같이 논의를 전개해나가고자 한다. 본 서론에 이어 제2장에서 칸트와 조영식의 평화론에 있어서 개인들 간의 관계에 관련하여 칸트가 논의한 개인의 자유와 평등론, 그리고 그에 대응한 조영식의 인간중심주의에 기초한 자유, 평등 그리고 공영론에 대하여 논의하고자 한다. 제3장에서는 칸트의 공화주의적 정체에 기초한 자유주의적 평화론 그리고 조영식의 보편적 민주주의론을 중심으로 논의한다. 제4장에서는 칸트가 주장했던 공화주의 국가들 사이의 평화연합, 그리고 조영식의 지역공동사회, 지구공동사회 그리고 Pax UN론을 중심으로 논의하고자 한다. 제5장에서는 앞에서 논의한 내용들을 간략히 요약하고 이를 바탕으로 조영식의 평화이론이 오늘날 및 향후 인류세계를 위해 가지는 함의를 도출하고자 한다.

---

3) 국제정치학 분야에서 일찍이 이러한 세 수준의 분석적 접근을 시도한 학자는 신현실주의 이론으로 유명한 케네드 월츠(Kenneth Waltz)가 있다. 그는 인간, 국가 그리고 국제수준이라는 세 수준 또는 세 이지라는 개념을 통해 전쟁의 원인 문제를 논의하였다(Waltz, 1959). 최근에는 급속히 진전되어가는 세계화를 반영하여 국제사회라는 용어 대신에 찰스 케글리(Charles W. Kegley, Jr.)처럼 '범세계적 수준 (global level)'이라는 용어도 많이 사용되고 있다(Kegley, Jr. 2009).

2. 칸트·조영식의 평화론에서
인간의 자유와 평등 그리고 공영

1) 칸트 영구평화론에서 인간의 자유와 평등

평화는 기본적으로 개별 인간들로 구성된 정치공동체의 문제이다. 정치공동체를 구성하는 행위자들 그리고 그 공동체의 형태는 다양하여 그 각각에 대하여 부여하는 중요성도 학자들마다 다르다. 예를 들면, 정치적 현실주의자들(political realists)은 개인보다 국가공동체를 우선시하는 경향이 있다. 하지만 칸트의 정치사상에 있어서 이전의 사상가들과 대비되는 중요한 특징은 정치 공동체에 있어서 먼저 개별적 인간이라는 행위자를 가장 중요한 분석의 출발점으로 하고 있다는 점이다. 인류역사의 오랜 기간 동안 정치공동체에 있어서 개인의 위상은 그렇게 중시되지 않고 주로 군주나 귀족 등 통치계층 위주로 정치이론도 전개되었던 것이 사실이다. 이러한 사실을 고려할 때 칸트의 이러한 자유주의적 접근은 당시로써는 매우 새로운 접근이었다고 할 수 있다. 이러한 접근은 18세기 후반 칸트가 활동하고 있던 계몽사상기에 있어서 두드러진 특징이기도 하였다. 예를 들면, 칸트가 생활하고 있었던 프러시아는 당시 계몽전제군주였던 프리드리히 2세의 치하에 있었기 때문에 칸트조차도 그의 자유주의 이론을 개진하는 데 있어서 군주제 하의 프러시아 현실을 의식하지 않을 수 없었다. 뿐만 아니라 경우에 따라 그의 자유주의 이론에 모순되는 견해를 표명하기도 하였다(Kant 1983, 113-4). 그러나 이미 시대는 헤겔이 말하는 자유의 진전으로서의 역사라는 거대한 흐름을 막을 수 없었고 칸트가 영구평화론을 집필했던 시기는 바로 인간의 자유와 평등 그리고 박애를 가치로 내걸고 전개되었던 프랑스 시민혁명이 일어난 직후로서 칸트는 이를 동정적 관심을 가지고 지켜보았다(Williams 1983, 247). 또한 칸트는 프랑스 시민혁명 이후 과정에서 부수적으로 일어나고 있던 국가들 사이의 전쟁을 목도하면서 그러한 전쟁을 방지하고 인간사회에 항구적인 평화를 정착시킬 수 있는 문제에 대하여 깊이 궁구하게 되었다. 바로 그 당시에 혁명 프랑스와 프러시아 간에 바젤조약(Basel Treaty)[4])이 체결되었는데 칸트는 이러한 강화조약들이 진정한 의미에 있어서 평화를 가져오는 조약이 아니라 일시적인 휴전조약에 불과하다고 지적하였었다(유석성 1996, 126). 따라서 칸트는 그 나름대로 영구평화를 위한 가상의 조약 초안[5])을 만들어 그의 인류평화에 대한 구상을 제시하게 되는데 그것이 바로 유명한 영구평화론이다.

그의 영구평화론에서 이 논문의 목적과 관련하여 특히 관심을 끄는 것은 바로 칸트가 국가 간의 평화 문제를 논의함에 있어서 먼저 개인의 자유와 평등의 문제를 중요하게 다루었다는 점이다. 칸트의 평화에 대한 사색은 바로 이성(理性)의 주체로서 개인들 간의 관계에 있어서 정의(正義, justice)의 문제로부터 시작된다. 이러한 정의의 문제는 계몽사상가들에게서 공통적으로 보여 지는 것처럼 이성의 주체로서 개인들의 자유와 평등의 원칙에 초점이 두어진다. 계몽사상 시기 에 있어서 이제 기존의 군주나 신에게 부여되었던 최고의 권위는 부정되고 대신 개별 인간의 이성이 그 자리에 차지하고 있었는데

---

4) 이 강화조약은 칸트의 조국인 프러시아와 혁명전쟁을 수행하고 있던 프랑스 사이에 1795년 3월에 체결 되었다. 이 조약으로 프러시아는 당시에 프랑스 혁명에 간섭하고 있던 대 프랑스 연합전선에서 이탈하여 프랑스와 화해의 길을 모색하였다(김용구 1989, 4-5).

5) 따라서 칸트의 영구평화론은 형식상 당시 조약문들의 구성요소인 예비조항, 확정조항, 추가조항 등을 포함하고 있다.

이러한 현상은 이성의 주권(sovereignty of the reason)이라는 말이 사용될 정도였다(F. C. Beiser 1996). 이러한 배경 하에서 국제사회의 궁극적인 평화는 먼저 개인들 간의 관계에 있어서 자유와 평등의 존중이라는 정의실현 원칙과 맞물려 있다고 본 것이다. 이것은 개별 인간들의 자유라는 개념은 사람과 사람의 관계 또는 사회적 환경과 관련되는 것으로서 도덕과 사회의 개념으로서 중요한 역할을 해왔기 때문이다.

칸트에 따르면 합리적 개념에서 연원하는 철학적 지식은 생각의 형태, 즉 논리 또는 그 대상과 관련이 있는 것으로 여기에서 대상이라고 하는 것은 자유와 그 관련 법칙으로 집약된다(Taliq and Begum 2008, 3). 이러한 자유에 관한 도덕 형이상학은 초감각적인 초월적 원칙에 기초하고 있으며 결국 법의 지배에 따라 인간의 자유의지의 사용에 관심을 갖는다. 그리하여 무엇이 옳은 것인가의 문제, 즉 도덕형이상학이 기초해야 할 의무에 관한 합리적 개념은 단순히 경험에 기초하기보다는 이성 그 자체가 그렇게 하도록 명령한다고 하였다(Kant 1997, 251 cited in Taliq and Begum 2008, 4). 그럼에도 불구하고 이성의 실제적 사용에 있어서 자유라는 개념은 실제적 원칙, 즉 어떤 경험적 조건으로부터 독립하여 선택을 결정할 수 있는 순수이성의 인과 법칙에 의하여 현실로 되고 또 바로 도덕과 법 개념의 근원이 되는 순수의지가 되는 것이라고 하였다(Kant 1996, 376 cited in Taliq and Begum 2008, 4). 여기서 순수이성은 경험적 자아가 아니라 초월적 주체 또는 자아에 기초하고 있다. 이것은 칸트가 일반적으로 세계를 고찰함에 있어서 현상적(phenomenal) 측면과 본원적(noumenal) 측면으로 나누고 이로부터 순수의 세계와 실제의 세계를 고찰하고 있다는 점과 관련이 있다. 이렇게 볼 때 칸트의 윤리학은 단순히 자유라는 관념에 기초하고 있기보다는 윤리학이 곧 자유의 근거가 되는 셈이기도 하다(Taliq and Begum 2008, 10). 칸트의 윤리적 차원에 있어서 자아에 대한 견해는 한편으로 자유를 목도하면서도 다른 한편으로 평등의 측면을 본다. 그것은 어떤 면에서 명예를 중시했던 전근대 또는 귀족주의 시대로부터 보다 민주적인 가치의 근대로의 최종적 전환을 의미하기도 하였다. 즉, 이제 기존의 위계적인 사회질서로부터 인간의 존엄성은 모두 동등하다는 자유주의 시대로의 전환을 의미했고 칸트는 이러한 전환의 옹호자와 대변자 역할을 하였던 것이다. 칸트는 이러한 인간의 자유와 평등은 하나의 기본적 권리(right)로서 심지어 우리가 신처럼 높은 존재가 있다고 믿을 때조차도 그 관계에 있어서 적용된다고 지적하였다(Kant 1991, 99). 즉, 칸트 영구평화론의 출발점으로서 개인의 자유와 평등은 어떤 신이나 통치자가 부여하는 것이 아니라 순수이성이 요구하는 선험적 규범성에 기초한 입법원칙임을 보여준다(Kant 1991, 73).

칸트의 이러한 접근이 설득력을 갖는 것은 국가든, 국가들로 형성된 국제사회든 모두 개별적 인간들로 구성되어 있으며 흔히 국가라는 이름으로 일어나는 행동들도 결국 인간 상호간의 작용으로 환원하여 볼 수 있기 때문이다(최상용 1997, 235). 나아가 모든 인간은 도덕적 관심의 궁극적 행위 단위체로서 단지 가족이나 국가 내의 구성원으로서만 위상을 가지는 것이 아니라 세계적 수준에서의 위상도 갖는다(Pogge 1992, 48-49)는 점을 고려할 때 인류사회의 평화를 논의하는데 있어서 개별적 인간의 위치에서 출발하는 것은 매우 중요하다고 하겠다. 따라서 전체적으로 볼 때 앤드류 허렐도 지적하듯이 칸트의 자유주의 정치이론은 그가 평화문제를 접근함에 있어서 인간중심적인 특징을 보여준다고 할 수 있다(Hurrell 1990, 202). 이

러한 사실은 조영식이 그의 평화이론 전개에 있어서 인간중심주의
적 특징을 강하게 보여준다는 점에서 칸트의 이론적 입장과 어떤 공
감대를 가짐을 보여준다.

2) 조영식의 인간중심주의에 기초한 자유, 평등 그리고 공영

조영식은 동서양의 많은 사상가들 중에서도 계몽사상기의 사상가
들로부터 많은 영향을 받은 것으로 보인다. 이것은 그의 초기 두 저
작인 민주주의 자유론과 문화세계의 창조에서 자유와 평등의 의미
를 자세히 다룬 데서도 잘 나타나는데 여기에서는 물론 많은 자유주
의 계몽사상가들을 인용하고 있다. 이러한 측면이 중요한 것은 조영
식이 청소년과 청년기 초기에 일제의 식민통치를 받고 있던 한반도
라는 독특한 지정학적 상황에서 태어나 성장하면서 자유의 소중함
을 누구보다도 절실하게 체득했었기 때문으로 보인다. 특히 당시 횡
행하고 있던 제국주의와 결합한 국가우월주의 사상에 대하여 비판
적 입장을 취하였는데 그만큼 계몽사상기의 존 로크, 장 자크 루소,
칸트 등의 견해를 인용하여 자유사상을 옹호하는 것을 볼 수 있다.
특히 미국 독립혁명당 시의 유명한 민주주의 사상가 패트릭 헨리의
"자유 아니면 죽음을 달라"는 명언을 인용하기도 한다(조영식 1948,
42-45). 그는 또한 자유에 대한 다음과 같은 칸트의 견해에 대해서
언급하였다: "자유는 내 자신 이외의 원인에 의하여 활동되도록 결정
지어지지 않는, 즉 강행되지 않는 자율(自律)로서 무이유(無理由), 무원
인(無原因), 무법칙(無法則)인 방종된 자유는 인간의 자유로서 하등 무
의미한 존재일 뿐만 아니라, 그것은 결코 도덕적 동물로서의 자유가

아니다(조영식 1948, 52)." 특히 칸트가 이성과 자유의 상호관계에 대하여 논한 부분을 강조하여 다음과 같이 소개하고 있다.

> "전연적(全然的)인 선(善)의 의지(意志)라는 것은 그의 격률(格率)이 언제나 보편적 법칙으로 인정된 자기 자신을 자기 안에 보유할 수 있는 의지로서의 명제(命題)이다. 그러므로 자유는 모든 이성자(理性者)의 의지로서 전제되지 않으면 안 된다. 이성자의 의지는 다만 자유의 이념 하에서만 자기 자신의 의지일 수가 있다. 그러므로 실천적 견지로부터 보아 모든 이성자에게 부여 되지 않으면 안 되겠다(조영식 1948, 124)."

그리하여 조영식은 자유에 대하여 다음과 같이 그 자신의 의미를 설명한다. "실로 자유는 인간을 합리적 타당의 길로 인도해주는 등불과 같다고 할 수 있다. 자유라는 것은 어떤 일을 수행함에 있어서 가장 타당하고 합리적인 길을 가르쳐 준다. 즉, 권선징악의 사상, 선을 찬양하고 악을 증오하는 근본사상은 오로지 자유에서부터 태생한다고 할 수 있다는 것이다"(조영식 1948, 130).

그는 특히 자유를 세 가지로 구분하여 본능적(本能的) 또는 방종적(放縱的) 자유, 인격적(人格的) 자유, 그리고 발전적(發展的) 자유라고 하였다. 그가 민주주의 자유론에서 본능적 자유, 그리고 문화세계의 창조에서는 방종적 자유라고 부른 이 자유 개념은 전부(全部)적인 자유를 의미하는 것으로 충동적, 자의적인 자유를 의미한다(조영식 1948, 61; 조영식 1951, 111). 이것은 17, 18세기에 자본주의가 대두하면서 봉건국가체제가 근대적인 민권사회로 전환하는 과정에서 일어난 자유사상으로 이해하였다(조영식 1948, 62; 조영식 1951, 111-113). 두 번째 인격적 자유는 개별적 인간의 자유 행위가 단지 사회의 질서와 국가의 복리를 문란, 저해시키지 않는 한에 있어서만 자유를 누릴 수 있다는 것으로 이해하였다(조영식 1948, 71 ; 조영식 1951). 그러나 그는 당시 이러한 자유의 개념은 결국 국가의 법률이 허용하는 범위 내의 자유를 의미하는 것으로 보고 그 수용에 유보적인 입장을 취했는데 그 근거로서 일본 제정(帝政) 하의 법률, 파시스트 국가들의 법률 준수는 실제에 있어서 진정한 의미라기보다는 구속된 의미의 소극적 자유라는 점을 들었다(조영식 1951, 115). 따라서 조영식은 그 대안으로 '발전적 자유론'을 제시한다. 그가 '문화적 복리주의의 자유관'으로 부르기도 하는 이 자유론은 이기적인 자아적(自我的) 자유와 이타적인 타아적(他我的) 자유가 합리적으로 조정되어 혼연일체화되어 있는 것을 의미한다(조영식 1951, 112-113). 여기에서 '발전적'이라는 말은 이러한 자유가 고정적이지 않아서 항상 인민의 복리에서 벗어날 때는 개편될 수 있다는 의미를 내포하고 있다. 이와 관련하여 덧붙일 것은 자유의 문제를 국가와 국제사회의 경우에 적용할 때는 국가는 국제사회의 행동에 원칙적으로 복종해야 하지만 그것이 진정한 인류 문화세계의 길에 기여하는가 여부에 따라 다시 판단할 수 있는 자유는 항상 유지되어야 한다고 주장하였다(조영식 1951, 119).

자연히 조영식은 자유에 대한 논의 후에 평등의 개념에 대한 논의를 전개한다. 조영식은 평등의 의미도 무차별적 평등, 차등적 평등, 그리고 그가 문화적 복리주의의 평등관이라고 부르는 진정한 평등관 등 세 가지로 구분하고 있다. 그는 무차별적 평등관은 무조건적 평등을 의미하는 것으로 온갖 것에서 평등이어야 민주주의에 적합하고 또 그것만이 민권사상에 부합된다는 생각을 가진 입장으로 해석하였다. 그리고 이것은 각 개인의 분(分)과 능력을 무시하는 것으로 방종적 자유와 마찬가지로 바람직하지 않은 것으로 보았다(조영식 1951, 121). 두 번째 차등적 평등관은 만인의 분(分)과 능력을 고려한 차별이 있는 평등을 의미하는 것으로 어떤 면에서 무차별적 평등관에서 진보한 타당한 견해로 보았다(조영식 1951, 122). 그러나 엄격한 의미에서 사람들 사이에 확실한 한계를 긋는 것이 가능하지 않을 것이므로 이러한 평등관은 실제에 있어서 실현이 불가능한 것으로 보았다(조영식 1951, 123). 그러면 평등에 대한 진정한 의미는 무엇인가? 이에 대하여 조영식은 평등이라는 것이 인간의 기본적 권리에 있어서만 즉, 사회적, 정치적, 법률적인 부문에 한해서만 존재하고 성립한다는 것을 분명히 한다. 그리하여 평등의 본래 의도는 전 제자의 억압에 반대하고 그 유린을 막기 위함에 있었다고 하였다(조영식 1951, 123-4). 따라서 이러한 논의들은 이전 자유주의적 계몽 사상가들에서도 흔히 볼 수 있다.

그러나 조영식은 한 걸음 더 나아가 공영론(共榮論)을 제시한다. 이러한 공영론적 접근은 기존의 칸트를 비롯한 자유주의 사상가들과 차별되는 것으로 그의 첫 번째 저서인 민주주의 자유론 끝부분(152-158)에서 언급한 이후 문화세계의 창조(124-129), 그리고 최근의 '보편적 민주주의론'에 이르기까지 일관성 있게 유지되고 있다. 그것은 자유와 평등의 지나친 강조에 의해 나타나는 빈익빈 부익부의 병폐 치유는 바로 이 두 개념이 함께 살아가자는 공영사상에 기초할 때 가능함을 강조하는 것이다(조영식 1948, 157). 이러한 인간의 자유, 평등, 그리고 공영사상은 1979년에 출판되는 오토피아에서 공식적인 '인간중심주의(human-centrism)'로 제창된다. 즉, 조영식은 이제 주의(주리)생성론(主意(主理)生成論)과 관련하여 인간의 육체는 물론 인간의 자유의지인 정신을 더욱 중시하여 중인(重人), 즉 인간 존중 사상에 입각한 인간중심주의를 주장하게 되는 것이다(조영식

1979, 73). 이와 관련하여 그는 특히 칸트를 인용하여 '누구의 생명도 인격적 주체이기 때문에 목적으로 대하되 결코 수단시하는 일이 있어서는 안 된다'는 견해를 피력하고 있다(조영식 1979, 74).

인생은 생명의 시작으로부터 삶이 시작되고 생명의 종식과 함께 막을 내린다는 점을 생각할 때 사람이 사람답게 살며 행복하고 값있으며 보람 있게 살도록 하여주는 생명을 우리는 최대한 존중하고 고귀하게 여기지 않을 수 없다는 것이다(조영식 1979, 73). 이러한 인간 중심주의에 서 있는 칸트와 조영식은 모두 국가의 성격에 대해서도 명칭과 내용은 다소 다르지만 기본적으로 자유민주주의론에 입각하여 접근한다.

3. 칸트의 공화적 정치체제와
   조영식의 '보편적 민주주의' 정치체제

1) 칸트의 공화적 정치체제 국가론

칸트를 포함하여 계몽사상기의 철학자들은 국가의 성격에 대하여 진지한 논의를 하였다. 이러한 논의에 있어서 흔히 보이는 특색은 국가가 성립되기 전의 자연상태에 대한 상정, 이러한 자연상태(state of nature)를 벗어나 수립되는 국가 또는 정부의 성격 등에 관한 것이다. 칸트에 따르면 인간들이 자연상태에서 벗어나 정부 또는 국가를 수립하여 정치생활로 들어가게 되는데 자연상태는 정의가 부재하고 폭력이 횡행할 가능성이 있는 상황으로 사람들은 이를 떠나 오직 합법적인 경우에만 인간의 자유를 제한할 수 있는 정치공동체의 생활로 들어가게 된다고 하였다. 즉, 사람들은 자연상태를 떠나 시민사회(civil society)로 들어가게 되는데 칸트는 이러한 시민사회가 반드시 그런 것은 아니지만 잠재적으로는 전제정(despotism)이 될 수도 있고 나아가 보다 이상적으로는 공화정(republican polity)이 될 수 있다고 보았다. 따라서 칸트는 그의 영구평화론 제2부 제1확정조항에서 평화상태를 수립하기 위한 필수적 조건으로서 공화주의적 시민헌법(civil constitution)을 가진 시민국가(civil state)의 존재를 제시한다(Kant 1991, 98). 칸트에 따르면 이 공화주의적 시민헌법은 하나의 강행법으로서 자유로운 사람들의 관계를 지배하는 규범인데 사람들은 그 동포들과의 일반적 연합 내에서 그들의 자유를 누릴 수 있다고 하였다(Kant 1991, 73). 그리하여 이러한 시민국가는 본래의 의미에 있어서 원초적 사회계약에 기초하는 합법적인 국가로서 다음과 같은 선험적 원칙에 기초할 수 있다고 하였다: 첫째, 한 인간(human being)으로서 사회 각 구성원의 자유(freedom) 향유 원칙, 둘째, 단일한 법에 의존하는 신민(subject)으로서 다른 사람들과의 평등(equality), 그리고 셋째, 시민(citizen)으로서 국가의 각 구성원의 독립(independence)(Kant 1991, 74).

이러한 원칙들은 전제국가(despotic state, 專制國家)에 대한 반대형태로서 공화적(共和的) 정부 체제하에서 그 구성 시민들은 서로 자유로우면서도 공동의 법 앞에서는 서로 평등한 보편적 원리가 적용됨을 의미한다. 칸트는 이 공화주의적 헌법만이 한 국민의 모든 올바른 입법의 기초가 되어야 하는 원초적 계약(original contract)으로부터 파생될 수 있다고 하였다. 여기서 말하는 원초적 계약이라고 하는 것은 칸트 이전에 홉스나 루소 같은 사회계약론자들이 공통적으로 취했던 가상적 자연상태에 있어서 개인들 사이에 맺어지는 국가 수립의 최초 계약을 의미한다. 칸트는 바로 이 공화주의적 헌법이 정의(justice)나 권리(right)에 대한 순수개념에서 연원하는 것이기 때문에 그 기원에 있어서 순수할 뿐만 아니라 실제에 있어서도 원하는 바 영구평화를 달성할 가능성을 제공한다고 하였다(Kant 1991, 100). 나아가 칸트는 공화주의적 헌법에 의하여 운영되는 국가들 사이에 왜 영구평화가 가능한지를 다음과 같이 부연 설명한다.

> 공화주의적 헌법 하에서 당연히 그러해야 하는 것처럼 전쟁을 시작할 것인가 말 것인가에 대한 결정은 시민의 동의가 필수적이게 된다. 따라서 시민들은 당연히 전쟁과 같이 위험스런 일의 시작에 주저하게 될 것이다. 왜냐하면, 전쟁을 시작한다고 하는 것은 곧 시민 자신들이 직접 전투에 참여해야 할 뿐만 아니라 전쟁 비용도 그들의 재산으로부터 염출되어야 하며 전쟁 후에는 전쟁의 참화를 복구하기 위하여 동원되어야 할 것이 예상될 것이기 때문이다. 즉, 전쟁 종결 후에도 전쟁을 치루면서 썼던 국채 때문에 재정적 부담을 져야 하고 또 이러한 환경 속에서 끊임없이 배태되는 새로운 전쟁의 위협 때문에 결코 그동안 지불한 고통의 보람은 없고 이러한 전쟁의 비참함을 시민 자신들이 모두 짊어져야 할 것이기 때문이다(Kant 1983, 113).

칸트는 피치자가 시민으로 대우받지 못하는 국가, 즉 비공화적 헌법 하에서 전쟁이 일어날 가능성은 매우 높은 것으로 보았다. 왜냐하면, 비공화적 국가의 정치체제 하에서 국가의 통치자는 다른 시민들에 대해 같은 동료시민으로서 대하지 않을 뿐만 아니라 그 국가의 소유자처럼 행세 하는 경향이 있다는 것이다.[6] 뿐만 아니라 전쟁은 통치자들 자신의 식탁, 사냥, 오락장, 그리고 궁중 연회 등에 하등의

---

6) 이러한 경향은 근대 서양정치사에서 두드러진 경향이었다. 그리하여 전쟁은 소위 왕가간에 빈번하였던 것이다(허재일・소치형 1999, 64).

손해도 끼치지 않는다고 믿기 때문에 중대한 이유가 있다기보다는 단순히 흥미거리로 전쟁을 일으키고는 대수롭지 않다는 듯이 나머지는 항상 대기하고 있는 외교관들로 하여금 그 전쟁을 정당화시키도록 한다는 것이다(Kant 1991, 100).

이처럼 칸트는 인류사회에 있어서 영속적인 평화를 유지하는 데 있어서 공화주의적인 정치체제의 중요성을 강조하였는데 여기에서 칸트가 말하는 공화주의의 의미를 좀 더 자세히 살펴볼 필요가 있다. 칸트는 당시의 세계에서 공화주의적 헌법과 민주주의적 헌법 사이에 의미상 혼동이 있다는 것을 지적하였다. 즉, 국가와 정부의 형태 사이에 차이가 있음을 말하면서 국가의 형태는 누구에게 최고의 권위(supreme authority)가 소재하느냐에 관련되는 주권의 형태(formaimperii; form of sovereignty)로 구분되고 정부의 형태는 총체적 권력(plenary power)이 어떻게 사용되는가의 방식에 따라 분류될 수 있다고 하였다. 이렇게 볼 때 주권의 형태에 따라 군주정, 귀족정, 그리고 민주정으로 분류될 수 있으며 정부의 형태에 따라 공화적 정부와 전제적 정부로 나눌 수 있다고 하였다(Kant 1991, 100-101). 그리하여 칸트에 의하면 공화주의 정치체제(republicanism)는 집행부(Executive)의 권력이 입법부(Legislature)의 권력으로부터 분리되는 경우를 말하는 반면에 전제주의 정치체제(despotism)는 법이 단일한 권력에 의하여 제정됨과 동시에 또 자의적으로 집행될 수 있는 경우라는 것이다. 이에 더하여 칸트는 어느 누구도 동시에 자기 자신의 의지에 대한 입법자이자 집행자가 될 수 없기 때문에 직접민주주의보다는 대의체제(representative system)가 중요함을 강조한다(Kant 1991, 101).

그리고 정치 현실에 있어서 이러한 대의체제가 불가피함에 비추어 민주정에 대하여 비판적인 입장을 취하는데 그것은 곧 직접민주주의에 대한 회의적 시각을 나타내고 있는 것이다. 즉, 칸트는 주권의 형태에 있어서 민주정은 그 용어의 가장 엄격한 의미에서 본다면 필연적으로 전제주의로 귀결될 수 있다고 주장하였다. 왜냐하면 이러한 정치체제 하에서는 외면적으로 모든 시민이 참여하는 집행부를 세워 한 개인에 대하여 그의 동의 없이 어떤 결정을 내리면서도 전체 국민에 의하여 결정이 내려지는 것처럼 보이게 하지만 실제에 있어서는 전체 국민에 의한 것이 아니기 때문에 개인의 자유에 모순된다는 것이다(Kant 1991, 101). 칸트는 민주정 하에서 다른 사람들의 이익이 대표되기 보다는 모든 사람이 통치자가 되기를 원하는 것으로 보았다. 반면에 군주정이나 귀족정은 전제주의로 흐를 수 있는 결점에도 불구하고 민주정보다는 낫다고 하였는데 그 이유로 이들 정치체제가 최소한 대의체제의 정신에 부합된다는 점을 들었다. 예를 들면, 당시 프러시아의 군주 프리드리히 2세가 국민의 공복으로 자처한 것을 대의체제의 긍정적 사례로 보았다(Kant 1991, 101). 즉, 통치자의 수가 적고 그리하여 대표성이 높을수록 그 헌정은 점진적 개혁을 통해 공화주의적 잠재성에 보다 가까이 다가갈 수 있기 때문에 민주정보다 군주정이나 귀족정이 더 나은 것으로 보았다. 민주정에서는 프랑스 혁명에서 보듯이 오직 폭력적인 혁명에 의해서만 이러한 이상적인 정치체제를 이룩할 수 있다고 본 것이다.

결국 칸트는 사람들이 주권의 형태보다는 정부의 형태에 더 많은 관심을 갖는 것으로 보았고 어떤 정부형태가 정의나 권리의 개념에 부합하려면 그 정부형태는 반드시 대의체제에 기초해야만 하며 바로 이 대의체제만이 공화주의 국가를 가능하게 한다고 하였던 것이다. 그렇지 않고서는 어떤 주권 형태이든 전제주의와 폭력의 결과로 나타날 수 있다고 하였다(Kant 1991, 102). 칸트의 주권과 정부형태에 관한 논의는 그와 동시대인이었지만 한참 연상이었던 장 자크 루소(Jean Jacques Rousseau)가 지니고 있던 견해의 연장선상에서 이해될 수 있다(최상용 1997, 229). 칸트의 정치철학은 다분히 루소의 사상적 영향을 받았다고 할 수 있는데 루소는 주권의 형태로서 군주정, 귀족정, 민주정을 논의하면서 민주정으로서의 국민 주권론을 주장하면서도 정부의 형태에 있어서는 선출된 사람들이 연합하여 정치를 해나가는 귀족정을 가장 이상적인 것으로 보았었다(Miller 1984, 121). 그럼에도 불구하고 이 부분은 칸트가 개인의 자유와 평등을 중심으로 하는 공화주의적 정치체제를 옹호하면서도 민주정을 폄하함으로써 다소의 이론적 혼란을 초래한 면이 있다. 따라서 레일리(David Reilly)나 프란세스체트(A. Franceschet) 같은 학자들은 칸트의 저술 중 공화주의를 자유주의로 해석하는 것은 잘못이며 여기에는 오히려 모호하거나 비자유적인 면이 있다고 주장하기도 하였던 것이다(Reilly 1997, 21-2; Franceschet 1998, 2).

그럼에도 불구하고 칸트가 이상적인 국가체제로서 본 공화정은 아치부기(D. Archibugi)의 해석처럼 오늘날 있어서 대의민주제와 동일한 것으로 볼 수 있고 대신 칸트의 민주정은 오늘날의 직접민주제로 봄으로써 이러한 의미상 혼란은 정리될 수 있다(Daniel Archibugi 1995, 430). 왜냐하면, 오늘날 일반적으로 이해되는 민주주의 정치체제에 있어서 주요 구성적 특징도 자유와 평등, 대의정부, 그리고 권력분립 등이기 때문이다(Russett 1993, 4). 같은 맥락에서 오늘날 활발히 논의되고 있는 '민주평화론(democratic peace)' 또는 '자유주의적 평화론(liberal peace)'도 대체로 칸트의 공화적 정치체제에 기초한 평화론의 연장으로 볼 수 있다(최상용 1997, 269 ; Doyle 1983). 칸트가 오늘날 민주주의 정치체제를 그 내용으로 하는 공화정에 관심을 가지고 있었던 것처럼 조영식도 평화라는 주제를 모색함에 있어서 언제나 민주주의에 대한 논의와의 연계선상에서 접근하고 있다.

2) 조영식의 '보편적 민주주의' 국가체제론

조영식의 국가론은 그가 한국전쟁 중에 출판한 저술인『문화세계의 창조』에서 뚜렷이 살펴볼 수 있다. 무엇보다도 그는 국가론과 관련하여 '통치자(統治者)를 위한 국가관'과 '피치자(被治者)를 위한 국가관'으로 대별하였다. 통치자를 위한 국가관들에 있어서는 국민들이 오직 군왕 즉, 지배자들에게 복종이 요구될 뿐 권리는 요구할 수 없는 경우로 보았다. 그 반면, 피치자를 위한 국가관은 국가가 통치자를 위해서가 아니라 국민들 자신을 위해서 존재한다는 관점으로 17, 18세기의 민권사상의 대두와 함께 발전하여 오늘에 이르고 있는 것으로 이해하였다(조영식 1951, 102-104). 즉, 국가는 묵시적 민약(民約)에 기초하여 국민들을 보호하고 그 복지를 추구할 임무를 가지고 있다는 국민주권사상을 언급하며 여기에서는 전제적인 사회에 있어서처럼 의무 없는 권리만 행사하는 독재자는 존재할 수 없으며 또한 권리 없는 의무만 행사하는 국민도 용인되지 않는다고 하였다(조영식 1951, 104). 물론 조영식은 이러한 두 가지 국가관 중 피치자를 위한 국가관을 옹호한다. 그가 "국가는 국민을 위한 행정기관이요 국민을 지배하기 위한 통치기관이 아니라"고 한 것을 보면 어떤 면에서 극단적 자유주의(libertarian) 국가관을 보여주기도 한다. 하지만 이러한 국가관은 위에서 언급한 인간의 자유와 평등 그리고 공영이라는 관점에 기초하고 있음은 명약관화하다. 그는 통정적(通整的) 국가관 또는 문화적 복리주의의 국가관이라는 부르는 관점을 제시하였는데 그 구체적 내용을 보면 다음과 같다. 첫째, 국가라고 하는 것은 단순한 개인들의 집합이지 그 이상의 독립된 인격을 가진 것은 아니라는 것이다. 그럼에도 불구하고 개인은 분립된 개인으로서가 아니라 집합된 전체개인의 공동목적을 감당하는 일 구성원으로서 만이다. 둘째, 국가 자체라는 것이 구성원들의 필요에 따라 성립, 존재하는 것이라면 작은 단체인 국가보다도 더 큰 정치단체인 국제적 정치단체(U.N.의 발전형태)가 필요할 수 있다고 주장하였다 (조영식 1951, 107-109). 이러한 국가관은 민주주의 사회에 있어서 오로지 있어야 할 국가의 입장임을 분명히 한다. 민주국가에 있어서 민주의 의미는 일반 인민 전부를 지칭하는 것으로 인민 전체를 위해 전체 인민의 의사로서 인민의 대표자들이 일반인민들의 공복이 되어 일하는 것임을 강조하는 것이다(조영식 1948, 146).

그러나 조영식의 민주적 국가론에 있어서 민주주의의 의미는 독특한 측면이 있다. 위에서 언급한 칸트의 공화주의는 결국 자유와 평등에 기초한 오늘날의 자유 민주주의라고 할 수 있는데 조영식은 이러한 종류의 민주주의를 '정치적 민주주의'로 불렀고 또 유물사관에 기초하고 함께 노동하는 공영권만을 위주로 하는 민주주의를 '경제적 민주주의'라고 불렀다. 그러면서 이 두 가지 모두는 진정한 민주주의를 이룩할 수 없다고 비판하였다(조영식 1948, 137-139). 즉, 그는 민주주의 사회에 있어서 형식적 내용으로서 자유 평등이 필요하듯이 실질적 목적물로서 공영은 불가결의 요건이며 또 동시에 공영이 있어야만 우리들의 자유와 평등은 있을 수 있고 그 충분한 가치도 발휘될 수 있다고 지적하였다(조영식 1951, 126-7). 그리하여 진정한 민주주의를 위해서는 자유와 평등의 원칙 각각이 공영사상에 기초해야 한다고 주장하면서 이러한 종류의 민주주의를 '보편적 민주주의'라고 하였다(조영식 1948, 158). 조영식은 1948년 그의 민주주의 자유론에서 '보편적 민주주의'라는 용어를 처음 사용한 이후 이 개념을 더욱 발전시켜 1989년 탈냉전 시대에 들어서서는 주요 회의에서 제3민주혁명이라는 주장 하에 역설해왔다. 베를린 장벽이 무너진 직후인 1990년 8월 12일 헝가리의 부다페스트에서 열린 제12차 휴머니즘 세계학술대회에서 행한 기조연설에서 제1민주혁명인 프랑스 혁명을 시민계급의 자유혁명으로, 제2민주혁명인 러시아 혁명은 무산계급의 평등혁명으로 특징지웠다. 이 두 혁명 모두 각각의 혁명주체, 즉 유산자와 무산자를 중심으로 한 자유와 평등에 편중되지 않을 수 없었음을 지적하고 이제 제3민주혁명 통하여 '보편적 민주주의'를 실현해야 한다고 주장하였다. 그에 의하면 보편적 민주주의는 기존의 두 민주주의 체제가 가지는 결함을 보완하는 동시에 오늘날 시대적 요청인 인간화, 복지화, 국제화에 부응하는 새 민주주의가 되어야 하며 나아가 함께 공영을 바라보는 국제주의, 합리주의, 인도주의, 보편주의에 의거해야 한다고 하였다(조영식 2003, 585-6). 그는 이러한 제3민주혁명은 인류 모두의 보편적 가치를 구현하기 위해 자유, 평등, 공영을 추구해야 하며 민주주의 종국적, 고차원적 통합혁명 또는 완성혁명의 성격을 띠고 있다고 주장하였다. 또한 이러한 제3민주혁명은 그 이념과 제도의 구현에 있어서 한 국가 안에서만 국한시키지 않고 세계 모든 국가와 국민에게까지 확대하여 만민의 자유와 평등 그리고 대소국의 동등권 및 공영을 목표로 해야 한다고 하였다(조영식 2003, 553). 이 공영의 정신은 반전평화(反戰平和)를 의미하며 복리주의를 추구하는 것이어서 그 내용에 있어서는 침략의 중단과 평화의 유지를 통해 상호부조하여 공동복리를 달성한다는 묵시적 합의를 포함하고 있다는 것이다(조영식 1951, 126). 이렇게 볼 때 조영식의 '보편적 민주주의'는 위에서 논의한 칸트의 공화주의 그리고 자유민주주의 이론과 일정한 공통점을 보여주면서도 한 걸음 더 나아가 새로운 이론적 요소를 보여주고 있다.

4. 칸트의 평화연맹과
조영식의 지역·지구공동사회와 Pax UN

1) 칸트의 공화국들 간 평화연맹

칸트는 평화를 염두에 두고 개인 간의 관계에 있어서 자유와 평등, 그리고 국가에 있어서 공화주의적 정치체제를 논의한 후에 국제관계로 그의 이론적 시야를 돌린다. 즉, 전쟁이 외교정책의 중요한 수단으로 사용되는 국가 간의 관계에서 어떻게 하면 평화를 유지할 것인가가 시급히 답해야 할 질문이기 때문이다. 중세 이래 교황과 신성로마제국의 최고 통치권 하에 있었던 유럽기독교국가(Christendom)의 정치관습으로부터 1648년 웨스트팔리아강화조약 이후 등장한 왕조중심의 근대국가질서로 전환하면서 전쟁은 국가 간 분쟁 해결의 중요한 수단이 되었기 때문이다. 물론 이 근대국가질서는 위의 기독교국가가 제대로 질서와 평화유지기능을 수행하지 못하면서 대안으로 등장하였지만 칸트가 활동할 당시의 유럽 질서는 일종의 자연상태로 인식되었던 것이다. 많은 사회계약론자들이 자연 상태의 갈등을 해결하고 평화로운 사회 상태로 전환하기 위해 국가 권력이 존재함을 주장하였지만 이러한 국가들 사이의 관계는 여전히 자연 상태에 있는 것으로 보는 경향이 지배적이었다. 따라서 홉스를 비롯한 많은 사상가들은 당시 국제관계에 있어서 평화의 가능성에 대하여 매우 회의적인 입장을 취했던 것이 사실이다. 하지만 칸트는 바로 이러한 국제관계 속에서 보여지는 자연상태를 벗어나 영구평화를 이룩하기 위한 그의 견해를 피력하게 된다.

칸트는 이러한 자연상태를 벗어나기 위해 세 가지의 방안을 제시한다. 첫째, 이성에 비추어 볼 때 전쟁만을 초래할 뿐인 무법적 자연상태를 벗어나 궁극적으로 지구상의 모든 국가들을 포함하는 국제국가(civitas gentium)를 형성한다. 그러나 여기서 국가 간의 관계 속에서 나타나는 자연 상태는 국가들 내부에 이미 법적 형식을 갖춘 헌법이 존재하고 있어서 일반적 자연상태와는 다르다는 것을 인정한다. 둘째, 기존의 개별적 국가와 사회들로부터 자유롭고 자율적인 국가와 개인들 사이에 공동의 문제를 해결하고자 하는 개별적 국가와 사회들의 융통성 있는 연맹으로 전환한다. 셋째, 이러한 연맹으로부터 칸트가 말하는 사해동포주의적인 국가들의 국가(state of the states)로의 발전이다. 칸트는 이 세 번째 안은 이성이 요구하는 하나의 이상적인 상태일 뿐이라고 하였다(Schossberger 2006, 167). 칸트의 이러한 견해들은 영구평화조약안의 확정조항 제2조와 제3조에 담겨있다. 그러나 여기에서 국가들 사이에 성립되는 국가 내의 시민헌법과 같은 계약관계는 국민들 간의 연합일 뿐이라고 주장한다(Kant 1991, 102). 즉, 이러한 종류의 연합이 곧 엄격한 의미에서의 국제국가(international state)의 형성을 의미하지는 않는다는 것이다. 그 이유는 모든 국가 내에는 이미 최고 권력자 또는 입법자(superior or the legislator)와 그 권력에 복종하는 사람들(inferior)의 이중적 관계를 특징으로 하지만 이 국가연합은 단 한 부류, 즉 모두 평등한 구성원을 갖는 국가와 같기 때문이라는 것이다. 이는 아직 칸트가 당시의 시대 상황 속에서 평등한 관계를 갖는 국가들을 중심으로 하는 국제정치의 현실을 인정하고 있었다는 것을 의미한다(최상용 1997, 230).

그럼에도 불구하고 칸트는 무력을 기초로 하는 당시 국가들 간의 군사정치에서 조차도 군사적 침략을 정당화하기 위하여 그로티우스(Hugo Grotius) 등 저명한 학자들의 견해를 원용하는 것을 보면 아직 정의 내지 권리라는 개념이 완전히 사라진 것은 아니라고 하였다. 그는 이것이 인간들에게 현재는 잠들어 있을지 몰라도 장차 그 자신 안에 사악한 원칙을 극복할 수 있는 더 큰 도덕적 힘이 있다는 것을 보여주는 것이라고 생각하였다(Kant 1991, 103). 칸트는 단지 군사적 승리에 의해 정의나 권리가 결정될 수는 없으며 강화조약도 당장의 전쟁은 종결시킬 수 있을지 몰라도 언제라도 새로운 전쟁을 위한 구실을 제공할 수 있는 일반적 전쟁 상황 조건들 그 자체를 종결시킬 수는 없다고 하였다(Kant 1991, 104). 따라서 입법을 위한 최고의 도덕적 힘으로서 이성은 전쟁이 정의에 대한 커다란 부담이 되는 것으로 규정하고 당장의 의무로서 평화를 수립하도록 한다고 하였다(Kant 1991, 104). 하지만 평화는 국가들 사이에 일반적 동의가 도출되기 전에는 확보될 수 없으므로 하나의 연맹(league)이 필요한 것으로 보았고 이를 평화연맹(pacific federation)이라 부를 수 있다고 하였다. 칸트는 이 평화연맹이 기존의 평화조약과는 다르다고 하였는데 후자가 단 하나의 전쟁을 종결시킬 뿐이라면 전자는 모든 전쟁을 영원히 종결시키는 데 목적이 있다고 하였다(Kant 1991, 104). 이 평화연맹은 기존의 국가들이 행사해오던 것과 같은 권력을 추구하기 보다는 다른 구성 국가들의 관계에 있어서 그 자체로 자유를 보존하고 확보하는 데 목표를 두어야 한다고 하였다. 이와 같은 연맹주의(federalism)적 구상은 점차 확대되어 모든 국가들을 포함하고 궁극적으로 실제적이며 객관적인 현실로서 나타나 영구평화에 도달하게 될 것이라고 하였다. 만약 어떠한 강력하고 개명된 국가가 근원적으로 평화적인 공화국 정치체제를 형성하는 경우 이는 다른 국가들과 연맹적 유대를 형성함에 있어서 중요한 구심점을 제공 할 것으로 보았다. 여기에 다른 국가들이 참여함으로써 국제정의(international right)에 부합하는 그들의 자유를 확보하게 되는데 여러 가지 연합이나 동맹을 통하여 이러한 경향이 모두에게 점점 더 확산될 것으로 전망하였던 것이다(Kant 1991, 104). 물론 칸트는 국가들도 개인들처럼 자연상태에서 벗어나 공공의 강행법을 준수함으로써 점진적으로 지구의 모든 국민들을 포함할 하나의 국제국가를 형성하는 것이 최선이라는 것을 인식하고 있었다. 하지만 이러한 기대는 당시의 국제정의라는 개념에서 볼 때 아직 국가들의 의지가 아니기 때문에 세계공화국(world republic)이라는 적극적 구상은 시기상조라 하였고 그에 대한 소극적 대안으로서 지속적이면서도 점진적으로 확대해나가는 연맹(federation)의 형태를 취할 수밖에 없을 것이라고 하였다(Kant 1991, 105).

국제적 수준에 있어서 평화를 위한 또 하나의 논의 사항으로 칸트는 제3확정조항에서 보편적 환대(universal hospitality)라는 사해 동포권(cosmopolitan right)을 제시한다. 여기에서의 환대라는 개념은 박애주의의 의미보다는 정의 또는 권리의 관점에서 접근해야 한다는 것을 분명히 했다(Kant 1991, 105). 즉, '환대'에 관한 권리는 어떤 이방인이 타국의 영토에 당도했을 때 그곳에서 평화적으로 행동하는 한 적대적 대우를 받지 않을 권리로 정의되었다. 이러한 권리의 근거는 인류 모두가 둥근 지구의 표면에 대하여 갖는 공동의 소유권이 있어서 타인들의 사회에 들어갈 수 있는 자격이 있다는 것이다(Kant 1991, 106). 하지만 이 환대에 대한 자연적 권리(natural right), 즉 이방인의 권리는 현지 주민들과의 관계를 형성하기 위한 노력을 가능케 하는 조건의 범위를 넘어서는 안 된다는 단서를 붙였다.[7] 칸트는 이처럼 이방인들 간에 서로 환대하다 보면 지리적으로 떨어져 있는 대륙들이 공공법에 의하여 규율 되는 평화로운 상호관계를 형성할 수 있게 됨으로써 결국 인류는 사해동포의 헌법(cosmopolitan constitution)에 가까이 접근할 수 있게 될 것이라고 하였다(Kant 1991, 106).

20세기에 있어서 두 번의 대전을 치른 후 각각 등장한 국제연맹 규약이나 국제연합 헌장은 인류 모두에게 적용되는 규범을 담고 있는데 바로 칸트가 말한 사해동포의 헌법과 같은 사례라고 할 수 있다. 즉, 우드로 윌슨(Woodrow Wilson)은 칸트의 이러한 자유주의적 평화론을 실천에 옮기기 위한 노력의 하나로서 국제연맹을 창설하였었다. 다른 한편으로 후쿠야마(F. Fukuyama)는 유엔 헌장이 칸트의 영구평화의 이상을 현실정치에 실현해보려는 목적을 가지고 있었다고 지적하면서 그럼에도 불구하고 그 목적을 달성할 수 없었던 이유는 칸트 구상의 중요한 요소인 자유국가들 사이의 연맹이라는 측면을 간과했기 때문이라고 지적하였다(Fukuyama 1992, 282). 이러한 칸트의 사해동포주의는 후대의 학자들에 의해 지속적으로 논의되고 있는데 예를 들면, 포기(Thomas Pogge)는 사해동포주의에 기

---

7) 이와 관련하여 칸트는 유럽인들이 다른 지역에 도착하여 자행한 토착민의 무시, 무역거점 수립을 위한 군대의 동원 등에 대하여 비판하였다(Kant 1991, 106-7).

초하여 다층적 권위체(multi-layered authority)로 국제정치의 통치
구조가 재편되어야 함을 주장하고 있다(Pogge 1992, 58). 조영식
은 세계평화를 새로운 범세계적 정치체제에 있어서 지역공동사회
(Regional Common Society)와 세계 공동사회(Global Common Society)
그리고 팍스 유엔 등을 제안하였는데 그것도 칸트의 이러한 이론적
맥락에서 이해될 수 있다.

2) 조영식의 지역 및 지구공동사회와 Pax UN

앞에서 논의한 것처럼 조영식은 인류공동체를 고찰함에 있어서
인간중심주의에 기초하고 있기 때문에 국가중심주의를 취하지는 않
는다. 그것은 국가중심주의가 국수주의 등으로 흐를 때 야기하는 폐
단을 잘 알고 있기 때문이다. 즉, 그는 일찍이 국가의 임무는 인류의
복지를 위해 일하는 데 있으므로 오늘날 국민국가들은 인류를 통치
하는 데 있어서 단지 국가적 단위들로서만 인정되어야 한다고 지적
하였다(조영식 1951, 109). 뿐만 아니라, 그가 국가 안의 민주주의
또는 그가 말하는 보편적 민주주의를 역설했던 것처럼 인류사회는
국제적 민주주의를 추구해야 한다고 주장 한다. 그 이유는 국제사회
라는 것도 근본적 의미에 있어서는 국가사회와 그 내부적 민주주의
의 확대된 형태일 뿐이기 때문이라는 것이다(조영식 1951, 274-275).
그는 유럽의 정치체제에 있어서 중세 봉건체제로부터 근대 국가체
제로의 전환 그리고 국가 내 전제적 군주체제에서 자유적 민주체제
로의 혁명적 변화가 있었음에 주목한다(조영식 1996, 108). 같은 맥
락에서 그는 국가공동체들이 역사적으로 국민들의 필요에 따라 성

립된 것처럼 오늘날 새로운 시대의 필요에 부응하기 위해 여러 가지 다양하고 더 큰 규모의 정치공동체가 등장할 수 있어야 한다고 주장한다(조영식 1951, 108). 그는 이미 1950년대 초 문화세계, 세계국가, 또는 세계 공동체를 위한 하나의 모델로서 전 지구적 수준에 있어서 정치공동체에 대한 견해를 제시하였다. 이 구상에 따르면 문화세계 또는 문화세계 공화국이라는 기치(旗幟) 아래 이 조직은 국제민주주의에 기초하는 행정 구조를 가지고서 국경을 넘어 확대되어야 한다는 것이다(조영식 1951, 344, 338-9, 352). 이러한 그의 견해는 이후 약간의 용어 변화를 보여주면서도 그대로 유지되었다. 즉, 그는 이제 지역협동사회(Regional Cooperation Society)와 지역공동사회(Regional Common Society) 그리고 지구협동사회(Global Cooperation Society)와 지구공동사회(Global Common Society)라는 새로운 개념을 제시하며 그 실현을 주창해왔다. 그는 이러한 초국가적 사회들이 자유, 평등, 그리고 공영에 기초하는 보편적 민주주의 위에 수립되어야 한다고 하였다. 이제 오늘날 인류는 점차 상호 의존화되어가는 세계 속에서 집단적 공동운명 하에 놓여있는 인간 가족이 되었다고 보는 것이다(Choue 1981, 196).

조영식은 지구공동사회라는 그의 비전속에 그 전 단계 또는 중간 단계로서 지역협동사회(Regional Cooperation Society) 또는 지역공동사회(Regional Common Society)라는 구상을 가지는 데 그는 이에 대하여 다음과 같이 부연 설명한다.

>   …21세기 초반부터 배타적 국가주의 시대가 아닌 국가를 토대로 한 지역주의, 국제주의 시대가 될 것으로 봅니다. 유럽의 EC가 왜 통일국가를 만들려고 하고 있습니까? 나는 그와 같은 사회를 GCS의 전 단계인 RCS(Regional Cooperation Society), 즉 지역협력

사회라고 말합니다. 앞으로는 국가 단위가 아닌 RCS(Regional Confederate States), 즉 지역국가 사회가 생기게 될 것으로 봅니다. 그러한 성향을 띤 지역협력체들의 예가 EC와 NAFTA, APEC, ASEAN, OAU, Arab Community 등이라고 하겠습니다. 이것들이 나중에는 Global Cooperation Society, 즉 지구협동사회에서 Global Common Society—지구공동사회, 또는 Global Confederate States— 하나의 세계국가연합으로 나아가게 되는데 우리는 그와 같은 앞날의 큰 목표의 구현을 바라보며… 밝은 사회운동을 펴고 있습니다(조영식 2003, 663).

사실, 오늘날 유럽공동체가 설립되는 데 있어서 그 초기에 있어서 크게 기여한 지도자 중 한 사람인 장 모네(Jean Monnet)는 기존의 국가주권이라는 장애물을 극복하기 위하여 기능적 접근을 함으로써 먼저 석탄과 철강 분야에 초점을 두어 지역협력을 추구했었다(Dinan 1999, 11-28).

조영식이 이처럼 국가중심주의를 넘어 오늘날 논의되고 있는 다층적인 공동체에 기초한 세계 질서를 전망함에 있어서 기존의 국가주권 개념의 문제를 어떻게 접근하고 있는가 하는 질문을 가질 수 있다. 왜냐하면 주권의 의미는 일반적으로 "국가의 최종적이고 절대적이며 그 밖에는 존재할 수 없는 권위"(Hinsley 1986, 26)로 정의되는데 조영식이 인간중심주의에서 출발하여 국가중심주의를 넘어 지역공동사회, 지구공동사회를 논의하기 위해서는 이러한 기존 주권개념의 극복이 선행되어야 하기 때문이다. 그는 결국 이러한 문제를 주권 개념에 대한 새로운 접근을 통해서 해결하고 있다. 조영식은 일찍이 1948년의 민주주의 자유론—자유정체의 탐구에서 주권의 개념을 논의하면서 주권을 '전제적 주권'과 '민주적 주권'으로 분류하며 후자를 옹호하였다(조영식 1948, 143-145). 그는 대통령제 국가에 있어서 대통령은 그 자체로 주권을 행사할 수 없으며 다만 국민을 대표하여 그들의 주권을 발동시키기 위하여 집행권을 행사할 뿐이라고 하였다 (조영식 1948, 145). 이러한 그의 견해는 실질적 내용에 있어서 대표적인 자유주의 정치사상가인 존 로크(John Locke)와 상통하는 점이 있다는 것을 주목하지 않을 수 없다.

즉, 일찍이 로크는 궁극적으로 최고의 주권은 국민들에게 있으며 통치자는 다만 이들에 의해 신탁된 파생적 주권을 행사하는 것이라는 주장을 했었다(Locke 1960, 385). 조영식의 논의에서는 심지어 개인의 주권 개념까지도 읽어질 수 있는데 조영식의 인간중심주의는 인간의 생명이 그 자체로서 가장 중요한 존재요 절대적인 가치라는 인식에 기초하고 있는 것처럼 주권의 의미와 개인의 근본적 자연권은 어떤 면에서 그 의미가 상통하기 때문이다. 따라서 박상식이 조영식의 주권론은 실제에 있어서 개인의 주권을 의미한다고 말한 것은(Park 2004, 80) 제대로 된 해석이라고 할 수 있다. 일단 주권의 본원이 개인이 되면 그 집합체로서 국민의 주권이 존재할 수 있고 또 이로부터 다양한 수준의 필요에 따라 파생적 주권들이 존재할 수 있게 되는 것이다. 실제 이러한 의미의 주권에 대한 논의는 칸트도 시도했었다. 즉, 기본적으로 자유주의자로서 칸트는 국민들에게 속하는 본래적 주권과 통치자들에게 부여되는 파생적 주권을 구분하고 있었던 것이다. (Kant 1991, 24-25).

조영식은 오늘날 지구공동사회에 있어서 유엔의 역할을 중시하여 모든 국가와 민족의 보편적 주권에 기초하는 '유엔을 통한 평화론(Pax UN)'도 제시한다(Choue 2001, 232). 이러한 팍스 유엔론에 있어서 유엔은 국가 대표들에 의한 편협한 국가 이익의 경쟁장이 아니라 세계평화와 인류복지라는 전 인류 공동이익의 문제들이 진지하게 논의되는 광장이 되어야 한다는 것이다. 이와 관련하여 최근 파술로(Linda Fasulo)는 유엔이 오늘날 변화해가는 세계에 있어서 그 적실성을 유지하기 위해서는 국가 대표들보다는 국민들에 대해 더 많은 초점을 두어야 한다고 지적한 적이 있다(Fasulo 2004, xiv). 물론 이러한 논의와 관련하여 아직 유엔이 독자적 행위자인가 아니면 국가들의 정책도구로서 제도적 틀인가에 대한 논쟁은 계속되고 있는 것은 사실이다(Weiss, Forcythe, and Coate 2001, 12-15). 조영식의 세계사회에 대한 비전은 확실히 칸트가 그의 영구 평화론에서 논의했던 평화연맹과 어느 정도의 공통점을 보여주면서도 오늘날 시대적 변화를 염두에 둔 보다 구체화된 구상이라고 할 수 있다. 그리고 이러한 비전은 오늘날 학계에서 활발히 논의되고 있는 지구의 다층적 거버넌스론과 이론적으로 연결되고 있다고 할 수 있다.

5. 결론

이 논문은 조영식이 세계평화를 위해 사색하고 저술하며 또 실천운동을 전개해온 사실을 염두에 두고서 그 저변에 자리하고 있는 이론적 기초가 무엇인지를 고찰해보았다. 이러한 시도의 객관성을 보다 더 높이기 위해 이미 평화사상가로서 널리 인정되고 있는 임마누엘 칸트의 영구평화론의 이론적 기초와 병렬적으로 비교 접근해보았다. 세계평화문제를 접근하는 방법론은 여러 가지가 있겠지만 이 논문에서는 특히 국제정치학 분야에서 흔히 행해지는 세 수준의 분석, 즉 개인, 국가, 그리고 세계 수준에서의 분석을 통해 칸트와 조영식이 유지하고 있는 이론적 요소들을 고찰해보았다. 그 결과 개인 수준에서 칸트는 아직 전제주의 체제가 지배적이던 18세기 말에 개인들 간의 자유와 평등, 국가 수준에서는 자유와 평등에 기초한 공화주의 헌법, 대의민주체제를 가지는 정치체제, 그리고 세계 수준에서는 이러한 공화주의적 정치체제를 가지는 국가들 간의 연맹과 이방인에 대한 환대개념을 통하여 접근하고 있음을 지적하였다. 조영식은 칸트를 비롯한 많은 계몽 사상가들로부터 영향을 받았던 까닭으로 그의 평화사상 전개에 있어서 기본적으로 칸트 같은 사상가들과 많은 공통점을 보여주고 있는 것이 사실이다. 그럼에도 불구하고 그는 여기에서 한 걸음 더 나아가 새롭고 중요한 이론적 내용을 보여주고 있는 것도 주목할 만하다. 즉, 개인 수준에서 인간중심주의에 기초하여 개인의 자유와 평등을 기본적으로 중시하면서도 여기에 공영이라는 개념을 추가하였다. 즉, 공영에 기초한 자유와 평등의 추구를 역설하였다. 국가 수준에서는 기본적으로 국가는 그 자체가 아니라 개인들로 구성된 국민들의 복리를 위해 존재한다는 점에서 하나의 행정기관이요 통치기관이 아니라고 말하는 것처럼 자유민주주의 정치체제를 강력히 옹호하였다. 그러나 그는 이 부분과 관련하여 한 걸음 더 나아가 민주주의 체제를 논의함에 있어서 제1민주혁명에 기초한 자유 위주의 정치적 민주주의(프랑스 시민혁명), 제2민주혁명에 기초한 평등 위주의 경제적 민주주의(러시아 볼셰비키혁명)도 결함이 있기 때문에 충분하지 않다고 지적하면서 평화적인 제3민주혁명에 의한 보편적 민주주의를 통해 인류 만민의 자유, 평등 그리고 공영을 추구해야 한다고 주장하고 있다. 이것은 어떤 면에서 오늘날 범지구적 의제로서 활발하게 논의되고 있는 유엔의 새천년개발목표(Millenium Development Goals)와 그 의미가 상통한다고 할 수 있다. 이처럼 유엔과 오늘날 국가들은 이제 국가 간의 전쟁 방지에만 초점을 두는 노력을 기울이는 것이 아니라 선진국과 후진국 모두의 공동 번영을 위해 노력해야 하기 때문이다. 크게 볼 때 칸트의 공화적 정치체제는 어떤 면에서 조영식의 정치적 민주주의와 유사하다고 할 수 있다. 세계 수준에서 조영식은 국가중심주의를 넘어 지역협동사회, 지역공동사회 그리고 지구협력사회와 지구공동사회의 도래가 현실적으로 보여지고 있으며 그리고 미래에 더욱 심화될 것으로 보았고 궁극적으로 지역 및 지구의 연합적 국가체제가 실현될 것으로 보았다. 이 점에 있어서 조영식은 새로운 시대적 진전 상황 속에서 칸트보다 좀 더 구체적인 세계질서안을 제시하고 있다고 할 수 있다. 이러한 지구공동사회를 위해 유엔을 통한 세계평화를 강조 한 것은 그의 평화에 대한 접근 중 특히 주목할 만한 부분이라고 하겠다. 칸트가 그의 영구평화 조약 초안의 추가 조항에서 세계평화를 위해 철학자들의 의견을 경청할 것을 강조한 것처럼 조영식은 일찍이 인류 지성의 대표자들이라고 할 수 있는 전 세계의 다수 대학 총장들의 모임을 조직하여 세계평화문제를 논의하고 대안을 추구해왔다. 그 대표적인 한 사례가 1981년 12월 유엔 총회를 통하여 '세계평화의 날'과 '세계평화의 해'를 제정하게 한 일이다. 같은 맥락에서 실로 조영식이 그의 청년시절의 독서와 사색 그리고 저술을 통하여 공고히 다졌던 평화이념을 그의 전 생애를 통하여 실천에 옮기고자 부단히 노력해온 사실은 아무리 높게 평가해도 지나침이 없다고 하겠다(하영애 2010, 44-45). 따라서 그동안 평화로운 세계를 위하여 조영식이 제시한 이론적이고 실천적 노력들은 향후 인류 사회를 위해 더욱 연구되고 귀중한 지침으로 삼아 마땅하다고 할 것이다.

오영달 (한양대학교)/하영애 (경희대학교)

5장_일본 소카대학과 한국 경희대학의 평화 인재육성

　교육은 사람에게 지식과 지혜 그리고 삶의 뜻과 의의를 찾는 인간(Homo sapiens)의 창조에 대해 가르친다. 또한 사람에게 기술과 전문지식을 전수할 뿐만 아니라 나 아닌 다른 사람을 위하여 희생·봉사하는 이타심도 함께 가르쳐서 공동으로 미래를 개척하게 된다. (주 조영식 인류사회재건) 이렇듯 중요한 것이 교육이며 교육만이 사람들을 동물적 차원에서 인간적 차원으로, 미개(未開)의 삶에서 문화적(文化的) 차원의 삶으로 이끄는데 있어서 가장 필요하고 유효한 방법이 된다.

　따라서 각 대학은 대학의 교육이념이나 목표가 설정되어 있으며 이러한 이념이나 목표에 부합한 교육을 하기 위해 노력을 경주한다. 이것은 기업·조직·사회단체 역시 마찬가지가 아니라 할 수 없다.

　이러한 의미에서 본문에서는 일본의 소카대학과 한국의 평화복지대학원의 교육을 통해 평화인재 육성을 고찰해보고자 한다. 다만,

소카대학의 경우 이번에는 통신교육부를 통한 평화 인재 육성에 초점을 맞추어 고찰하겠다.

1. 일본 소카대학(創價大學)의 통신교육부와 평화인재 육성

소카대학의 통신교육부(Correspondence Education)는 창립자 이케다 다이사쿠의 건학정신에 입각하여 근로청년·주부·사회인 등 각계각층의 사람들에게 널리 대학교육을 개방하는 것을 목적으로 하고 있다. 경제학부·법학부·교육학부의 세 개의 학부에 경제학과·법률학과·교육학과·아동교육학과의 네 학과를 설치하여, 연령·학력·직업에 관계없이 "언제나" "어디서나" "누구나" 학습하도록 하는 것이 최대의 특징이라고 할 수 있다. 통신교육은 1년을 통하여 모집하고 있기 때문에 통신교육을 희망할 때부터 학습할 수가 있다. 또한, 입학 후에도 자신의 여유시간을 이용하여 전국 어디에 있더라도 자신에게 알맞은 학습방법으로 언제나 배울 수 있기 때문에 누구나 목적에 부합하여 배울 수 있다. 즉 스스로 교재를 가지고 자택에서 개별학습을 통해 자유롭게 주체적으로 학습할 수 있도록 한다는 것이다. 학습 기간과는 상관없이 소정의 학점을 취득한 학생에게는 학사학위가 수여되며 당시 15,000명의 학생 중 5,300여 명의 졸업자를 배출하였다.[1] 이 중에는 유치원·중학교(사회)·고등학교(지리역

---

[1] 소카대 통신 교육부 학생의 졸업 후 진로에 관한 저자의 질문에 대한 소카대학 담당교수의 답변, 일본소카대학을 방문한 경희대학교 교수일행과 소카대학 총장 및 교수들과의 간담회, 1997년 10월 31일, 저녁 7시부터 9시에 걸쳐 2시간 넘게 진행됨.

사·공민) 교사자격증을 취득하는 학생도 있고 경제학부 학생 중에는 법무사 자격증을 획득하는 학생도 있다. 학생들 중 직장인이 많은 비율을 차지하고 있으며 이들은 대부분 대졸 미취득자이지만 졸업과 동시에 대졸자격이 취득된다. 5,300여명의 졸업생을 배출했다는 것은 고등학교 졸업자로서 대학교육을 희망하는 여성, 특히 주부들과 일하면서 배우고자하는 근로청소년 등 많은 사람들에게 대학을 개방하였다는 점에서 대단히 주목할 만한 독특한 제도라고 하겠다. 그러나 자격취득이 용이하지만은 않다. 본인의 능력에 따라 4년만에 졸업할 수도 있고 실제로 8-12년 동안 수학하는 사람도 있으며 당시 학생 중에는 77세 된 학생도 있었다.[2]

소카대학에서 개설하고 있는 통신교육은 「학교교육법」에 입각한 정규대학교육이다. 통신교육부에 있어서의 교육내용, 또는 학생의 신분, 대우는 정규대학생과 동일하며 졸업하면 학사학위가 수여된다. 또한, 학교 내에서는 「중앙도서관」 등의 시설을 이용할 수도 있다. 따라서 폭넓은 전문분야 중에서 자신이 가장 희망하는 학부의 학과를 선택하여 입학할 수 있는 것이다.

또 한 가지 주목할 만한 것은 통신교육부가 「인간교육의 최고학부」라는 모토아래 공통과목을 개설하고 있다는 것이다. 인간교육론, 교육I(창가교육학설), 인문I(인간과 종교), 사회I(인권을 생각하다) 등이 그것이다. 이러한 공통과목의 학습으로 통신교육의 학습방법에 익숙해지도록 하여 학부별 전문과목 공부를 시작할 수 있도록 하고 있다.

---

2) 소카대학 담당교수의 답변, 1997년 10월 31일, 저녁 7시부터 9시에 걸쳐 2시간 넘게 진행된 간담회에서.

1) 스쿨링(Schooling)제도

스쿨링이란 통신교육생이 담당 교원으로부터 직접 수업을 받는 것을 의미한다. 매일 혼자서 공부해야 하는 통신교육생에게 있어서 뜻을 같이 하고 있는 친구들과 만난다는 것은 커다란 격려와 힘이 된다. 수업과목 중 특히 연습·실기를 필요로 하는 과목, 통신학습 만으로는 학습하기 어려운 과목, 또는 가장 기본이 되는 과목 등은 스쿨링에 의해 수강되는데 이러한 스쿨링으로 30학점이상 취득하는 것이 졸업의 요건이다.[3]

- 추계(秋期) 스쿨링
매년 9월부터 11월까지 토·일요일을 이용하여 소카대학에서 강의하고 토·일요일에 한 과목을 종료하는 것을 원칙으로 한다. 소카대학 근교에 있는 통신교육생이나 장기휴가를 낼 수 없는 통신교육생에게 편리하다.

- 해외 스쿨링
미국에 있는 소카대학 분교에서 영어·체육·외국사정을 학습한다. 실제로 많은 통신교육생이 미국에서 매년 생생한 영어를 배우고 있다.

- 지방 스쿨링
전국 10개 지역(북해도에서 오키나와까지의 주요도시)에서 토·일요일을 이용하여 강의를 한다. 비교적 소수로 구성된 세미나 형식

---

3) 일본 소카대학 안내서 참조.

의 분위기 속에서 수업이 행해져 교원과의 교류의 장도 되고 있다.

- 하계(夏期) 스쿨링

매년 8월 초순부터 약 2주일에 걸쳐 소카대학에서 강의를 한다. 5일 간을 1기간으로 하여 집중강의를 하여 1기-3기에 걸쳐 강의를 개설하고 있기 때문에 1기간만으로도 수강할 수 있다. 또한 희망자는 학생기숙사 등 숙박시설을 이용할 수 있어 의미 있는 학생생활을 체험할 수 있다.

- 스키·스쿠바 스쿨링

체육수업의 일환으로서 스키는 나가노현(縣)에서, 스쿠바는 오키나와현(縣)에서 실시하고 있다. 양쪽 모두 강사의 지도하에 이루어지기 때문에 초보자도 참가할 수 있다.[4]

2) 교직 및 자격시험

당시 일본에서 통신교육부를 설치하고 있는 대학은 전국에서 13개 대학이 있으나 교육학부를 설치하고 있는 대학은 소카대학뿐이다. 소카대학에서 설치하고 있는 면허코스는 「초등 1·2 면허코스」, 「유치원1·2 면허코스」, 「중(사회)1·2 면허코스」, 「중1(사회)·고1(공민) 면허코스」, 「중1(사회)·고1(지리역사) 면허코스」, 「사회교육주 자격코스」가 있다. 소카대학 통신교육부는 자격시험지도실을 설치하여 자격사회·생애학습의 요구에 부응하기 위해 사회에 공헌할

---

4) 해외 스쿨링, 스킨-스쿠버 스쿨링은 졸업에 필수적인 것은 아니며 희망자에 한해 별도로 신청한다.

수 있는 스페셜리스트의 육성을 목표로 하고 있다.

3) 소카대학의 인재 육성

본 저자가 소카대학을 방문하기 1년 전 시점인 1996년 5월에, 소카대학은 36개 국가의 58개 대학과 국제교류를 하고 있었으며, 20개 국가의 143명의 유학생이 일본 소카대학에서 공부를 하고 있었다. 그 당시 SGI는 128개국에 확산되고 있었는데, 한국 SGI회원이 일본 소카대학으로 유학을 간 사람도 많았다. 당시 한국 SGI의 설명에 의하면, 한국 SGI회원이 소카대학에서 졸업한 사람은 30여명이며, 또한 40여 명의 재학생이 있는데 그중에서 대학원생은 2-3명이 된다고 하였다.

무엇보다도 소카대학에서 중요시하는 것은 '인간교육'이다. '인간교육'이 으뜸이 되고 있는 것은 또 다른 차원에서 살펴 볼 수 있으니, 졸업생 중에 10%정도는 각종 국가고시에 합격하여 그 분야에 종사하고 있고, 15%정도는 초·중·고 교사로 봉직하고 있는데 이들은 우수하지는 않지만 심성이 좋고 인격이 뛰어난 사람들이라고 한다. 그 외에도 체육. 음악 등 본인들의 취향을 살리고 국제 감각과 세계화에 부응할 수 있도록 1인 1외국어를 장려하며 외국어 실습을 위해 미국 L.A에 있는 '소카대학분교'에서 어학실습을 직접 익히는 자가 많다고 한다.[5] 다시 말하면, 인간 개개인의 재능을 최대한 살려서 자신의 자질과 능력을 개발시켜 사회생활에 적응할 수 있도록 진정한 인간교육을 시키고 있다고 하겠다.

---

5) 일본 소카대학 국제부장 Kita 씨와의 담화, 1997년 11월 2일. 오전 9시부터 10시까지.

현재 소카대학은 '인간 교육의 최고 교육기관', '새로운 대문화 건설의 요람', '인류 평화를 지키는 요새'라는 세 가지 건학 이념 아래 글로벌 인재육성에 매진하고 있으며, 2020년 대학 창립 50주년을 향해 '건학정신에 기초한 창조적 인간을 육성하는 대학교' 상을 목표로 세계평화와 민중의 행복을 위해 공헌하는 세계시민 육성에 계속해서 노력해가고 있다고 하는데, 소카대학 전반의 이념과 실천 및 현황과 과제에 대한 자세한 연구를 향후 수행과제로 돌린다.

2. 한국 평화복지대학원(平和福祉大學院)의 평화지도자 육성

1) 설립이념과 특성

이 대학원을 설립한 이념은 무엇일까? 설립자 조영식은 1981년 세계평화의 날, 세계평화의 해를 제정 건의한 이후 매년 세계평화의 날 기념행사를 거행해오면서 이것을 보다 조직적이고 효율적으로 구현하기 위해서는 무엇보다도 교육을 통하여 평화지향적인 세계적 지도자를 양성해 내는 것이 급선무라고 생각하였다.[6] 따라서 그는 서울에서 조금 떨어진 남양주에 구입해 두고 교수연수로 사용해왔던 곳을 평화지도자를 위한 대학원교육기관으로 건립하기로 결심하였다. 당시 전기가 들어오지 않았지만 끈질긴 노력 끝에 1983년 10월 29일 설립이 인가되어 1984년 9월 25일 평화복지대학원을 개원

---

6) 경희대학교, 『평화복지대학원 25년사』(경희대학교 평화복지대학원, 2013), p.107.

하였다. 교육의 목표는 국제사회의 평화와 인류복지 향상에 기여하는 '평화 지향적 지도자/전문가'양성을 교육의 핵심으로 삼고 인간과 사회에 관한 깊은 성찰을 기반으로 평화로운 미래사회 창조에 주역이 될 지도력과 인성을 갖춘 인재를 양성하기 위해 연구, 교육한다. 특히 평화안보, 사회복지, 공공정책, 국제경영, 동북아지역학 등의 5개 전공분야를 강의, 토론, 세미나 등의 방법을 통하여 교육하고 지도자 및 인성 교육의 강화를 위해 모의 UN총회, 모의 국무회의, 지도자 연수, 새벽 명상 등의 프로그램을 실시한다. 특징으로는 입학생 전원을 대상으로 5학기 간 등록금, 생활 장학금, 학습 보조비와 교재 지급 등의 장학제도와 영어강의, 영어 학위논문, 공식행사 영어사용 등의 영어교육의 생활화, 4학기 간 기숙사 생활을 통한 전인교육과 컴퓨터 및 검도 교육이 있다.

이러한 평화복지대학원은 다양하면서도 독특한 제도를 두고 있다.

2) 스웨텍(Swetech)

스웨텍은 스웨덴 린쾨핑(Linkoping)대학 경영학과 및 경제학과와 Institute of Technology이 공과대학원생들 그리고 스웨덴 산업체 초급간부들로 조직되었다. 이 단체의 목적은 장래에 극동국가들과의 무역, 기술교류를 증대할 수 있는 능력을 배양시키는 것이다. 스웨덴 기업들의 긴밀한 협조와 스웨덴 외무부의 지원을 얻고 있는 이 프로그램은 평화복지대학원과 1990년부터 2004년까지 매년 11월경 2박 3일간 주한 스웨덴 대사 및 인솔교수를 포함하여 10-15명이 본 대학원을 방문하였다. 평화복지대학원생 및 교수들은 양국 간의 관심사를 함께 토론하고 의견을 나눔으로써 서로를 더욱 깊이 이해하는 기회로 삼았다.

3) 전액장학금 지급 제도 실시

(1) 전액학비 및 생활비 지원

경희대학교 평화복지대학원은 대학원에서의 전액 장학제도를 우리나라에서 처음으로 실시하였다. 전 학생들에게 수학기간(4학기) 중 기숙사비 및 활동비 그리고 교재비용을 포함한 전액장학금을 지급함으로써 학생들이 경제적인 걱정 없이 학업에 전념할 수 있도록 하기 위해서이다. 또한 2000년부터 학생들의 생활장학금 지급은 5학기 학생포함 총 2,066명에게 660,221,050원이 지급되었다.[7]

(2) 해외 인턴십 지원

소정의 교과과정을 이수한 후 인턴십 과정에 있는 우수 학생들은 연수 장학금을 받아 보다 수월하게 해외 인턴십을 수행할 수 있게 되었고 인턴십의 성과는 논문에 반영되고 있다. 해외 유수 기관에서 인턴십을 하게 되는 학생을 대상으로 심의위원회의 선발과정을 거쳐 소정의 장학금이 지원되었다.

---

7) 경희대학교, 『평화복지대학원 25년사』, p.107.

(3) 조교 장학금 지급

재학 중 성적이 우수한 학생들은 조교로 선발되어 행정, 연구, 교육, 도서관업무 지원 등 다양한 분야에서 활동하였고, 이에 대해 본 대학원에서는 소정의 조교장학금을 학기 중 매달 지급함으로써 이들의 생활을 지원하였다.

(4) 해외 유학 지원 장학금 지급

모범적인 대학원 생활을 한 뒤 해외 유수 대학의 박사과정에 입학 허가를 받은 학생은 심의위원회의 심의과정을 거쳐 일정기간 소정의 장학금을 받을 수 있게 되었다. 故 한표욱 교수가 평화복지대학원생들을 위해 기부한 1억원 기금이 된 해외유학지원 장학제도는 학생들이 학문적 성취를 통해 사회발전에 기여할 수 있도록 하는 데 그 목적이 있다.

4) 유네스코 평화교육상 수상(1993)

경희대학교 평화복지대학원은 1993년도 유네스코가 제정한 평화교육상을 수상 하였다. 유네스코는 세계 각국에서 추천된 수많은 수상 후보자들을 국제심사기구를 통하여 심사한 후, 평화증진을 위한 교육과 연구에 전력한 공헌을 높이 평가하여 평화복지대학원에 미화 6만 불의 부상과 함께 유네스코 평화교육상을 수여하기로 결정한 것이다. 유네스코 평화교육상은 1980년 처음으로 제정되었다. 매년 수여되는 이 상의 목적은 유네스코 설립정신을 되새기고, 동시에 평화를 위한 인류의 양심을 발휘시키며, 대중의 의견에 경종을 울린 뛰어난 업적을 보상하기 위한 것이다. 또한 인류의 양심에 평화를 구현하고자 하는 모든 행동들은 더욱 크게 증진시키고자 하는 데에 이 상의 의미가 있다고 하겠다.[8]

특히 평화복지대학원은 세계의 유명인사를 포청하여 GIP재학생들에게 주요의제에 대해 특강을 개최하였는데, 1986년부터 2010년까지 332회였다.[9] 대표적 예를들면, 1986년 4월 10일, 독일의 평화운동, Peter J. Opitz(독일, Ludwig-Maxmillian대학교 정치학 교수); 1987년, 11월 11일, 현세의 난제와 오토피아, Guttorm Floistad(노르웨이 오슬로대학 교수); 1991년, 9월 11일, 국제정치학 특강, Sir Harry Hinsley(국제정치학자, 전 캠프리지대 총장); 1995년 5월 3일, 김일성 사후의 김정일 체제, 이정식(미국, Univ. of Pennsylvania 정치학 교수); 1996년 6월 26일, 동북아시아의 평화에 대한 일본의 역할, G. Cameron Hurst III(Dirrector, Lauder Institute fro Gloval Political Economy); 1999년 5월 31일, NGO의 역할과 세계 NGO대회, Charles Mercieca(IAEWP 총재); 2006년, 5월 24일, India and India-Korea Relationship, Nagesh Rao Parthasarathi(인도대사); 2009년 4월 1일, How to Do Research and Write a Thesis, Helena Meyer-Knapp(평화

---

8) 수상자의 선정은 세계 여러 지역의 9명의 심사위원들에 의해 제출된 제안을 기초로 하여 유네스코 사무총장에 의해서 결정된다. 유네스코 평화교육상 수여심사의 구체적인 자격범주는 다음과 같다.
  1. 평화를 위한 인류 양심의 동원
  2. 여론의 지지를 동원, 지역적, 국제적 차원에서의 평화교육 강화를 위한 행동계획의 실현
  3. 평화를 공고히 하는데 기여할 수 있는 중요한 활동의 전개
  4. 인권과 국제 이해를 증진시킬 수 있는 교육적 활동
  5. 언론 매체와 기타 효과적인 방법을 통한, 평화 문제에 대한 대중적인 인식의 증진
  6. 인간의 마음속에 평화수호의 정신을 구축하는데 긴요한 기타 활동
  우리나라에서 유네스코 평화교육상 수상자로는 평화복지대학원이 최초이며, 동시에 교육기관으로서 이 상을 수상한 것은 평화복지대학원이 또한 세계에서 첫 번째 케이스가 된다.
9) '세계주요의제 유명인사 특강 목록', 경희대학교 『평화복지대학원 25년사』, pp.171-180.

복지대학원 초빙교수)등이다. 이러한 주제의 특강들은 평화지도자로서의 포괄적이며 다양한 분야를 이해하는 데 적지 않은 사고의 지평을 넓혀준다고 하겠다.

5) GCS국제클럽과의 유대강화와 GCS 지도자 육성

평화복지대학원에서 밝은 사회학생회원들은 점차 많아지고 있다. 물론 자발적인 참여도 있지만 많은 GIP의 GCS 학생회장들의 꾸준한 노력에 힘입은 바 크다고 하겠다. 바쁜 중에도 시간을 쪼개어 자주 회합을 갖는가 하면 매주 수요일은 대부분의 학생회원들이 봉사활동에 참여하고 있다. 봉사는 외국인 근로자센터. 병원. 복지원 등 다양하다. 그중에서도 우리들에게 주목을 끄는 것은 장애인 학생 이광순을 수년 동안 계속 지도하여 근간에는 고등학교 검정고시에 합격하는 영광을 안겨주었다는 것이다.

평화복지대학원은 국제적인 지도자양성을 목적으로 하는 원대한 이상을 가지고 학생들을 엄선하고 있으며 선발 시에 학업성적이 우수한 것도 물론 고려하지만 인간성, 자질함양도 대단히 중시하고 있다. 그러나 보석도 닦아야 빛이 나듯이 학생들이 국제무대에서 자신이 갖고 있는 학문적인 실력 외에 세계의 많은 사람들과 얘기하고 그들의 문화를 접해보고 인간관계를 형성 해보는 것도 학문이상의 의미를 갖는다고 할 수 있다. 즉 대학원수업의 절반은 학교이외에서 성취해야 한다고 미국, 유럽에서는 대학생들에게도 학기 중에 타국이나 타대학연수를 학점으로 인정해주고 있다. 물론 이러한 양상은 우리나라도 더욱 활발해지고 있다. 밝은 사회운동은 많은 국가에

GCS국가본부를 두고 있다. 본장 2절 4항에서 자세히 언급하겠지만 특히 콜롬비아, 하와이, 로스엔젤레스(L.A)클럽을 위시해서 최근에 우루과이, 파라과이, 스웨덴, 브라질 등의 국가는 활발한 사업들을 펼치고 있다.

평화복지대학원 학생들의 연수교육과 밝은 사회 각 국가본부와의 연대사업을 모색해보는 방안으로 첫째, 각국의 GCS국가본부나 GCS 클럽에서 추천받은 사람들을 GIP학생으로 충원하는 방안과 둘째, 각 국가의 학교나 정부기관, 기업 등의 연수과정에 GIP의 GCS회원 들을 우대하는 방안 등을 강구해 볼 수 있다.

처음에는 당연히 여러 가지 어려움이 예상되기도 하지만 세계평 화의 날 제정을 어떻게 소득 200불도 안 되는, 유엔에 가입도 안 되 어 있는 한국에서, 밝은 사회국제본부에서 제안하고 통과시켰겠는 가. 모든 것은 인간의 의지에 의해 성패가 가늠된다고 해도 과언이 아니다. 인류사회를 재건하고자 하는 커다란 비전 앞에서 우리는 무 엇을 망설이겠는가. 부단히 정진하고 끝없이 추구하자. 그 가능성을 살펴보는 좋은 사례가 있다.

예를 들면, GCS국제클럽과 미국 GCS L.A클럽이 공동주최한 [밝은 사회를 위한 L.A. 다민족 청년지도자 한국연수 프로그램] (Multi-cultural Leadership Korea Visitation Program)을 간략히 소개해 본다.
  1) 행사목적: 캘리포니아 남부의 다양한 인종사회간의 갈등을 해 소하고 다민족 간에 상호이해와 화합을 증진하여 밝은 사회를 이룩하려는 데 있음.
  2) 한국방문 기간 (1차년도): 1997. 6. 11-20 (10일간)
  3) 방문인원: 총 13명 (한국계 3명, 백인계 3명, 히스패닉계 3명,

흑인계 3명, 한국 입양자 1명)

4) 주요일정: 강의 4차례(한국의 역사, 한국의 문화와 문학, 한국
의 경제, 한국의 정치), "인종갈등해소와 세계평화증진" 주제의
평화복지대학원학생들과의 토론 등.

이 프로그램을 실천하기에 앞서 많은 모임이 이루어졌으며 GCS
L.A 클럽회장 김찬희 씨는 "이 프로그램은 대학을 졸업한 커뮤니티
지도자를 대상으로 실시되는 만큼 보다 성숙한 결실을 맺을 것으로
예상된다"며 한국을 배우려는 확고한 신념이 있는 청년들을 선발할
계획이라고 밝혔다.[10]

L.A. 클럽에서 주관한 [다민족 청년지도자 한국연수] 프로그램은
그 후의 평가보고서를 통해 "GCS 와 Oughtopia의 이상은 참으로 추
구할 가치가 있는 것이다. 우리는 이 기회를 통해 GCS L.A 클럽의
발전과 GCS 가 추구하는 선의의 정신을 고양시키기 위해 최선을 다
할 것이다—우리 참가자들은 이 프로그램이 110%의 성과를 거둔 성
공작이라고 확신하며 앞으로도 계속 이어져야 한다는 데 공감을 하
고 있다"고 했으며 연수 중에 평범한 한국 가정이나, 대학교의 기숙
사에서 학생들과 함께하는 시간을 가질 수 있기를 희망하기도 했다.

[다민족 청년지도자 한국연수] 프로그램이 1997년을 시작으로 10
년동안 계속된다면[11]하고 바랐던 희망은 현실이 되었고 2015년 현
재까지 지속적으로 추진되고 있다. 이에 대비하여 밝은 사회 각 국
가클럽과 평화복지대학원 밝은 사회클럽학생들 뿐만 아니라 전체
대학원생들에게 좋은 연수의 제도마련에 커다란 참고가 될 것이다.

---

10) 중앙일보 THE KOREA CENTRAL DAILY 미주판, 1997. 1. 15.

11) 서울신문, 1997. 3. 8. 제17면.

제2부

1장_밝은 사회(GCS), 라이온스(LIONS), 로타리(ROTARY)클럽과 J. C의 활동현황과 발전방향*

1. 서론

1) 연구동기와 목적

사회단체는 사회학의 가장 기본 영역의 하나로서 오래 전부터 지속적인 연구의 대상이 되어왔음에도 불구하고 이에 대한 연구는 국내는 물론 국외에서도 도외시되어 온 것이 사실이다.

라이온스와 로타리는 미국사회단체를 대표할 수 있는 긴 역사와 가장 큰 규모를 지닌 통일된 하나의 Service Club 으로서 한국 내에서도 대표적 사회단체로 손꼽을 수 있다. 제이씨(Junior Chamber: 약

* 본 연구는 1998년 학술 진흥재단의 학술보조금에 의해 연구되었다. 4개 사회단체클럽의 활동 현황을 통해 이들 단체와 회원들이 한국사회에 적지 않은 역할과 봉사적 공헌을 한 것을 학술적으로 재조명 해본다.

칭 JC)클럽은 젊은 청년들을 회원으로 제한하고 있으며 한국동란이후에 지역사회발전에 큰 몫을 했다고 하겠다. 밝은 사회클럽은 가난하고 어두웠던 60, 70년대의 한국사회에 정신문명과 물질문명의 부를 개인과 국가에게 보답한 것을 계기로 창립된 한국의 사회단체클럽이다. 이는 국내로부터 국외로 확산되어 가고 있다.

오늘날 우리의 사회는 노동현장에서의 갈등, 학내혼란, 일반대중의 가치관 변화, 그리고 정치적 부재 등과 세대간, 지역 간, 집단 간의 이해와 갈등이 첨예화되고 안정과 불안의 심한 기복을 초래함으로써 살인폭행, 인명경시풍조, 도덕성 상실, 한탕주의, 배금주의 등의 사회 혼란 현상이 연일 문제가 되어 마치 국가 전체가 표류하는 듯한 위기감을 느끼고 있는 듯하다. 이러한 상황 하에서 일시적인 정치적 처방이나 경제적 무마로써 해소된다고는 볼 수 없으며 국민 전체가 동질성에 의한 공감대의 형성으로써만이 극복될 수 있으며 이러한 사회적 난제를 극복하는 역할은 사회단체클럽이 가장 효과적으로 발휘할 수 있다고 하겠다.

근간의 한국사회는 지식인을 대표하는 대학교수를 평가함에 있어 '연구업적' 외에 '사회봉사실적'을 명문화하고 실제 적용하고 있으며 대학생들에게도 학업성적 외에 사회봉사 참여를 점수로 환산시키고 있다. 이는 지식이 사회생활의 전부가 아니라 우리 사회를 정화, 발전시키는데 있어서 봉사정신이 인간생활의 중요한 일면을 차지한다는 것을 단적으로 보여주고 있다. 따라서 봉사정신을 으뜸가는 이념으로 하고 있는 사회단체클럽에 대한 연구는 현재의 한국사회를 이해함에 있어 필수적이라고 할 수 있다.

그러므로 본 연구는 4개 사회단체클럽의 이념과 활동을 연구하고 이들 사회단체가 한국사회에 어떠한 기여를 했는지 살펴보고자 한다. 또한 21세기 한국사회에 보다 바람직한 역할과 활동을 할 수 있도록 발전방향을 모색하고자 한다.

2) 연구의 이론구성 및 연구방법

(1) 연구의 이론구성

가. 사회단체(Social Group)의 개념

사회단체란 '하나 혹은 그 이상의 목표를 추구하기 위하여 구성원들을 통합시키는 관계와 활동의 체계'라고 정의할 수 있다. 이러한 사회단체의 성립요건은 다음과 같이 네 가지로 구분할 수 있다.

첫째 성원들 간에 공유하는 의식과 가치가 있는가?(이념) 둘째 구성원의 행위를 통합시키는 규범 혹은 행위양식이 정해져 있는가?(규칙. 규정) 셋째 하나의 특정한 목표를 추구하기 위해서 체계적인 역할 분화를 하고 있는가?(조직) 넷째 조직의 활동에서 핵심적인 인간행위가 있는가?(활동)

나. 사회단체클럽의 구성요소

이상의 성립요건에 수반되는 구성요소를 구체적으로 살펴보면 다음과 같다.

① 가치

사회과학 중 가치(values)에 대한 가장 보편적인 용법은 인간의 주관에 따른 필요(needs), 태도 혹은 욕망(desires)과 상관된 목표 또는 이 목표와 관련된 사물이라고 말할 수 있다. 사회학과 인류학에서 가장 잘 알려진 가치의 개념은 인간이 향유할 수 있는 문화표준으로서 이 문화표준에 의해서 태도, 욕망, 필요한 목표물(대상)과 관련된 기타 사물(도덕적, 매혹적, 공통적 사고)을 비교해서 선택할 수 있다. 가치란 인류가 희망하고 바라는 목표·이상·신앙이며, 간단히 말하면 인류자신이 가치 있게 추구하는 사물이라고 할 수 있다. 이렇게 인정받게 되는 가치 있는 사물은 구체적으로 호화로운 저택, 비싸고 고급스러운 자동차, 국가를 위한 우수한 인재, 국가의 현대화를 꼽을 수 있으며, 추상적으로는 보람, 봉사, 평화, 사회정의 등이 모두 가치의 대상이 될 수 있다. 가치관은 많은 사람들이 받아들이거나 혹은 변혁을 거친 다음에 하나의 발전의 힘으로 조성될 수 있다.

따라서 본 논문과 연관하여 가치를 말하면 하나의 사회단체클럽의 창립과 폐지는 사회대중의 가치관(받아들이느냐 혹은 배척하느냐)에 의한 영향을 받지 않을 수 없다. 예를 들면, 1910년 당시 미국사회에서 ROTARY나 LIONS는 당시 사회의 많은 역사가, 지식인이나 예술인들로부터 따가운 비평을 받으면서도 중산계층과 지역이나 지방 비즈니스인들의 크나큰 호평 속에 급속하게 성장 발전할 수 있었으며 수천 개의 사회단체클럽 중 'Big Three Club'으로 부상할 수 있었다. 또한 1960-70년대에 굶주리고 가난한 한국사회에서 농촌계발, 잘 살기 운동, 건전사회 운동의 정신과 실천은 개인과 국가의 부(富)를 증대시키는데 기여하였으며 많은 시민들의 열망 속에 한국의 밝은 사회 클럽(GCS Club)이 태동하였다. 그러므로 우리가 하나의 이념과 활동을 분석함에는 필히 이념과 활동의 표면-규범과 기구조직-뿐만 아니라 그 내면의 가치관까지 탐구해야 한다.

② 규범

규범(norms)은 일종의 규칙(rule), 표준(standard), 혹은 행동양식(pattern for action)을 일컫는다. 하나의 사회가 단체생활을 영위하는데 있어서 규범을 꼭 정해야 하는데, 이 규범에 따라 구성원의 행위를 구속하고 또한 어떤 행위가 적합한 것인지 부적합한 것인지, 어떤 자는 허가를 해야 하고 어떤 자는 허가를 말아야 할 것인지 참고의 표준으로 삼게 되는 것이다.

본 연구의 주제는 사회단체클럽의 이념과 활동이다. 그러므로 본 논문에서 규범은 GCS, LIONS, ROTARY, JC클럽이 제정한 규정이 위주가 된다. 즉, 정관·헌장·규정집·각종 법칙과 시행세칙이 연구범위가 된다.

③ 조직구조

인간이 사회생활을 하는 데는 어떤 제도를 기초로 하여 그 제도 내에서 조직구조와 관습규범에 따라 행동을 하게 된다. 일반적으로 사회학에서 말하는 조직(또는 조직체;Organization)이란 "특정한 목표를 추구하기 위하여 의도적으로 구성된 인간 활동의 지속적인 체계"라고 정의하고 있다. 조직체에는 목표가 정확히 정해져 있고, 그것을 달성하는 수단도 체계화되어 있어서 성원의 지위와 역할이 분화되고 조정된 기구이다.

버나드(C. I. Bernard)에 따르면 조직체란 개인의 유효성(effectiveness; 목적달성의 정도)에 한계를 부여하는 생물학적·물리적·사회적 제약을 극복하기 위해서 의식적이고 신중하게 짜인 목적 추구적 협동체라는 것이다. 그는 조직체의 기본요소로서 첫째, 성원간의 커뮤니케이션, 둘째, 성원들의 공헌의지, 셋째, 공동의 목적을 들고 있다.

버나드는 이처럼 조직체를 하나의 협동체계(Cooperate System)로 보았다. 사회단체클럽은 집단의 이념과 목표를 추구하기 위해서 회원들로 구성되었으며 그 이념과 목표의 실천을 위해 지속적인 활동(봉사)을 하고 있다. 그러므로 사회학에서 정의하는 "특정한 목표를 추구하기 위하여 의도적으로 구성된 인간활동의 지속적인 체계"라는 정의에 부합된다고 하겠다. 그러면 사회단체클럽의 조직을 어떠한 성격과 유형으로 구분하는가? 현실사회에 존재하는 조직체의 성격과 종류는 매우 다양하다.

에치오니(A. Etzioni)는 조직을 지배하는 권력(power)이 어떠한 성격을 가지고 있는가에 따라서 성원들이 반응(involvement; 투심)도 그에 걸맞은 양식으로 되는 경향이 있다는 것이다. 그는 대부분의 조직체는 이러한 권력 투심의 성격에 따라서 강제적 조직(Coercive Organization), 공리적 조직(Utilitarian Organization), 규범적 조직(Normative Organization)으로 분류하고 있다. 회원이행의 성격은 강제적 조직은 소외적이며 사법기관, 국립병원, 공립학교 등을 예로 들고, 공리적 조직은 계산적이며 호텔, 의사협회, 제조업체 등을 그 예로 들 수 있고, 규범적 조직은 도덕적이며 교회, 대학교, 사회복지단체 등을 예로 제시하고 있다. 사회단체클럽은 규범적 조직으로 분류할 수 있을 것이다.

한편 블라우와 스코트(Blau, Scott)는 조직활동의 주된 수혜자(Prime beneficiary)가 누구인가를 조직 분류의 기준으로 삼아 분류하고 있다. 첫째, 조직성원들 자신이 주된 수혜자인 상호수혜조직(Mutual-benefit Organization), 둘째, 조직의 소유자가 주된 수혜자인 영업조직(Business Organization), 셋째, 조직 외부의 고객이 주된 수혜자인 봉사조직(Service Organization), 넷째, 전반적인 공공대중이 주된 수혜자인 공익조직(Commonweal Organization)으로 구분하였다.

이러한 조직체에 대한 분류를 통해 사회단체클럽은 강제적 조직이 아닌 자발적인 조직체이며 이행의 성격이 도덕적인 규범적 조직과, 조직외부의 고객(회원이 아닌)이 주된 수혜자인 봉사조직으로 이해할 수 있겠다.

④ 인간의 행위

앞에서 말한 가치·규범·조직구조는 모두 사회단체클럽의 정태적 요소이다. 이러한 요소들만 가지고는 사회단체클럽이 제대로 운영되기 힘들며, 그 기능을 발휘할 수가 없을 것이다. 그러므로 필히 인간이 개입되어 직위를 가지고 역할행위의 각종 활동을 집행해야만 비로소 조직체계에 동태현상이 발생하며 나아가 기능을 발휘하게 된다. 즉, 사회단체클럽을 포함한 어떠한 하나의 조직체가 그 기능을 발휘하느냐 못하느냐 하는 것은 실제로 어떤 직위의 어떤 사람의 행위와 상당한 관계가 있다고 할 수 있다. 비록 똑같은 법규나 제도라 할지라도 그 집행자가 어떤 사람인가에 따라서 법규나 규정이 발휘하는 기능에 변화가 생기며, 심지어 잠재적 기능(latent function)을 발휘하기도 하고 혹은 겨우 법규 조문의 기능밖에 수행하지 못하는 상황이 되기도 한다. 그러므로 어떤 인물인가에 따라 결과적으로 다른 효과가 나타난다.

앞에서 말한 것과 같이 구조는 특정조직의 각 구성 요소 상에 설립된 관계 도식이라고 볼 수 있다. 여기에 의하면 사회단체클럽도 하나의 조직으로서 그 조직의 효율적 운영을 위하여 구성인원이 필요하다. 즉 크게는 회원이며 이들은 각 단체의 총재단, 회장단, 부장단, 실무국장들이며 이들의 활동은 대단히 중요하다고 하겠다. 사회단체조직은 강제적 조직이 아니고 자발적 조직이기 때문에 임원 혹은 직책을 맡은 사람들의 역할 여하에 따라서 그 조직체가 더욱 폭넓게 확산될 수도 있고 반대로 그 조직체가 와해 내지 해체될 수도 있는 것이기 때문에 어떤 의미에서는 정부의 조직, 기업조직, 행정조직보다도 관련 구성원들의 역할이 더욱 증대된다고 하겠다.

(2) 연구방법

본 논문의 연구방법은 문헌분석법과 설문조사를 병용하였다. 연구 자료는 이론 부분에 사회학·심리학·정치학 등의 상관분야의 자료를 최대한 광범위하게 수집하고자 노력하였다.

가. 문헌 분석법의 자료로서
① GCS·LIONS·ROTARY·JC의 헌장, 정관, 규정집과 관련 법규들
② 각종 선언문, 연설문, 실록, 年史, 연구보고서와 각종 통계 자료
③ 서적·정기간행물·연구논문
④ 학위논문, 각종신문, 각 클럽의 신문 및 홍보책자, 정기간행물 등.

나. 설문조사

① 표본설계와 조사실시
설문조사는 연구를 위한 기초설문조사와 그것을 토대로 다시설문조사를 실시하였는데 기초 설문조사는 연구자가 선행연구들을 참조하여 작성한 기초설문지를 가지고 4개 클럽의 한국 본부와 부분적인 지방클럽(광주·울산·포항 등)을 방문하였으며, 주요 방문 대상

으로는 역대총재단·회장단·임원진 및 실무국장·간사 등을 중심으로 방문조사 하였다. 본래는 광역시 중심으로 설문을 하려고 했으나 서울과 경기지역으로 조사지역을 다시 선정한 뒤 GCS·LIONS·ROTARY·JC클럽을 무작위 추출방법을 사용하여 표본을 설정하여 인구통계학적 관점에서 조사 대상 수 600명을 선정하였다.

② 자료처리와 분석

조사 실시 후 회수된 설문지는 부호화 작업을 거친 후 컴퓨터로 전산처리 하였다. 전산처리는 SPSS(Statistical Package for the Social Science)의 프로그램을 이용하였으며 각 연구문제의 특성에 따라 우선 전체 문항에 대한 반응 빈도를 알아보고 전체문항에 대한 인구학적 특성에 따른 독립변인을 교차분석(Cross-tabulation), 백분율로 제시하였다. 독립변인은 응답자가 소속한 사회단체별, 연령별, 회원별, 직장별 4가지였다. 독립변인 외에도 설문주제영역별로 회원추천, 회원증감, 회비 및 활동비 등의 중간 매개 변인을 설정하고 이와 관련한 몇 가지 문항에는 교차분석을 실시하였다

2. 사회단체클럽의 이념

1) 밝은 사회클럽

밝은 사회클럽은 이 지구상에 인간의 이상사회, 즉 정신적으로 아름답고, 물질적으로 풍요하고, 인간적으로 보람 있게 살 수 있는 인

류의 위대한 [지구공동사회 (Global Common Society)]를 건설하고자
하는 이념을 실천하기 위해 창설된 시민운동조직이다.

밝은 사회운동의 철학적 기초는 전승화(全乘和)이론과 주리생성론
에 기저를 두고 있다. 전승화는 세상의 만물만사는 서로 관련되고
서로 작용된 것이 합해져서 이루어진다는 뜻이다. 우주의 모든 개별
적 존재들은 각각 독립된 실체이지만 시간, 공간, 환류(環流)의 영향
을 주고받으며 상호연결되어 역동적으로 변화하면서 발전해 나간다.
이러한 우주현상에는 반드시 원인이 있는데 원인－결과, 결과－원인
의 변화운동이 전승화의 기본법칙이다. 주리생성론은 우선 이원적
실재(음. 양, 정신. 물질, 주체. 객체 등)를 전제로 인정한다. 이러한
대립적인 두 실재가 서로 작용하고 있는 양자의 교호(交互)관계가 생
성관계인 것이다. 그러나 그것은 단순한 생성작용이 아니라 주리적
힘에 의한 생성관계이다.[1] 인간에 있어서는 주의생성론(主意生成論)
이라고도 부르는데 중요한 것은 인간의 의식작용으로서 인간행위를
설명함에 있어서 고차원적인 의식에 따른 통일적 유기체로서의 인
간관 즉, 통정(統整)된 인격체로서의 인간관은 바로 이 이론에서 도
출된다. 또한 인간중심주의(Humancentrism)의 인간적인 인간사회,
보편적 민주주의, 문화적 복리주의는 밝은 사회운동의 핵심사상이다.

이 운동은 인류사회가 안고 있는 문제점을 해결하기 위해 노력하
는 운동이며, 인류의 평화와 복지사회건설을 위한 운동이며, 미래사
회에 대비하는 범세계적 운동이다. 선의・협동・봉사에 기초를 두고
세계 석학들의 선도적 역할을 통해서 밝은 사회클럽을 육성지도하
고 클럽의 사회활동을 범세계적으로 확산함으로써 인간이 중심이

---

1) 주리적 힘이란 무기물에 있어서는 단순한 이치, 식물. 동물은 감각. 지각작용, 인간인 경우 의식
적 주의(主意)능력을 말하며 이 힘이 주축이 되어 셋이 하나 되는 원리에 따라 대립적인 두 실
재가 하나의 통일적인 새로운 존재로 탈바꿈 하는 원리가 주리생성의 원리이다.

되는 지구협동사회를 건설하려는 운동이다. 이 선의(Good Will), 협동(Cooperation), 봉사-기여(Service)의 영문약자 GCS와 '지구공동사회'(Global Common Society) 의 영문약자 GCS를 밝은 사회클럽으로 부른다.

밝은 사회건설을 위한 밝은 사회운동은 단란한 가정, 건전한 사회, 평화로운 세계를 3대목표로 하며 또한 밝은 사회클럽은 건전사회운동, 잘 살기 운동, 자연애호 운동, 인간복권 운동, 세계평화 운동을 5대 운동으로 실천에 옮기고 있다.

2) 라이온스

라이온스의 목적은 첫째 세계 인류의 상호이해 정신을 창조, 배양. 둘째, 보다나은 사회와 시민사회를 고취. 셋째, 지역사회의 생활개선 사회복지 공덕심 함양에 적극적인 관심. 넷째, 협력과 상호 이해로써 클럽 상호간의 유대도모. 다섯째, 정당과 종파를 초월하여 모든 사회문제 해결을 위한 토론의 장 마련. 여섯째, 지역사회의 숨은 봉사인을 격려하여 각 분야의 윤리적 수준 향상과 효율성의 제고 등으로써 이러한 라이온스의 6대 목적은 기본 이념인 '봉사의 실천(We Serve)'을 추구하고자 하는 것이다.

즉, 라이온스의 기본이념은 '봉사의 실천(We Serve)'으로 정의 될 수 있으며 위에서 언급한 6가지의 클럽 목적은 그 기본이념을 실천하기 위한 하위 강령으로써 파악될 수 있는 것이다. 또한 라이온스 클럽은 그 기본이념인 '봉사의 실천'을 좀더 효율적으로 실천하기 위해 '자유, 지성, 우리국가의 안전'을 3대 슬로건으로써 갖고 있는

데, 이러한 클럽의 슬로건과 6대 목적 등이 함유한 내용을 파악하는 것은 라이온스의 이념을 이해하는데 기본적인 토대가 된다.

그리고 이상과 같은 라이온스의 기본 이념은 라이온스의 8가지 윤리강령을 통해 더욱 구체화되는데, 라이온스의 '8대 윤리강령'은 다음과 같다.

첫째, 자기 직업에 긍지를 갖고 근면, 성실하게 사회에 봉사한다.

둘째, 부정한 이득을 배제하고 정당한 방법으로 성공을 기도한다.

셋째, 남을 해하지 아니하고 자기 직업에 충실한다.

넷째, 남을 의심하기 전에 먼저 자기를 반성한다.

다섯째, 우의를 돈독하게 하며 이를 이용하지 않는다.

여섯째, 선량한 시민으로 자기의 의무를 다하며, 국가, 민족, 사회의 향상을 위하여 노력한다.

일곱째, 불행한 사람을 동정하고 약한 사람을 도와준다.

여덟째, 남을 비판하는데 조심하고, 칭찬하는데 인색하지 않으며 모든 문제를 건설적인 방향으로 추구한다.

3) 로타리

로타리는 봉사의 이상을 모든 가치 있는 사업 활동의 기초가 되도록 고취, 육성함을 그 목적으로 하며, 그 기본 이념은 자신에게 봉사(Service Self)하는 것이 아닌 '초아의 봉사(Service Above Self)'로 정의할 수 있다.

로타리의 기본 이념인 초아의 봉사는 나아가 다음의 4가지 항목으로 좀더 구체화되는데, 이는 곧 '로타리의 4대 강령'이며 로타리의 4대 강령은 다음과 같다.

첫째, 봉사의 기회를 마련하기 위하여 교육의 범위를 넓힌다.

둘째, 사업과 전문직업의 도덕적 수준을 높이고 모든 유익한 직업의 진가를 인식하여 로타리안 각자는 자기 직업을 통하여 사회에 봉사할 수 있도록 직업에 품위를 높인다.

셋째, 로타리안 개개인이 개인 생활이나 사업 및 지역사회 생활에 있어서 항상 봉사의 이상을 실천하도록 한다.

넷째, 봉사의 사상으로 결합된 사업인과 전문직업인들은 세계적 우의를 통하여 국제간의 이해와 친선과 평화를 증진한다.

이상과 같은 로타리의 기본 이념인 초아의 봉사와 이를 발전시킨 4대 강령은 각 회원들이 로타리의 4가지 표준 즉, 우리가 생각하고 말하고 행동하는 데 있어서 첫째, 진실한가? 둘째, 모두에게 공평한가? 셋째, 선의와 우정을 더하게 하는가? 넷째, 모두에게 유익한가? 등에 비추어 활동하게 함으로써 실현되고 있다.

4) JC(Junior Chamber)

JC는 성격과 취미, 직장, 학력 등이 서로 다른 개성을 가진 인격체들이 모여 민주시민으로서의 훈련을 통하여 청년들의 지도 역량을 개발하고, 복지 국가의 실현을 도모하며, 나아가 국제청년회의소의 신조에 입각하여 국제간의 이해와 우호를 증진시켜 인류의 번영과 세계평화에 기여함을 그 목적으로 한다.

JC의 기본 이념은 다음의 'JC 3대 이념'에서 잘 나타나 있다.

JC의 첫 번째 이념은 '개인의 능력 개발(Individual Development)'

이다. 이는 자신이 미숙하다는 겸허한 마음과 장래의 지도자라는 자부심을 바탕으로 실천을 위한 용기를 기르고 다음 세대를 짊어지고 나아갈 실력과 식견을 함양 할 수 있는 실천의 도장을 지향하고자 함이다.

JC의 두 번째 이념은 '지역사회의 개발(Community Development)'이다. 청년들의 단결된 힘으로 사회에 적극 헌신하며 젊음과 정열로써 손으로 일하고 이마에 땀을 흘리며 사회에 봉사하고자 하는 것이다.

JC의 세 번째 이념은 '세계와의 우정(World Fellowship)'이다. 즉 JC회원은 모두가 친구이고, 단체훈련을 통한 인간적인 유대가 국가에서 국가로 번져 우정으로 발전하여, 그 우정은 개인적인 것은 물론 세계평화와 번영에 기여하는 범인류적인 폭넓은 우정으로써 여김이 JC의 세 번째 이념인 것이다.

이상과 같은 JC의 3가지 기본이념인 개인 능력개발, 지역사회개발, 세계와의 우정 등은 JC의 '4대 활동기회부여' 즉, 개인의 능력개발, 경영능력 개발, 지역사회 개발, 그리고 국제활동 개발을 통해서 더욱 구체화된다. 또한 JC의 기본 이념은 'JC 신조'2)와 '한국 JC강령3)에도 잘 표현되어 있으며, 이러한 기본 이념들이 회원활동의 기본 방향이 되고 있다.

4개 사회단체클럽의 창립배경과 이념에 대해 (표1)과 같이 살펴볼 수 있다.

---

2) JC 신조: 신앙은 인간생활에 의의와 목적을 부여하며, 인류는 국경을 초월하여 형제가 될 수 있으며, 경제적 정의는 자유기업을 통해서 자유인에 의하여 최선으로 달성되며, 정치는 법률에 기반을 두며 인간의 자의로 행해질 수 없으며, 이 지구상의 가장 위대한 보배가 인간의 개성 속에 있으며, 인류에의 봉사가 인생의 가장 아름다운 사업임을 우리는 믿는다. '한국 JC 40년사 세계를 하나로 II' 참조

3) 한국 JC 강령: 우리는 시대적 · 사회적 사명을 자각하고 JC 본연의 이념을 같이하는 청년들의 의지와 정열을 한데 모아 자주적 · 자립적 · 자발적 실천력으로 복지사회 건설과 세계 평화를 이룩하는 데 총력을 다한다. '한국 JC 40년사 세계를 하나로 II' 참조

창립배경으로는 창시자, 국적, 당시직업, 창립연도로 구분해보았으며 좌우명 및 표어, 목적 및 정신을 중심으로 이념을 살펴보았다.

밝은 사회클럽의 창시자는 한국의 조영식 박사이다. 당시 조 박사는 경희대학교 총장으로서 세계총장회의 회장을 역임하고 있었다. 그는 50년대부터 가난과 투쟁, 비정의 사회를 보면서 인간이 살기 좋고 보람을 느낄 수 있는 사회를 건설해야 한다는 생각을 했으며 60-70년대에 한국사회에서의 성공적인 사회건설을 바탕으로 전 세계에 확산하고자 노력하였다. 따라서 1975년에 '사회가 물질적으로 심화되고 비인간화됨을 시정하기 위하여 전 세계적으로 밝은 사회 운동이 전개되어야 한다'고 역설하고 보스턴선언을 계기로 1978년에 밝은 사회 한국본부가 최초로 창립하게 되었다.

라이온스 클럽의 창시자는 미국의 Melvin Jones이다. 그는 1913년에 독자적인 보험대리점을 경영하면서 사업가들의 모임인 사업동호회에 가입 된지 얼마 안 되어 그 회의 총무로 당선되었다. 당시에 이런 모임의 종류는 많아서 회원 간에는 주로 금전적인 이익에만 급급하여 회 운영이 한계에 부딪히고, 위기에 이르게 되자 정력과 지성, 공명심이 투철한 사람들을 주축으로 하여 이들의 재능을 지역사회 발전에 활용하는 방향을 계획하게 된 것이 동기가 되어 1917년에 창립하게 되었다.

로타리의 창시자는 은행원인 Henrry Giessenbiet 씨였다. 1915년 한 소녀가 길가에서 놀다가 교통사고로 참변을 당하는 장면을 목격한 후 어린이들에게 공원을 만들어 주어 교통사고의 재발을 막고 지역사회의 각종 문제점들을 해결하기 위해 32명의 젊은이들이 모여 <진보적 청년시민협회(YMPCA)>를 만들기로 합의를 보았다. 이것이 JC의 태동을 향한 첫걸음이었다.[4]

기준	밝은 사회 국제클럽(GCS)	라이온스 국제협회 (LIONS)	로타리 국제협회 (ROTARY)	JC(JUNIOR CHAMBER)
1. 창립 배경 1) 창시자 2) 국적 3) 당시직업 4) 창립연도	조영식 박사 한국 前 세계대학총장회 회장, 前 경희대총장 1978년	Melvin Jones 미국 보험 대리점 경영, 사업동호회 총무 1917년	Paul P. Harris 미국 변호사 1905년	Henrry Giessenbier 미국 은행원 1915년
2. 슬로건 및 Motto	선의·협동·봉사·기여 밝은 사회 이룩합시다	자유·지성·우리 국가의 안전 우리는 봉사한다.	초아의 봉사 (Service Above Self)	개인의 수련 (Training) 사회봉사 (Service) 우정 (friendship)
3. 이 념 (목적 및 정신)	철학적 기초: 주리생성론 (主理生成論) 전승화이론 (全乘和理論) 3대 목표: 단란한 가정 건전한 사회 평화로운 세계 3대 정신: 선의 협동 봉사-기여 5대 운동: 건전사회 운동 잘 살기 운동 자연애호 운동 인간복권 운동 세계평화 운동	목적: 세계 인류의 상호 이해 정신을 창조·배양한다 외 5개항 윤리 강령: 자기 직업에 긍지를 가지고 근면·성실하여 힘써 사회에 봉사한다 외 7개항	목적: 로타리의 목적은 봉사의 이상을 모든 가치 있는 사업활동의 기초가 되도록 고취하고 육성하며, 특히 다음 사항을 힘써 행하는데 있다. 4대 강령: 첫째, 봉사의 기회를 마련하기 위하여 교우의 범위를 높인다. 둘째, 사업과 전문직업의 도덕적 수준을 높이고 모든 유익한 직업의 진가를 인식하여 로타리안 각자는 자기 직업을 통하여 사회에 봉사할 수 있도록 직업의 품위를 높인다. 셋째, 로타리안 개개인의 개인생활이나 사업 및 지역사회 생활에 있어서 항상 봉사의 이상을 실천한다. 넷째, 봉사의 사상으로 결합된 사업인과 전문직업인들은 세계적 우의를 통하여 국제간의 이해와 헌신과 평화를 증진한다.	목적: 이데올르기를 초월한 순수 국제 민간단체로서, 세계평화와 복지증진을 위해 노력하는 미래지향적인 지도력 개발 3대 원칙: 개인의 능력 개발 지역사회 개발 세계와의 우정

자료출처 : GCS 헌장, Lions 정관, Rotary 강령, J.C 정관 4개 단체의 관련자료 참고(필자작성)

---

4) "韓國JC 40年史", 세계를 하나로 II, 사단법인 한국 청년회의소, 1992, p.51.

〈표 2〉 이념·목표 인지정도

단위: %, 명

특성 및 구분	잘 알고 있다	어느 정도 알고 있다	잘 모르고 있다	
<사회단체별>				
밝은 사회	33.5	60.2	6.2	100(161)
라이온스	37.6	60.5	1.9	100(157)
로 타 리	34.7	64.5	0.8	100(124)
제 이 씨	36.4	60.3	3.3	100(110)
<학력별>				
중학교 미만	25.6	69.8	4.7	100(43)
고등학교졸업	34.0	62.9	3.1	100(159)
전문대학졸업	28.6	64.3	7.1	100(56)
대학교졸업	35.2	61.3	3.5	100(199)
<회원별>				
임 원	44.0	55.2	0.9	100(348)
평회원	23.9	68.8	7.3	100(205)
합 계	36.5	60.2	3.3	100(553)

4개 사회단체의 이념·목표에 대한 인지정도를 묻는 질문에 대해, <표 2>에서 보이는 바와 같이, 전체 응답자의 37.1%가 '잘 알고 있다', 그리고 60.4%의 응답자가 '어느 정도 알고 있다'라고 응답한 반면, '잘 모르고 있다'라고 답한 응답자는 2.6%에 불과했다. 소속 사회단체의 이념·목표에 대한 인지도는 상당히 높다고 평가할 수 있으며, 이는 각 단체별 그리고 회원들의 학력별 분석에 관계없이 높게 나타났다. 그러나 임원의 경우 '잘 알고 있다(55.2%)'는 응답이 평회원의 경우(68.8%)보다 낮게 나타났으며, 이는 임원에 대한 이념·목표 교육이 보강될 필요가 있음을 시사해준다고 하겠다.

3. 4개 사회단체클럽의 주요활동 및 공통점과 특색

1) 4개 사회단체클럽의 주요활동

한국에서 4개 사회단체 클럽은 로타리클럽이 1927년에 창립되어 가장 오랜 역사를 가지고 있고, JC클럽은 1951년에, 라이온스클럽은 1958년에, 밝은 사회클럽은 1978년에 각각 창립되어 길게는 73년에서 짧게는 30년에 이르기 때문에 활동사항은 대단히 많다. 논문의 원고수량의 제한으로 인하여 그 활동항목만을 명시하면 아래와 같다.

(1) 밝은 사회 클럽

① 장학사업
② 자연보호 활동
③ 의료 봉사 활동
④ 사회사업
⑤ 연차대회 개최
⑥ 국제 교류 및 UN 과의 활동
⑦ 기타활동

(2) 라이온스 클럽

① 장학사업
② 봉사활동
③ 사회사업

④ 국제활동

⑤ 청소년 교류활동

⑥ 간행물 발행

(3) 로타리 클럽

① 클럽봉사

② 직업봉사

③ 사회봉사

④ 국제활동

⑤ 폴리오 폴리스

⑥ 결식아동돕기 미술전시회

⑦ 정기 간행물 발행

(4) JC(Junior Chamber)클럽

① 회원연수

② 국제교류

③ 홍보활동

④ 대국민 캠페인

⑤ 세미나, 토론회, 심포지엄

⑥ 한국 청년대상 시상

⑦ 어린이 음악, 미술 실기 대회

⑧ 이웃사랑 운동

⑨ JC 의원 동우회

⑩ JC 선거

⑪ 독립기념관 건립 실무 추진

2) 4개 사회단체클럽 활동의 공통점과 단체별 특색

(1) 4개 사회단체클럽 활동의 공통점

앞서 살펴본 바와 같이 4개 사회단체클럽은 여러 가지 활동을 하고 있으며 그중에서도 공통점으로는 다음과 같은 활동을 하고 있는 것으로 요약할 수 있다.

가. 봉사활동

봉사활동은 얼핏 생각하면 돈 많은 사람, 생활에 여유 있는 사람이 하는 것으로 생각하는 경우가 있으나 오히려 자신이 쓸 것을 줄이면서 남을 위해 이웃을 위해 불우한 사람을 위해 희생하는 희생정신에서 우러나온다.

4개 사회단체클럽은 불우이웃돕기, 양로원. 고아원 방문, 소년소녀 가장 돕기, 자활원. 환경미화원등을 방문 위로연을 베풀고 장애인을 위한 보청기 무료보급, 사랑의 삼각 끈 가정 ─ 노인. 회원. 불우어린이로 만든 가정운동 등 다양하게 실천에 옮기고 있다.

나. 장학금 지급

4개 사회단체클럽은 한국의 많은 학생들에게 장학금을 지급하고 있다. 밝은 사회클럽은 초·중·고교생과 불우맹인자녀 등에게 단위클럽에서 장학금을 지급하고 있으며 밝은 사회장학재단이 설립추진 중이다. 라인온스클럽은 재단법인 한국A지구장학회를 설치운영하고 있으며 중고교생 및 대학생에게 장학금을, 로타리클럽은 장학문화재단을 설립하여 전문대생 및 대학생에게, JC는 특우회 자녀에게 장학금을 각각 지급하고 있는 것을 알 수 있다.

다. 자연보호·환경보호

라이온스클럽은 녹화봉사사업으로 81-88년까지 309-H 지구는 낙엽송 6만 본을 식수하였으며, JC는 지방관광지를 환경보존지역으로 선정, 관리하는 지역환경 보전 운동을 전개하고 있으며 환경문제 심포지엄을 개최하였다. 밝은 사회클럽은 자연보호차원에서 나무심기, 쓰레기 및 오물수거, 수질개선사업 등을 계속사업으로 실천하고 있다. 이 자연애호운동은 밝은 사회클럽의 5대 운동 중의 하나로서 각 클럽에서 꾸준히 추진하고 있다.

라. 의료봉사 및 사회사업

라이온스클럽은 한국라이온스 히어링센터(언어 및 청력장애자 복지센터)와 한국라이온스 안구은행 제도를 실시하여 각막수술을 하여 광명생활을 찾아주었다.

밝은 사회클럽에서는 해외의료봉사 및 무료진료를 실시하여 많은 사람들에게 큰 호응을 받았으며, 자선음악회, 미술전시회 등을 통해 마련한 7만 달러를 소말리아 기아 어린이 돕기 성금으로 보냈다.

로타리클럽은 소아마비와 소아마비 박멸의 필요성을 교육하는 회의 또는 대중캠페인으로 폴리오폴리스 기부금을 마련하고 지역사회의 아동면역활동을 후원하고 있다.

마. 국제교류 및 유엔과의 활동(국제활동)

4개 사회단체클럽은 많은 국제활동을 하고 있다. 그중에서 각 사회단체의 대표적인 활동을 예를 들면, 밝은 사회클럽은 1992년에 UN-

NGO소속단체로 가입되었으며, 97년에 경제사회이사회(ECOSOC)자문기구의 지위를 획득하였다. 그리하여 유엔에 대표를 파견하고 밝은 사회 클럽의 활동보고서를 제출하고 있다. 1999년 10월에는 밝은 사회 국제본부와 CONGO, UNDP 공동으로 한국에서 'NGO세계대회'를 개최하게 되었다. 또한 밝은 사회 국제본부의 공로로 1981년에 '세계평화의 날'을 제정하고 매년 이를 기념하고 있다.

라이온스클럽은 1947년 이래 국제라이온스클럽이 전 인류의 복지 증진에 목적을 둔 유엔의 경제사회이사회 자문기관으로 일해오고 있으며 유네스코, 유니세프, 유엔개발기구(UNDP)등 전문기구와 함께 일해오고 있다. 1985년 3월에 UN으로부터 라이온스 달을 승인받았으며, 매년10월 8일을 '세계라이온스 봉사의 날'로 정하였다.

로타리클럽의 국제활동 중 대표적인 것으로 청소년 교류사업을 들 수 있는데 일본 로타리 지구로타랙트의 한국방문 외에도 지구자매결연, 유엔창립 50주년 기념행사 실시 등을 들 수 있다.

한국JC는 다양한 국제교류활동을 전개하고 있다. 일본. 대만을 비롯하여 90년도에는 한·소 청소년교류 조인식을 명문화하였다. 또한 한·중 교류는 경제협력차원에서 추진하고 한·북경 청년기업가와 교류를 맺었고 미국JC, 독일JC와도 자매결연을 하고 있다.

(2) 4개 사회단체별 활동의 특색

4개 사회단체클럽은 공통적인 활동 외에도 각 클럽에서 독특한 활동들을 하고 있다. 자료의 미비로 제한점이 있으나 개략적으로 다음과 같은 활동들을 살펴볼 수 있다.

가. 밝은 사회클럽

밝은 사회클럽의 활동유형에서 타 단체와 뚜렷이 구분되는 점은 한국에서 탄생한 클럽으로서 국제본부가 한국에 위치하고 있으며 이에 따라 한국사회에서 요청되는 주제를 가지고 국제적 활동을 주도적으로 이끌어 왔음을 알 수 있는데 '남북이산가족재회운동 서명작업'이 대표적 사례가 되고 있다. 그 외 밝은 사회클럽의 활동이 가지는 특색은 '세계평화 운동'이라는 목표와 운동주제에 맞추어 연구 및 활동이 이루어졌다는 점이다.

① 세계평화의 날 기념 및 국제세미나 개최

밝은 사회클럽의 특색 중의 하나는 평화의 날에 대한 국제세미나 및 기념식을 들 수 있다. 1981년 조영식 GCS국제본부 총재의 주도적인 역할로 제36차 유엔총회에서 참석국 만장일치로 '세계평화의 날'이 결의된 이후 제1회 국제평화학술회의(1981.9.16-18)의 개최를 시작으로 1998년까지 총17회의 기념식과 국제평화학술회의를 개최하였다. 특히 유엔 창설50주년을 맞은 1995년에는 유네스코본부와 공동으로 '유엔창설50주년 및 유엔제정 관용의 해' 기념 '관용, 도덕과 인간성 회복을 위한 대 국제회의'를 조지프 베르너 리드(Joseph Verner Reed) 유엔사무차장을 비롯한 30여 개국 대표 약1,500여명이 참가한 가운데 9월 5일부터 7일까지 서울에서 성황리에 개최하였다. 이외에도 평화문제 관련 대내외 연구과제를 40여 차례 달성하였으며 기타 평화문제 관련 세미나, 토론회, 강연회 등을 100여 개 이상 개최함으로써 평화에 대한 폭넓은 인식을 갖게 하였다.

② 의료활동 및 무의촌진료

의료봉사활동 역시 밝은 사회클럽의 대표적인 활동의 하나로서 치과대학생클럽인 '코다클럽'은 무의촌진료활동, 빈민지역의료봉사활동, 농어촌지역무료진료활동을 매년 방학을 이용하여 꾸준히 펼치고 있고, 이외에도 동울산클럽, 과천연합회, 평택여성클럽 등의 단위클럽에서의 의료봉사 및 지역병원과의 연대로 무료진료를 전개하여 왔다.

③ 이산가족을 위한 범세계적 서명운동개최

또한 주목할 만한 것은 GCS 국제본부와 한국본부 그리고 단위클럽이 함께 열심히 참여한 "한국의 이산가족재회를 위한 범세계적 서명운동" 사업이다. 1950년 한국전쟁으로 남북한이 분단 된지 어언 45년이 넘도록 편지왕래는 커녕, 생사 확인조차 못하는 이산가족수가 일 천 만이 넘은 상황에서, 국제본부 조영식 총재가 국가를 초월한 범세계적 서명운동을 시작하고 모든 국가본부, 지역본부, 단위클럽에 호소하여 밝은 사회 전체클럽 전 회원이 서명운동에 동참하게 된 것이다. 이 서명운동에는 세계의 153개 국가라는 엄청난 나라가 참여하고 이천만 명(정확히 21,202,192명)이 넘는 세계인이 참여하여 1994년 11월 4일 세계 기네스북 1위에 오르는 세계기록을 갖게 되었으며, 이는 이산가족 재회의 염원을 모든 이들에게 알리고 하루속히 평화통일이 이룩되기를 기원하는 계기가 되었다.

④ 밝은 사회연구소 운영

밝은 사회국제본부는 밝은 사회연구소를 운영하여 정기적으로 '밝은 사회 연구논총'을 연 1회 발행하고 있으며 또한 '밝은 사회'를 연 1-2회 발행함으로서 밝은 사회운동의 기본철학에 의한 이론개발 및 단위클럽의 활동사항에 대한 체계적인 연구를 진행하고 있는 특색을 가지고 있다.

나. 라이온스

① 라이온스 클럽의 사회사업으로서는 다음의 3가지를 들 수 있다.

첫째, 309-K 지구의 새 서울 라이온스클럽은 찬조금 10,000,000원과 일본으로부터 기증 받은 검안기(檢眼機) 4대를 79년 10월 경희대 조영식 총장(밝은 사회 국제본부 총재)에게 전달하고 동 대학 의료관계 교수들의 기술봉사를 얻어 "한국 라이온스 안구은행"을 설치하였다. 이로써 약 10년 동안 400-500명의 환자들에게 각막수술을 시행 광명을 되찾아주는 큰 사업을 추진하였다.

둘째, 라이온스 클럽 사회사업의 일환으로 설립된 "한국라이온스 히어링 센터(언어 및 청력장애자 복지센터)"는 1980년 1월 15일 창립된 이후 난청환자 115명을 시술하여 청력을 되찾아 주고 있다. 이 사업은 진료시설 및 장비와 전문기술진은 서울대 병원 측에서 부담하고 치료비는 라이온들이 각각 부담 봉사하고 있다.

셋째, "라이온스 대구 장애자 복지회관"은 1984년에 라이온스 국제협회의 지원과 당시 309-D지구 대구지역 전 회원들이 1인 20,000을 각출하여 개관하였으며 직업재활, 의료재활, 교육재활 등 사업을 벌여 나가고 있다.

이상의 3 사회사업 중 안구은행과 히어링 센터는 많은 생명에게 희망과 기쁨을 주고 새로운 삶을 갖게 했으나 첨예한 의료설비와 막대한 치료비 등으로 운영에 어려움을 겪고 있으며, 지구차원에서 새로운 기획과 협조가 요청된다고 기록하고 있다.

② 장애자 복지회관 건립

대구 장애자 복지회관 건립 등으로 의료복지와 재활사업 분야에서 직접적인 봉사활동뿐만 아니라 그에 필요한 기반시설 설립에도 적극적으로 투자하는 노력을 보여 한국 사회의 불우한 계층을 위해 물심양면으로 활동을 펼치고 있다. 이러한 사회사업분야에서의 활동은 한국에서만이 아니라 세계 각국의 남녀 회원들과 함께 교류를 통하여 서로 힘을 모아 해외의 어려운 이들을 위한 도움의 손길을 뻗치고 있다.

③ 국제활동

라이온스클럽은 유엔의 경제사회이사회의 자문기관으로 활약하고 있으며, 식량농업기구(FAO), 유엔아동기금(UNICEF), 유엔교육과학문화기구(UNESCO), 유엔개발계획(UNDP) 등의 국제전문기구와도 함께 일하고 있으며, 세계 국가 언어 중 13번째로 정기간행물인 한국어판 라이온지를 매월 발행하고 있다.

다. 로타리클럽

① 해외유학생 장학금 제도

로타리클럽의 특색 중 하나는 '해외유학생 장학금'제도를 들 수 있다. 물론 국내에서의 장학금은 4개 사회단체클럽에서 모두 많이 추진하고 실제적인 도움을 두고 있지만 해외장학금은 로타리클럽에서 지속적인 사업으로 추진 및 집행하고 있으며 국내에서 유학을 가고자 하는 사람은 로타리 해외장학금에 상당한 관심을 가지고 있다. 요즈음과 같은 국내의 어려운 경제사정에서는 이러한 해외장학금 제도는 젊은 세대들에게 어려운 학문의 길을 택할 수 있도록 하는 적지 않은 원동력이 될 수 있을 것이다.

② 청소년 교류사업

청소년 교류사업으로는 한국 로타리 단위클럽과 해외 로타리 단위클럽간의 '지구 자매결연'등의 우정교환 맴버를 후원하거나 호스트하는 활동 등도 국제교류활동으로 좋은 예라고 하겠다.

③ 폴리오 폴리스

로타리 클럽의 독특한 활동 중의 하나인 폴리오 폴리스란 소아마비와 소아마비 박멸의 필요성을 교육하는 회의 또는 대중 캠페인을 지역사회에서 개최하고, 지역 또는 국가의 소아마비 박멸을 위한 캠페인에 주요 사업단체를 참여시키며, 소아마비 박멸을 위한 국내외 봉사 프로젝트를 후원하는 모든 활동을 지칭한다. 특히, 한국 로타리 클럽의 경우 단위 클럽 프로젝트의 일환으로 지역사회의 아동 면역 활동을 후원하며, 국가 내 소아마비 감시 체제를 확립한 바 있다. 또한 1996년 3월 29일 남서울 클럽 등 18개의 단위클럽에서 폴리오 폴리스 기부금으로 2,400,000원을 모금하였다.

④ 결식아동 돕기 미술전시회 개최

최근의 사업으로는 결식아동돕기 미술전시회 개최를 위해 '아미로타리'와 '천지로타리'가 주최가 되어 각 단위클럽에서 함께 협조 준비 중에 있으며 봉사활동에 최선을 기울이고 있음을 알 수 있었다.[5] 로타리는 정기간행물 '로타리 코리아'를 발행하고 있으며 무엇

---

5) 아미로타리 주회(99.3.12.), 천지로타리 주회(99.3.17.)개최. 저자가 직접 아미로타리 주회(99.3.17.)에 방문하여 설문조사의 경위를 설명하고 설문을 받았으며, 회의의 의제는 모두 결식아동돕기 미술전 개최에 대해 많이 논의되었다.

보다도 특색 있는 것은 각 단위클럽의 주보발행이라고 하겠다. 이는 클럽별 약간의 차이는 있지만 매주 발행되는 소식지로서 회원 상호 간의 동정과 클럽의 활동상황을 알 수 있다.

⑤ 메이컵 제도(出席補塡: make up)

로타리클럽은 다른 사회단체와는 달리 매주 1회의 주회(週會)를 갖는데 이 모임은 회원들의 출석률을 높일 수 있는 제도(make up)를 갖추고 있다. 즉, 로타리클럽 회원이 부득이 출석을 못할 경우 다른 클럽에 출석하여 출석보진을 할 수 있으며 14일 이상 외국으로 여행하는 경우 여행지에서 개최되는 로타리클럽 회의에 출석하여 메이컵을 하면 출석규정의 면제를 받을 수 있다. 현대 사회생활 속에서 바쁘게 살아가는 젊은 세대들로부터 주회는 너무 힘들다는 의견이 제시된 적이 있으나 국제협회 등 로타리 전체의 성격상 이 문제가 쉽게 바뀌지는 않으리라고 한다.[6]

라. JC

① 회원연수

JC는 '훈련원 과정 1단계'를 반드시 이수해야만 정회원 자격을 부여하는 회원자격 규정에 따라, 모든 신입회원 및 정회원을 대상으로 연수참여의 의무화를 통한 회원의 자질향상을 꾀하고 있다. 특히 모든 신입회원을 대상으로 1박2일 동안 실시되는 '1단계과정'의 필수과목에는 JC이론 및 한국 JC 역사와 현황, 뉴리더십 개발, 지역사회 개발, 통일, 환경, 시민 의식에 관한 특강, JC와 국제활동, 회의진행

---

6) 남서울로타리클럽 국장과의 대담에서, 1998. 11. 10. 남서울 로타리 방문.

규칙 등이 구성되어 있으며 이에 대한 시험 및 평가도 이루어진다. 또한 1단계 이외에도 2단계, 3단계, 4단계, 부인회원, 유스JC 등으로 나누어 단계별 연수 프로그램을 실시함으로써 오래된 정회원들에게도 새로운 지식과 동기를 부여해 주는 프로그램으로 자리매김 되고 있다.

특히 회의진행 규칙 등의 훈련과정을 통하여 JC 회원들은 실제 사회생활이나 정치참여에 직접 응용함으로써 지방의회지도자 및 사회지도자로서 자질을 갖추게 되는 원동력이 된다고 본다.

② 한국 청년대상 시상

국가와 지역 사회 발전에 이바지하고, 창의적이며 모범적인 청년을 표창하는 한국청년대상은 1975년 교육, 새마을, 공무원 등 3개 부문에서 첫 시상을 한 것을 시발로, 1991년 제 17회에 이르기까지 지속적으로 실시되고 있는 JC의 핵심적인 활동 중의 하나이다.

③ 정치지도자 배출

1991년 지방의회선거에서 기초와 광역의회 의원 동우회가 출범함으로써 한국 JC는 JC국회의원 동우회, JC광역의원 동우회, JC기초의원 동우회 등 3대 의원 동우회 활동을 통하여 회원들의 리더십을 배양하는 한편, 젊은 국가인재 양성에 큰 몫을 차지하고 있다.

④ JC 선거

JC 모든 임원들의 임기는 철저한 1년 단임제로써 매년 민주적인 선거를 통해 새로운 리더를 뽑고 있는데, 이는 JC활동의 중요한 사항중의 하나로써 회원들은 이러한 활동을 통하여 민주적인 선거의 절차를 체험하고 있다. 한국 JC 중앙 회장단을 포함해 15개 지구회장단 359개 롬회장단 선거까지 포함하면 전국에서 한 해 375회의 선거를 치룬다.[7]

⑤ 독립기념관 건립 실무 추진

JC는 민족의 숙원사업인 독립기념관 건립에 협조하여 JC의 전국 각 지구 사무실을 독립기념관 추진위원회 사무실로 이용하게 하였으며 독립기념관 건립위원회의 모든 실무를 담당하는 조직력을 발휘하기도 하였다.

⑥ 세미나, 심포지엄 개최

또한 독립기념관의 설립 이후에도 88년에는 개관 1주년의 기념행사로써 '한국인의 미래 좌표 심포지엄'을 개최하였으며, 90년 '현대사회와 인간성 회복 심포지엄' 개최 등 독립기념관의 개관 기념일에 맞추어 계속적인 심포지엄을 주최하여 한민족 발전의 가능성을 재정립하고 있다.

---

7) 한국JC는 회장단을 포함해 15개 지구회장단, 359개 롬회장단 선거까지 포함하면 전국에서 한 해 375회의 선거를 치루는 셈이다. 이러한 JC선거는 약간의 폐단을 양성하기도 하지만 의원동우회에서 나타나듯이 한국 정치인 중 많은 숫자의 JC출신의원들이 있으며 또한 회원 중에는 정치입문의 뜻을 가진 사람도 있다.

4. 4개 사회단체클럽의 평가와 역할기대

1) 사회단체에 대한 역할평가 및 전망

(1) 한국사회의 기여도

〈표 3〉 사회단체클럽의 기여도

단위: %, 명

특성 및 구분	많이 기여하고 있다	약간 기여하고 있다	별로 기여하지 못하고 있다	전혀 기여하지 못하고 있다	합 계
합 계	48.8	45.0	5.2	0.9	100(553)

4개 사회단체가 한국사회에 얼마나 기여하고 있는지에 대한 의견을 <표 3>에 정리하였다.

많이 기여하고 있다(48.8%), 약간 기여하고 있다(45.0%)로 응답한 회원이 93.8%로 높게 나타나 별로 기여하지 못하고 있다(5.2%)의 항목을 두드러지게 앞서고 있어 클럽의 한국사회기여도에 대한 회원들의 생각이 매우 긍정적인 것으로 나타났다.

이러한 4개 사회단체클럽에서는 수십 년의 역사를 가지고 있는데 과연 한국사회에 어떤 기여를 하였는가?

라이온스클럽이 한국사회에 기여한 것으로는 '한국 라이온스 안구은행', '한국라이온스 히어링센터', '대구 장애자 복지회관'의 사회사업을 대표로 들 수 있다.

309-K지구의 새 서울 라이온스클럽은 찬조금 10,000,000원과 일본으로부터 기증받은 검안기(檢眼機) 4대를 79년 10월 경희대 조영

식 총장(밝은 사회 국제본부 총재)에게 전달하고 동대학 의료관계 교수들의 기술봉사를 얻어 "한국 라이온스 안구은행"을 설치하였다. 이는 약 10년 동안 400-500명의 환자들에게 각막수술을 실시하고 광명을 되찾아주는 큰 사업을 추진하였다. 또한 한국 라이온스 히어링센터(언어 및 청력장애자 복지센터)는 1980년 1월 15일 창립된 이후 난청환자 115명을 시술하여 청력을 회복하게 해주었다. 이 사업은 진료시설 및 장비와 전문기술진은 서울대병원 측에서 부담하고 치료비는 라이온스 회원들이 각각 부담, 봉사하고 있다.

또한 라이온스 대구 장애자 복지회관은 1984년에 라이온스 국제협회의 지원과 당시 309-D지구 대구지역 전 회원들이 1인 20,000원을 내어 개관하였으며 의료재활, 교육재활 등의 사업을 벌여 나가고 있다.

이상의 세 가지 사회사업 중 안구은행과 히어링센터는 많은 생명에게 희망과 기쁨을 주고 새로운 삶을 갖게 함으로써 사회단체클럽으로서 한국 국민들에게 커다란 기여를 했다고 볼 수 있다.

로타리클럽의 대 국민 기여도 중 가장 큰 것은 역시 학문에 뜻이 있는 청소년들에게 장학금을 지급한 것을 대표로 들 수 있다. 95-96년에 4년제 대학생 121명과 전문대생 11명에게 1억 4천2백여만 원을 지급하였다. 이외에도 국내에서 외국으로 유학 가는 학생들에게도 로타리장학금은 큰 도움이 되고 있다. 그 외 한국 로타리클럽의 큰 공헌중의 하나는 한국이 중추가 되어 여성클럽을 창립하고 세계여성클럽이 만들어지는 쾌거를 가져왔다는 점이다.

로타리클럽의 강령에서 살펴보면 직업인과 전문인 남성을 회원의 기본자격으로 하고 있기 때문에 동서고금을 막론하고 사회생활이나 정치무대에서 항상 소외되어 왔던 여성들은 자연히 배제하는 상황이 되어 오래도록 여성로타리클럽이 탄생되지 못했다. 그러다가 한국에서 언론인, 변호사, 여사장 등 전문직업인 45명이 뭉쳐서 '서울 무궁화 여성로타리 클럽'8)의 창립을 계기로 세계에서 처음으로 로타리 여성클럽이 탄생되었으며 동시에 이를 계기로 각국에서 여성로타리안이 결성되었다. 한국 여성로타리클럽의 수는 73개이며 2,351명의 여성회원이 등록되어 있다.

JC는 1975-1991년 제 17회에 이르기까지 국가와 지역사회발전에 이바지하고 창의적이고 모범적인 청년에게 '한국 청년대상 시상'을 지속적으로 해오고 있다. 또한 청년들의 자기계발 노력향상의 기치(旗幟) 하에 한국의 정치일선에 수백명의 지역 일꾼을 배출해냄으로써 회원들의 리더십 배양과 청년들의 지도력을 유감없이 발휘하는 면모를 과시하고 있다고 볼 수 있다.

또한 JC는 민족의 염원인 독립기념관 건립에 JC 전국 각 지구 사무실을 독립기념관 추진위 사무실로 이용케 하였으며 실무를 담당하는데 모든 노력을 기울였다.

밝은 사회클럽의 중요한 사업은 '한국의 이산가족재회를 위한 범세계적 서명운동'이다. 한국전쟁으로 남북한이 분단된 지 어언 45년이 넘도록 편지왕래는커녕 생사확인조차 못하는 이산 가족수가 일천만 명이 넘는 상황에서 전국에 있는 밝은 사회클럽 모든 회원이 서명운동에 동참하였다. 이 서명운동은 2천만 명(21,202,192)이 넘는 많은 사람들이 서명운동에 동참함으로써 국내는 물론 세계기네스북에 오르기도 하였다 이는 그만큼 한국인의 평화통일과 이산가족의 재회를 갈망하는 간접적인 표현과 마음이라고 하겠다.

---

8) '서울 무궁화 여성로타리클럽'은 당시 잡지사 사장인 임진출, 강기원 여성변호사 등이 중추가 되어 창립되었으며 초대회장에 임진출 씨가 피선되었다. 임진출 회장은 그 후 2선의 국회의원을 하였으며, 강기원 변호사는 여성가족부의 전신인 여성특별위원회 위원장을 역임하였다.

무엇보다도 더욱 주목할 것은 3차 핵전쟁의 위협 하에 세계 각국이 국가 이익에 앞서 다투어 핵을 개발하며 전쟁을 일삼게 된 상황에서 한국의 밝은 사회 국가본부의 공헌으로 매년 9월 3번째 화요일 (현재는 9월 21일로 개정됨)을 '세계평화의 날'로 제정하여 기념하고 있는 것은 남북한이 분단되어 있는 현시점에서 세계시민은 물론 우리 국민들에게 평화사상을 일깨워주는데 일조를 하고 있다고 할 수 있다.

구체적으로 정신적 측면과 물질적 측면으로 나누어 기여현황을 <표 3>과 <표 4>로 살펴보았다.

<표 4> 정신적 측면에서의 기여

단위: %, 명

특성 및 구분	의식개혁 및 계몽운동	평화 운동	지도자 양성에 기여	인권 존중	지역 봉사	도로문화 정착	지역사회의 정책개발	기 타	합 계
<사회단체별>									
밝은 사회	28.0	13.7	3.7	13.7	32.3	6.8	0.6	1.2	100(161)
라이온스	21.0	1.3	5.1	4.5	66.2	1.9	0	0	100(157)
로 타 리	18.5	4.0	6.5	8.9	58.1	3.2	0	0.8	100(124)
JC	13.6	1.8	50.9	3.6	19.1	7.3	3.6	0	100(110)
<연령별>									
20대	18.4	2.6	16.4	5.3	44.7	5.3	5.3	0	100(38)
30대	14.2	4.7	36.2	4.7	30.7	7.9	1.6	0	100(127)
40대	21.6	7.0	8.6	5.9	50.3	5.4	0.5	0.5	100(185)
50대	23.8	4.9	4.1	11.5	53.3	2.5	0	0	100(122)
60대	27.2	6.2	6.2	13.6	43.2	1.2	0	2.5	100(81)
<임원별>									
임 원	17.5	6.6	14.4	5.5	50.0	4.6	0.6	0.9	100(348)
평회원	26.8	3.9	14.1	12.2	36.6	4.9	1.5	0	100(205)
합 계	21.0	5.6	14.3	8.0	45.0	4.7	0.9	0.5	100(553)

정신적 기여를 묻는 질문에 45.0%가 지역봉사라고 답해, 회원들의 해당클럽의 지역봉사활동에 대한 기여도를 높게 생각하고 있는

것으로 나타났다. 의식개혁 및 계몽운동(21.0%), 지도자양성에 기여 (14.3%)가 그 뒤를 따르고 있다. 밝은 사회클럽의 경우 지역봉사 (32.3%)와 더불어 의식개혁 및 계몽운동이 28.0%를 이루고 있어, 높은 비중을 보였다.

JC의 경우 지도자 양성에 기여한다는 응답이 과반수를 넘는 50.9%를 차지해 JC 회원들의 당 클럽의 지도자 양성에 대한 기여도를 높이 평가하고 있는 것으로 나타났다. 연령별, 임원별로 보았을 때도 지역봉사에 대한 응답이 가장 많았으나, 30대 연령에서 지도자 양성에 기여한다는 응답이 36.2%를 차지해 지역봉사 30.7%를 앞서고 있다. 이는 JC의 지도자 양성에 기여라는 반응에서 보듯 나이제한이 있는 성격상 JC에는 30대 젊은 층이 많음을 보여주고 있는 대목이다.

〈표 5〉 물질적 측면에서의 기여

단위: %, 명

특성 및 구분	장학금 지급	불우이웃 돕기	의료 봉사	복지기관 설립	장애인 돕기	자연보호 및 환경개선	기 타	합 계
<사회단체별>								
밝은 사회	18.0	65.8	6.2	1.2	3.7	2.5	2.5	100(161)
라이온스	24.2	59.2	11.5	1.3	2.5	0.6	0.6	100(157)
로 타 리	47.6	37.1	11.3	0	0.8	0.8	2.4	100(124)
JC	40.9	24.5	1.8	3.6	4.5	18.2	6.4	100(110)
<연령별>								
20대	34.2	47.4	5.3	2.6	2.6	5.3	2.6	100(38)
30대	32.3	41.7	2.4	2.4	4.7	11.8	4.7	100(127)
40대	26.1	55.7	7.6	1.6	2.2	2.2	2.7	100(185)
50대	32.6	47.5	12.3	0	3.3	2.5	1.6	100(122)
60대	32.1	49.4	12.3	1.2	1.2	2.5	1.2	100(81)
<회원별>								
임 원	35.1	45.4	8.0	0.6	2.9	4.9	3.2	100(348)
평회원	24.2	55.6	7.8	2.9	2.9	4.4	2.0	100(205)

<직업별>								
공무원	18.8	68.8	0	6.3	6.3	0	0	100(16)
경영관리직	33.3	41.2	15.7	0	2.0	3.9	3.9	100(51)
교육자	15.6	65.6	9.4	3.1	0	3.1	3.1	100(32)
자영업	36.6	40.1	8.5	1.8	3.5	6.0	3.5	100(284)
전문직	28.1	57.8	9.4	0	1.6	3.1	0	100(64)
사무/기술직	25.9	59.3	3.7	3.7	0	3.7	3.7	100(27)
가정주부	11.1	74.1	7.4	0	3.7	3.7	0	100(27)
기 타	28.8	61.5	0	0	3.8	3.8	1.9	100(52)
합 계	31.1	49.2	8.0	1.4	2.9	4.7	2.7	100(553)

　　4개 사회단체클럽은 한국사회에 물질적 측면에서 어떠한 기여를 하였는가를 묻는 질문에 대해 '불우이웃돕기'가 49.2%로 가장 많았고, 장학금지급, 의료봉사, 자연보호 환경개선의 순으로 나타났으며, 사회단체별로 살펴보면, 장학금지급은 로타리(47.6%), JC(40.9%)가, 불우이웃돕기는 밝은 사회클럽(65.8%), 라이온스클럽(59.2%)이 가장 높게 나타났다. 연령별, 직업별로 살펴보면 공통적으로 불우이웃돕기에 가장 큰 비중을 두어 모두 함께 더불어 살아가려는 이웃사랑의 마음을 연령별, 회원별, 직업에 관계없이 많은 회원들이 공감하고 있음을 보여주고 있다. 이러한 반응은 4개 사회단체클럽의 실천 활동과도 상관성이 있는 것으로 나타났다. 장학금 지급제도는 로타리 활동사항의 특색에서도 알 수 있는 바와 같이 로타리의 가장 큰 봉사요 보람이다. 로타리는 매년 거의 수십억을 장학금으로 지급하고 있다. 이는 물질적 기여에서 나타났듯이, 장학금 사업을 많이 벌이고 있는 것과 밀접한 관계를 가지고 있다.

(2) 사회발전을 위한 사회단체의 역할기대

〈표 6〉 사회발전을 위한 사회단체 역점사항

단위: %, 명

특성 및 구분	인간성 회복운동	사회복지 사업	자연보호 및 환경보존	지역사회 개발	우리전통 문화개발	통일 문제	기 타	합 계
<사회단체별>								
밝은 사회	68.9	15.5	7.5	4.3	2.5	6.0	6.0	100(161)
라이온스	46.5	33.8	3.8	10.2	1.9	3.2	6.0	100(157)
로 타 리	45.2	32.3	4.8	12.1	8.0	3.2	1.6	100(124)
JC	48.2	10.0	4.5	29.1	1.8	1.8	4.5	100(110)
<회원별>								
임 원	52.0	23.6	6.3	12.1	2.0	1.7	2.3	100(348)
평회원	54.6	22.9	3.4	14.1	1.5	2.9	5.0	100(205)
합 계	53.0	23.3	5.2	12.8	1.8	2.2	1.6	100(553)

사회발전을 위한 사회단체의 역점사항에 관한 설문에서는(<표 6> 참고) 인간성 회복운동이 53.0%로 가장 높게 나타났으며, 사회복지 사업 23.3% 지역사회개발 12.8% 순으로 나타났다. 이는 현 한국사회 의 여러 가지 사회문제 즉, 존비속 살해, 보험금 노린 아내·남편·자 식살해 및 자신의 신체절단 등의 현 사회문제와 관련하여 볼 때 인 간성 회복운동이 크게 부각되며 현 사회문제를 반영하고 있다고 하 겠다. 그 외에 자연·환경보존, 전통문화개발, 통일문제는 각각 5.2%, 1.8%, 2.2%로 나타났다. 사회단체별로 살펴보면, 4개 사회단 체클럽 모두 45.0%이상 인간성회복운동을 중요시하고 있다. 특히 밝은 사회클럽이 68.9%의 높은 비율로 '인간성 회복'문제를 역점사 항으로 제기하고 있어 해당 단체의 인간중심의 이념과도 일치함을 보여주고 있다. 회원별로 살펴보았을 때 임원과 평회원들 모두 인간 성 회복운동에 52.0%, 54.6%로 응답하였으며 사회복지, 지역사회개 발 순으로 나타났다.

〈표 7〉 도덕성·인간성회복을 위한 효과적 방법

단위: %, 명

특성 및 구분	캠페인	세미나	TV매체 등 홍보	교육을 통한 계몽운동	기타	합 계
<연령별>						
20대	36.8	10.5	18.4	31.6	2.6	100(38)
30대	22.0	3.9	15.7	57.5	0.8	100(127)
40대	15.1	7.6	35.7	40.0	1.6	100(185)
50대	12.3	4.1	36.9	44.3	2.5	100(122)
60세 이상	14.8	11.1	24.7	7.4	7.4	100(81)
합 계	17.5	6.7	28.6	44.7	2.5	100(553)

이러한 역점사항들을 실천에 옮기려면 어떤 방법이 효과적일 것인가에 대해 설문을 해보았다(<표7> 참고). 응답자 중 '교육을 통한 계몽운동'에 답한 회원이 44.7%로 가장 높았고, 'TV매체 등 홍보'에 응답자가 28.6%, 캠페인이 17.5%로, 세미나가 6.7%로 응답하였다. 사회단체클럽들은 여러 가지 강연이나 세미나 개최 시 혹은 회원 연수와 교육 시에 사회현안문제에 대한 회원들에게 교육을 통한 계몽운동을 전개하도록 해야 하고 이들 회원들은 다시 각각 주위 가족이나 친지에게 알리도록 해야 할 것이다.

연령별 분석을 통해서 보면, 20-30대의 젊은 층에서는 캠페인을 선호하는 경향이 나타났으며, 40-50대의 경우는 교육을 통한 계몽운동과 TV매체 등 홍보를 통한 방법이 효과적이라는 의견이 높았으며, 60대 이상의 노년층에서는 TV매체 등 홍보를 통한 방법을 다소 선호하는 것으로 조사되었다.

(3) 타 사회단체클럽과의 연대모색

현대사회는 시민단체, 사회단체의 힘이 어느 때보다도 중시되고 있으며 따라서 NGO의 역할이 더욱 돋보이는 시대이다. 개개의 사회단체가 각각의 목적과 이념에 따라 활동을 하고 있지만 이러한 단체가 같이 힘을 합하여 연대해 본다면 그 힘을 더욱 크게 발휘할 수 있을 것이다. 이에 대해, 4개 시민단체의 연대 필요성에 대해 설문해 보았다. 4개 사회단체가 연대할 필요성이 있느냐<표 8>는 질문에 있다가 40.0%, 없다가 16.3%, 필요성은 있으나 현실적으로 어렵다가 43.8%로 나타나, 응답자의 대부분이 사회단체 간 연대의 필요성은 인식하면서도 그것이 현실적으로 어렵다는 생각을 하고 있는 것으로 드러났다.

〈표 8〉 4개 사회단체가 연대할 필요성

단위: %, 명

특성 및 구분	있 다	없 다	필요성은 있으나 현실적으로 어렵다	합 계(N)
<사회단체별>				
밝은 사회	32.3	25.5	42.2	100(161)
라이온스	35.0	7.6	57.3	100(157)
로 타 리	54.0	17.7	28.2	100(124)
JC	42.7	13.6	43.6	100(110)
<연령별>				
20대	42.1	21.1	36.8	100(38)
30대	47.2	15.7	37.0	100(127)
40대	41.6	13.5	44.9	100(185)
50대	37.7	17.2	45.1	100(122)
60세 이상	27.2	19.8	53.1	100(81)
<회원별>				
임 원	37.1	16.1	46.8	100(348)
평회원	44.9	16.6	38.5	100(205)
합 계	40.0	16.3	43.8	100(553)

하지만, 그 필요성에 대해서는 83.8%(<표8> 참고)가 동의하고 있어 대다수는 사회단체 연대의 필요성에 대해서는 크게 동의하고 있는 것으로 보인다.

또한, '없다'라고 부정적인 반응을 보인 응답자에 주목해볼 때, 밝은 사회 회원의 25.5%, 라이온스의 7.6%, 로타리의 17.7%, JC의 13.6%가 연대의 필요성을 느끼지 못하는 것으로 나타났으며, 연령별 또는 회원별 분석에서는 큰 차이가 없는 것으로 나타났다.

〈표 9〉 연대가 어려운 이유

단위: %, 명

특성 및 구분	이념이 다르기 때문에	사업이나 활동범위 등이 다르기 때문에	정체성 (Identity)이 다르기 때문에	국제협회의 승인이 어려워서	기타	합계(N)
<사회단체별>						
밝은 사회	23.1	32.3	41.5	3.1	0	100(65)
라이온스	2.2	31.1	60.0	6.7	0	100(90)
로 타 리	7.9	44.7	42.1	0	5.3	100(38)
JC	22.9	50.0	25.0	0	2.1	100(48)
<연령별>						
20대	15.4	46.2	30.8	7.7	0	100(13)
30대	18.8	41.7	37.5	0	2.1	100(48)
40대	9.4	36.5	50.6	3.5	0	100(85)
50대	7.3	30.9	54.5	3.6	3.6	100(55)
60세 이상	19.5	39.0	36.6	4.9	0	100(41)
<회원별>						
임 원	9.8	38.7	47.2	3.7	6.0	100(163)
평회원	19.0	34.2	41.8	2.5	2.5	100(79)
합 계	12.8	37.2	45.5	3.3	1.2	100(242)

4개 사회단체의 연대가 어려운 이유를 묻는 질문에 대하여, <표 9>에서 보이는 바와 같이, 전체 응답자의 45.5%가 '정체성이 다르기 때문에'라고 응답하였으며, 37.2%는 '사업이나 활동범위가 다르기 때문에' 12.8%는 '이념이 다르기 때문에'라고 응답하였으며, '국제협회의 공인이 어려워서'라는 의견도 3.3%로 나타났다.

각 단체별 분석에서도 역시 '정체성이 다르기 때문에'와 '사업이나 활동 범위가 다르기 때문에'라는 응답이 많이 나왔으며, 밝은 사회와 JC에서는 '이념이 다르기 때문에'라는 의견도 각각 23.1%와 22.9%로 다소 높게 나타났다. 또한 회원별 분석에서도 전체적인 분포와는 큰 차이를 보이지 않았으나, 다만 평회원의 경우 '이념이 다르기 때문에'라는 의견이 임원의 경우보다 다소 많았다.

〈표 10〉 연대 후 가장 시급히 추진해야 할 사업

단위: %, 명

특성 및 구분	통일문제에 관한 캠페인	북한주민 돕기운동	자연보호 및 환경운동	교육개혁 운동	빈부격차 해소운동	기 타	합계(N)
<사회단체별>							
밝은 사회	3.7	3.1	49.1	28.0	11.2	5.0	100(161)
라이온스	10.8	7.6	39.5	19.7	13.4	8.9	100(157)
로 타 리	12.1	5.6	42.7	18.5	16.9	4.0	100(124)
JC	10.0	4.5	35.5	29.1	10.9	10.0	100(110)
<연령별>							
20대	10.5	0	60.5	18.4	10.5	0	100(38)
30대	7.9	4.7	39.4	29.1	8.7	10.2	100(127)
40대	8.6	6.5	41.6	21.6	18.4	3.2	100(185)
50대	6.6	5.7	42.6	25.4	11.5	802	100(122)
60세 이상	13.6	6.2	38.3	19.8	11.1	11.1	100(81)
<회원별>							
임 원	7.8	6.6	41.4	24.7	11.8	7.8	100(348)
평회원	10.7	3.4	43.4	22.0	15.1	5.4	100(205)
합 계	8.9	5.4	42.1	23.7	13.0	6.9	100(553)

'4개 사회단체가 연대 후 가장 시급하게 추진해야 할 사업이 무엇이라고 생각하는가'라는 질문에 대해, <표 10>에서 보는 바와 같이, 전체 응답자의 42.1%는 '자연보호 및 환경운동'이라고 답하였으며, 23.7%는 '교육개혁 운동', 13.0%는 '빈부격차 해소운동'이라고 답하였다. 그 밖에 '통일문제에 관한 캠페인(8.9%)', '북한주민 돕기 운동(5.4%)의 순으로 시급한 과제를 지적하였다. 이와 같은 견해는

각 단체들 사이에서, 그리고 연령별, 회원별 분석에 있어서도 거의
일치를 보이고 있으며, 4개 단체의 연대 후 가장 큰 호응을 얻을 수
있는 사업은 '자연보호 및 환경운동'과 '교육개혁 운동'이라고 압축
될 수 있겠다.

〈표 11〉 4개 단체 협동 및 연대를 위해 할 수 있는 일

단위: %, 명

특성 및 구분	간행물 상호교환	상호자료 및 정보교환	공동프로젝트 사업운영	지역단체장 모임 및 상호방문	기 타	합 계(N)
<사회단체별>						
밝은 사회	9.3	44.1	31.7	13.0	1.9	100(161)
라이온스	7.6	26.8	53.5	10.8	1.3	100(157)
로 타 리	4.8	33.1	50.0	10.5	1.6	100(124)
JC	5.5	28.2	52.7	12.7	0.9	100(110)
<연령별>						
20대	5.3	50.0	34.2	7.9	2.6	100(38)
30대	8.7	29.1	49.6	11.8	0.8	100(127)
40대	5.9	35.7	44.3	14.1	0	100(185)
50대	8.2	26.2	50.0	11.5	4.1	100(122)
60세 이상	7.4	28.3	44.4	8.6	1.2	100(81)
<회원별>						
임 원	6.9	29.6	48.3	13.8	1.4	100(348)
평회원	7.8	40.0	42.4	8.3	1.5	100(205)
합 계	7.2	33.5	46.1	11.8	1.4	100(553)

4개 사회단체가 협동 및 연대를 위해서 할 수 있는 일은 무엇이라
고 생각하는가를 묻는 질문에 대하여는, <표 11>에서 보는 바와
같이, 전체 응답자의 46.1%는 '공동프로젝트 사업운영'이라고 답하
였으며, '상호 자료 및 정보교환(33.5%)', '지역단체장 모임 및 상호
방문(11.8%)', '간행물 상호교환(7.2%)' 등의 순으로 응답하였다.

각 단체별로 살펴본 결과, 밝은 사회는 '상호자료 및 정보교환
(44.1%)'을 가장 선호하는 반면, 다른 3개 단체는 공동프로젝트의
운영을 희망하고 있는 것으로 나타났다. 연령별로는 20대에서 상호

자료 및 정보교환을 가장 선호하였으며, 그 이상의 연령에서는 공동 프로젝트의 운영을 가장 선호하는 것으로 나타났다.

2) 단체의 활성화

(1) 단체의 활성화에 중요한 것

사회단체클럽에서의 보다 더 많은 지속적인 활동이 있어야 하고 클럽이 활성화되어야, 더 많은 사회적 기여 내지 한국의 사회발전에 더욱 큰 도움이 될 수 있다. 최근의 상황이후 사회단체클럽의 활성화를 위해서 무엇이 중요한가에 대해 <표-12>를 살펴보면 다음과 같다.

〈표 12〉 단체의 활성화에 있어서 중요한 것

단위: %, 명

특성 및 구분	회원상호간 친목도모	회장리더십 및 집행부열정	계속적인 사업전개	월례회 및 주회 적극참여	홍보사업에 주력	기타	합계
<사회단체별>							
밝은 사회	54.0	18.6	8.7	11.8	4.3	2.5	100(161)
라이온스	39.5	47.1	3.2	8.9	0.6	0.6	100(157)
로 타 리	55.6	13.7	3.2	23.4	3.2	0.8	100(124)
JC	40.9	30.9	4.5	15.5	3.6	4.5	100(110)
<연령별>							
20대	39.5	34.2	0	15.8	2.6	7.9	100(38)
30대	53.5	22.0	4.7	11.8	5.5	2.4	100(127)
40대	43.8	34.1	7.6	11.4	3.2	0	100(185)
50대	51.6	26.2	4.9	14.8	0.8	1.6	100(122)
60대	45.7	23.5	2.5	23.5	1.2	3.7	100(31)
<회원별>							
임 원	48.6	29.0	5.2	13.2	2.0	2.0	100(348)
평회원	46.3	26.3	4.9	16.1	4.4	2.0	100(205)
합 계	47.7	28.0	5.1	14.3	2.9	2.0	100(553)

사회단체별로 살펴보면, 먼저 밝은 사회클럽과 로타리클럽이 회원 상호간 친목도모에 각각 54.0%, 55.6%로 압도적으로 응답해 친목도모에 대한 매우 높은 관심을 나타냈으며, 라이온스 클럽은 회장 리더십 및 집행부열정, 회원 상호간 친목도모에 각각 47.1%, 39.5%로 응답해 리더십에 대한 기대를 타 단체들에 비해 더 높게 나타냈다. 월례회·주회 적극참여 항목은 로타리클럽에서만 23.4%로 비교적 높은 관심을 보이고 있어 관심을 끈다. 회원별로 보면 임원과 평회원 모두 회원 상호간 친목도모, 회장리더십 및 집행부열정이 각각 가장 높은 순위로 나타났다. 연령별로 보면 모든 연령층에서 회원 상호간 친목도모가 역시 가장 높은 비율로 그 다음이 회장리더십 및 집행부의 열정으로 나타났다. 이상에서 전반적으로 고찰해볼 때 사회단체의 활성화를 위해서 무엇보다 중요한 것은 회원 상호간의 친목도모를 꼽을 수 있으며 그 다음으로 회장의 리더십과 집행부의 열정이 또한 대단히 중요시됨을 알 수 있다. 이러한 반응의 결과는 사회단체클럽에서 단체의 활성화를 위해 참고할 가치가 있을 것이며, 또한 크고 작은 조직생활에서 주목할 필요가 있다고 하겠다.

(2) 회원가입의 추천유무

〈표 13〉 추천회원 수

단위: %, 명

특성 및 구분	1-2명	3-5명	6-10명	10명 이상	없 다	합계(N)
<사회단체별>						
밝은 사회	39.8	18.6	7.5	11.8	22.4	100(161)
라이온스	38.6	29.9	24.8	8.9	5.7	100(157)
로 타 리	37.1	22.6	6.5	16.9	16.9	100(124)
JC	28.2	22.7	5.5	10.9	32.7	100(110)
<회원별>						
임 원	34.5	25.3	17.2	11.5	11.5	100(348)
평회원	33.7	20.5	2.9	12.7	30.2	100(205)
합 계	34.2	23.5	11.9	11.9	18.4	100(553)

추천한 회원수는 <표 13> 1-2명이 가장 많은 34.2%로 나타났고, 그 다음이 3-5명으로써 23.5%였다. 6-10명, 10명 이상으로 응답한 회원은 각각 11.9%로 나타났으며, 없다는 응답자는 이러한 결과를 볼 때 4개 단체의 회원은 자신이 속한 사회단체에 주위의 친구나 동료들을 대체로 많이 추천한 것을 알 수 있다. 이와 연관하여 회원의 가입동기를 <표 14>에서 알아보았다.

<표 14> 가입동기

단위: %, 명

특성 및 구분	이념, 정신이 좋아서	주위의 추천 및 권유로	자신의 교양습득을 위하여	개인사업에 도움이 되기 때문에	대인관계의 폭을 넓히기 위해	사회현실에 참여하기 위해	기타	합 계(N)
<사회단체별>								
밝은 사회	53.4	24.8	0.6	1.9	5.6	13.7	0.6	100(161)
라이온스	24.8	52.2	3.2	3.8	8.3	7.6	0	100(157)
로 타 리	33.9	39.5	0.8	1.6	12.9	11.3	0	100(124)
JC	14.5	33.5	4.5	4.5	34.5	16.4	1.8	100(110)
합 계	31.3	36.4	2.6	0.9	14.4	13.6	0.6	100(553)

가입동기를 사회단체별로 살펴보면, 이념 및 정신이 좋아서 가입한 단체로는 밝은 사회클럽의 회원들이 타 사회단체 회원보다도 높은 53.4%의 비율을 나타내었다. '주위의 추천 및 권유'에 의해 가입한 경우는 라이온스클럽이 52.2% 높게 나타났으며, 로타리는 이념 및 정신, 주위추천 및 권유의 두 항목에 각각 33.9%, 39.5%로 반응함으로써 각각 약간의 차이를 두고 있다. '대인관계의 폭을 넓히기 위해서' 가입한 경우는 JC 클럽의 회원이 34.5%로써 타 사회단체 회원보다(밝은 사회 5.6%, 라이온스 8.3%, 로타리 12.9%) 많은 차이가 있음을 보여준다.

(3) 회비 및 활동비

〈표 15〉 회비 및 활동비

단위: %, 명

특성 및 구분	2만 원 이내	3-5만 원	6-10만 원	11-100만 원	100만 원 이상	합 계
<사회단체별>						
밝은 사회	65.2	19.9	4.3	9.3	1.2	100(161)
라이온스	7.0	44.6	36.3	7.0	5.1	100(157)
로 타 리	2.4	10.5	39.5	41.9	5.6	100(124)
JC	3.6	52.7	24.5	17.3	1.8	100(110)
<연령별>						
20대	26.3	44.7	15.6	10.5	2.6	100(38)
30대	22.0	40.9	17.3	18.1	1.6	100(127)
40대	25.4	31.4	27.0	13.5	2.7	100(185)
50대	18.0	25.4	34.4	18.9	3.3	100(122)
60대	19.8	19.8	24.7	27.2	6.6	100(81)
<회 원 별>						
임 원	17.0	31.6	27.0	20.1	4.3	100(348)
평회원	31.2	31.2	22.4	13.2	2.0	100(205)
합 계	22.2	31.5	25.3	17.5	3.4	100(553)

사회단체별, 지역별, 단위클럽별 차이가 있기 때문에 사회단체의 회비 및 활동비에 대해서 <표 15>를 통해 살펴보면, 2만 원 이내에 대해서는 밝은 사회클럽이 65.2%로 가장 높게 나타났고, 3-5만 원인 경우는 JC 클럽 52.7%로, 6-10만 원인 경우는 로타리클럽이 39.5%를 나타냈다. 11-100만원 경우는 로타리클럽에서 41.9%로써 가장 높았고, 100만 원 이상인 경우 역시 로타리가 5-6%로 가장 높게 나타났다. 회원별로 볼 때는 평균적으로 임원이 평회원보다 많이 내는 것으로 일반조직체와 같은 반응을 나타내었다.

(4) 소속단체클럽의 개선분야

〈표 16〉 소속단체의 개선할 분야

단위: %, 명

특성 및 구분	회원 간의 친화력 결여	순수한 봉사정신 결여	너무 형식(행사, 의식 등)에 치중	대외홍보 부족	대외사업 부족	합계(N)
〈사회단체별〉						
밝은 사회	14.9	11.8	23.0	41.0	9.3	100(161)
라이온스	7.6	33.1	47.8	10.2	1.3	100(157)
로 타 리	5.6	21.8	34.7	30.6	7.3	100(124)
JC	12.7	10.9	51.8	21.8	2.7	100(110)
〈연령별〉						
20대	7.9	28.9	34.2	18.4	10.5	100(38)
30대	17.3	7.9	43.3	28.3	3.1	100(127)
40대	7.6	25.9	39.5	23.8	3.2	100(185)
50대	10.7	24.6	36.1	23.8	4.9	100(122)
60세 이상	6.2	14.8	33.3	34.6	11.1	100(81)
〈회원별〉						
임 원	7.2	20.4	43.1	25.0	4.3	100(348)
평회원	15.6	19.5	30.2	27.8	6.8	100(205)
합 계	10.3	20.1	38.3	26.0	5.2	100(553)

발전이란 부족한 점을 개선해나갈 때 가능하다. 소속 사회단체클럽이 앞으로 개선할 분야는 어떤 것인지에 대한 의견을 <표16>에서 질문한 결과 응답자의 38.3%가 너무 형식(행사, 의식 등)에 치중한다. 26%가 대외 홍보부족, 20.1% 순수한 봉사정신결여라고 답해 회원 간 친화력 결여(10.3%), 대외사업부족(5.2%)과 비교해볼 때 큰 차이를 나타내고 있다.

사회단체별로 가장 많은 회원이 생각하는 개선할 분야를 살펴보면, 밝은 사회클럽은 대외홍보부족(41.0%)을, 라이온스클럽, 로타리클럽 및 JC클럽은 너무 형식에 치중한다는 의견에 각각 47.8%, 34.7%로 응답하였다.

5. 결론 - 사회발전을 위한 정책제의

우리는 앞에서 사회단체를 '하나 혹은 그 이상의 공통된 목표를 추구하기 위하여 구성원을 통합시키는 관계와 활동의 체계' 라고 정의한 바 있다. 사회단체는 사회학의 가장 기본적인 관심영역의 하나로서 오래 전부터 지속적인 연구의 대상이 되어왔다. 특히 도시화. 산업화 과정이 전개됨에 따라 다양한 사회단체와 조직체들이 발전하고 일반대중의 사회생활도 크게 변화하고 있다. 이러한 시대적 상황에서 개인에 대한 사회단체 또는 조직체의 영향력은 시간이 흐를수록 한층 심화되고 있다. 본 논문에서 우리는 사회단체클럽이 사회학에서 규정하는 사회단체로서 학문적 연구 가치를 지니고 있음을 살펴보았다. 그럼에도 불구하고 사회단체클럽에 대한 연구가 문헌분석위주에서 사상적·철학적 측면의 연구로 주류를 이루고 혹은 제사회단체클럽의 간행물은 해당클럽의 소식지나 교양매체로서의 성격을 지니고 있는 실정이다. 따라서 밝은 사회, 라이온스, 로타리, JC의 비교연구는 이들 4개 사회단체클럽의 실증적 분석을 통하여 한국사회에서 이를 재조명해보고, 사회봉사의식이 지식인은 물론 사회전반에서 요구되어지는 가치로 부각되고 있음을 인식할 수 있는 전환점이 되었다.

4개 사회단체클럽은 한국사회에 정신적 측면과 물질적 측면에서 커다란 기여를 하였다. 이들은 로타리클럽의 연간 수십억 원을 비롯하여 라이온스클럽, JC, 밝은 사회클럽에서도 많은 장학금을 지급하여 초·중·고·대학생들과 해외로 유학생활을 할 수 있는 학문의 길을 여는 데 큰 힘이 되어주었다. 뿐만 아니라 사회 환경운동의 차원에서, 의료봉사와 각종사회사업을 통하여 국내에 수많은 사람들에게 보람된 생활의 기쁨을 안겨주기도 했다.

정신적 측면에서는 수많은 지역봉사를 꾸준히 지속적으로 추진하고 있으며, 계층별, 연령별, 사회단체별 높은 비중으로 기여하고 있음을 알 수 있었고, 의식개혁 및 계몽운동으로 한국의 시민사회에 적지 않은 선구자적 역할을 하고 있음을 볼 수 있었다.

오늘날과 같이 과학문명·정보화·자본주의의 논리가 전통적으로 한국사회를 지배해오던 모든 가치를 대체하게 되면서 각종 사회혼란과 사회병폐가 불거져 나오는 환경 속에서, 사회발전을 위한 사회단체의 역점사항으로 '인간성회복운동'이 가장 중요하게 부각된 것은 현대물질문명사회에서 한국 사회문제와 병폐의 한 단면을 보여주는 것이라 하겠다. 이는 동시에 이 문제해결에 대한 사회단체클럽의 활동 및 역할을 기대하고 있어 앞으로 4개 사회단체클럽의 활동에 귀추가 주목된다고 하겠다.

이러한 문제해결을 접근하는 한 방안으로 사안(事案)에 따른 연대-공동프로젝트사업운영을 정책적으로 제의해 본다. 즉 인간성 회복운동에 관한 4개 사회단체클럽의 대대적이고 연속성 있는 활동(세미나 개최, 캠페인 전개, 회원교육, 교육을 통한 범시민 계몽운동)을 전개해보는 것은 인명경시, 살인폭행, 도덕성 상실로 사회혼란현상이 연일 문제가 되는 현 상황에서 대단히 시급하고 가치 있는 일이라고 하겠다.

단체의 활성화를 위해서는 회원 상호간의 친목도모 그리고 회장 리더십 및 집행부의 열정이 계층별, 연령별 단체별로 광범위하게 중요한 것으로 나타나 조직사회 및 사회단체클럽회원들과 임원들에게 큰 의미를 부여해준다. 주목할 것은 소속 사회단체클럽에 대한 개선

방안이 제기되어 더러는 홍보가 부족하고 더러는 회의가 너무 형식에 매인다는 지적을 하였다. 이 또한 각 사회단체클럽에서 충분히 참고하여 개선해 나가야 할 것이다.

각종 사회단체들은 공동의 이해를 달성하고자 하는 목적에서 이루어진 연합으로서, 이들 단체의 존재가 한국사회 내의 어떠한 조건을 선택하는지(예를 들면, 이념의 선택에서 알 수 있듯이), 이러한 조건에 의해 발생된 이해들은 어떻게 단체의 활동에 적용시키는지, 그리고 이들 사회단체들의 이러한 활동이 한국사회에서 어떻게 받아들여지고 있는지를 알아봄으로써 이들 사회단체들이 한국사회에서 어떠한 자리를 차지하고 있는지에 대한 평가를 내릴 수 있을 것이다

또한, 4개 사회단체클럽들의 상호교류를 제안하는 바, 경제학에서 말하는 거래비용 삭감이 시사하듯, 상호간의 자료교환, 정보교환, 공동프로젝트사업추진 등을 통해 사회단체들이 추구하고자 하는 목표를 보다 효율적으로 달성할 수 있을 것이라고 기대한다.

2장_가정평화와 사회평화

1. 세계 가정의 해

가정은 인간이 살아가는 산 교육장이며 삶의 중요한 공간을 이루는 행복의 터전이다. 올바른 가정에서 훌륭한 사람이 나올 수 있으며 건전한 가정이 모여 올바르고 바람직한 사회를 만든다. 수신제가치국평천하(修身齊家治國平天下) 역시 가정의 중요성을 제기한다.

그러나 현대 우리의 사회는 과학문명의 발달로 물질적으로는 풍요를 누리면서도 인간경시, 존속살인, 가정파괴, 심지어 정자·난자은행이 성행하는 등 가족해체의 심각한 국면을 맞고 있다. 경제대국 일본 역시 '가정의 파괴'라는 값비싼 성장 대가를 치르고 있다는 해외화제가 보도되어 눈길을 모으고 있으며, 미국에서 정자, 난자의 판매와 자녀 없는 부부가족이 대두된 지는 오래되었다. 중국은 독생

자녀(獨生子女: 1가정 1자녀두기) 정책의 부작용으로 버릇없는 자녀에 대한 교육 문제가 큰 사회문제로 대두되었으며 급기야는 이 제도를 폐지하게 되었다.

한국사회는 짧은 시간 내에 빈곤에서 벗어나 물질의 풍요로움을 누릴 수 있게 되었지만 사회적으로 많은 부작용을 가져왔다. 따라서 사회의 가장 기본 단위인 가정의 역할에 혼란이 생겨 가정의 기능이 마비된 상태에 이른 것이다. 사회적 부작용으로 학교폭력의 문제, 비행청소년의 문제, 결손가정의 문제, 소년소녀가장의 문제, 미혼모의 문제, 노인의 문제 등 실로 심각한 상황에 이르고 있다.

뿐만 아니라, 최근 각국에는 생명공학의 발달로 인해 인공수정·동물복제의 성공으로 인간복제 가능성이 제기되어 인권유린 윤리 문제 등 가정·가족문제는 더욱 크나큰 사회문제가 되고 있다. 이러한 제반문제들은 비록 어느 한 국가에만 국한된 것이 아니라는 데 문제의 심각성이 있다.

UN은 1994년을 세계 가정의 해(International Year of the Family)로 선정하여 세계 각국으로 하여금 가정문제에 대한 관심을 촉구시켰으며, 국내에서는 이를 기념하는 학술세미나를 한국여성개발원과 유네스코 한국위원회 공동주최로 개최한 적이 있으나 지속적으로 진행되지는 않고 있다. 산업화에 따른 가족·가정문제는 구조 기능적 측면에서 다음세가지의 범주로 요약할 수 있다. 첫째, 인구변동과 관련된 부양체계의 와해. 둘째, 사회구조가 다변화되면서 의도적, 또는 비의도적 가정파괴의 급증현상. 셋째, 가족생활에서 기능 및 역할, 그리고 가치관의 부전현상을 들 수 있다. 이러한 문제들을 한꺼번에 해소하기는 쉽지 않지만 더 이상 방관하고 있을 수는 없다. 따라서 여러 가지 가정문제, 사회문제에 대해 우리 여성들이 NGO

의 장을 마련하여 함께 논의해보는 것은 대단히 필요한 일이라고 생각한다. 국내관련 NGO들은 물론, 특히 인접한 국가인 중국, 일본 등 동북아시아에 위치한 국가 간의 연대활동에 있어서는 여성단체들의 각종회의가 개최되고 있으나 가정·가족 문제의 공동 관심사를 모색하고 공동행사를 지속적으로 추진하는 활동은 극소수에 불과하다.

그러므로 서울 NGO대회에서 '가정평화와 사회평화를 위한 여성 NGO의 역할과 연대'라는 분과주제를 선정하고, 저자의 발표주제는 "가정평화와 밝은 사회를 위한 NGO활동의 모델"로 범위를 제한하였다. NGO활동의 모델로는 "밝은 사회(GCS)클럽"의 활동 등을 사례로 제시하고자 한다. GCS클럽은 UN-NGO가 규정한 자발적인 시민단체로서 회원들의 회비로서 운영하는 순수한 민간단체이며 오랫동안 UN-NGO의 회원단체로 많은 역할을 해왔다. 특히 가정과 사회를 위한 많은 활동들은 타 NGO에서 참고할 가치가 있다고 생각한다.

이러한 연구를 통하여 국내 NGO간의 연대활동은 물론, 가까이는 동북아 여성들을 중심으로 이 문제를 논의하고 나아가 세계여성들과 함께 이 주제를 심도 있게 연구하여 더욱 확산할 수 있도록 하는 것은 대단히 바람직하다고 하겠다.

2. 현대의 가정과 사회에 관한 주요 문제점

현대사회의 문제점으로 크게는 물질만능에서 오는 인간경시문제, 민주주의 한계에서 오는 역기능의 문제, 독선주의(종교적, 패권적)와

배타주의(민족주의, 국가주의, 계급주의)의 문제, 가정·가족의 제 문제를 들 수 있다.[1]

가정과 관련하여 구체적으로는 결손가정의 문제, 소년소녀가장의 문제, 미혼모의 문제, 노인의 문제를 비롯하여 사회적으로는 학교폭력의 문제, 비행청소년의 문제, 성폭력·살인폭행·강도 등 실로 심각한 상황에 이르고 있다. 최근에는 생명공학에 따른 인간복제문제 등 헤아릴 수 없이 많다. 이러한 문제점 중에서 가정은 인간의 요람으로서 우리가 살아가는 데 있어 소중하기 때문에 가정문제에 역점을 두면서 사회문제를 살펴보고자 한다.

1) 가족의 구조 기능적 문제

산업화에 따른 가족문제는 구조 기능적 측면(Goode, 1982)에서 다음과 같이 세 가지로 요약할 수 있다.

첫째, 인구변동과 관련된 부양체계의 와해

인구변동의 두 가지 특징은 출산력 저하와 평균수명의 연장이다. 이러한 결과는 인구구조의 변화는 물론 가족구조를 변화시키면서 부양구조와 밀접한 관계를 갖는다. 이와 관련하여 한 조사는 부부 중 1명의 자녀만을 원하는 경우가 전체 부부 중 1/3에 달하고 또 자녀를 두지 않거나 '아들이 없어도 된다'는 경우도 1/5 수준에 이른다(공세권 외, 1992)고 설명하고 있다. 이러한 성향이 계속될 때 부모의 노후는 자녀에게 의존하기 어렵고, 전통의 가족제도의 수정도 불가피해질 수밖에 없다.

---

[1] 가족과 가정의 개념은 명확히 구별하기가 어려워 학문적으로도 혼용되고 있으며 이 글에서는 가족은 결혼에 의하여 형성되는 부부와 그들의 자녀로 구성되는 사회집단으로서 이론적 개념으로, 그리고 가정은 가족구성원들의 구조, 관계, 역동성이 빚어내는 가족현상의 총체적인 결과로서 실천적 개념으로 사용하고자 함.

둘째, 가정파괴문제

사회구조가 다변화 되면서 의도적, 또는 비의도적 가정파괴가 급증하고 있다. 의도적 파괴는 이혼을 비롯한 인신매매, 무분별한 인명살해, 유괴, 성폭행, 낙태 등의 증가를 뜻한다. 또 비의도적 가정파괴는 각종 산업사고, 재해 및 교통사고 등으로 인한 사망자와 불구자의 증가를 말한다. 이러한 사회병리와 각종 사고의 증가는 일종의 사회 현상만이 아니라 그 피해는 가족이 감당해야 하고 그 결과는 가족결손으로, 그리고 부양부담으로 이어진다. 최근 사회병리로 인한 가정파괴는 정확한 실태파악이 어렵지만 사고로 인한 사망은 연간 2만명 수준에 이르고, 또 장애자는 20만명씩 늘어나고 있다. 실로 이러한 누적현상은 엄청난 가정피해가 아닐 수 없다.

셋째, 가족생활에서 기능 및 역할, 그리고 가치관의 부재현상

산업화에 따라 가족기능의 일부가 사회기능에 의해 대행되면서 가족은 나름대로 기능조정이나, 역할개발 및 가치관 정립이 이루어져야 했지만, 그렇지 못한 가운데서 역할갈등과 가치관의 혼란이 가족문제로 이어지고 있는 점이다. 가족의 공동생활이 부양관계를 기초로 이루어진다고 할 때, 이러한 부양은 육체적, 정신적 또는 사회경제적 측면 등 다양하다. 그러나 오늘날 가족부양은 경제적 측면만을 중요시 하면서 육체적, 정신적 부양의 소홀은 가족 간의 사랑과 유대를 유약하게 만들고 있다. 이러한 점은 의료기술의 발달에 따른 인구의 노령화, 질병구조의 만성화, 그리고 각종 사고로 인한 불구의 증가 등으로 육체적 정신적 부양부담의 증가에 따른 역기능적 측면이 아닐 수 없다. 즉 가족은 이러한 점에 대응하는 부양역할을 수행할 수 없을 때 부양체계의 혼란은 그 존속마저 어렵게 된다는 것이다.

그렇다고 오늘날 모든 가족이 다 문제가 있다는 뜻은 아니다. 다만 산업화과정에서 가족의 분화 및 해체, 또는 기능부전 등으로 사회보호를 요하는 가족이 증가하고 있다는 것이다.

2) 청소년 문제

청소년의 범죄와 폭력은 세계적으로 크나큰 문제점을 가지고 있다. 미국에서는 13세, 15세 학생들이 총을 계획적으로 발사하여 9명의 사상자를 냈는가 하면, 이웃나라 일본에서는 어린 학생들이 칼을 가지고 다니는 사례는 아주 많으며 선생님을 살해한 일들이 빈번하게 나타나고 있는 실정이다. 한국에서도 청소년 범죄는 증가추세로 나타나고 있어 커다란 사회문제로 지적되고 있다. 보도에 따르면 청소년 범죄는 나날이 증가추세2)에 있다.

뿐만 아니라, 신문에서 보도된 자살관련 기사를 분석한 것에 따르면 10대에서의 자살 동기는 진학실패, 학교성적비판, 시험불만 등으로 나타나 인간을 교육함에 있어서 인성교육보다는 공부 중심으로 두드러진 현상이 나타났으며 미래사회를 짊어질 청소년에 대한 인성, 인간성, 사회교육이 시급히 요청되고 있다.

현대사회의 가족의 변화는 청소년에 대한 가정의 책임을 포기하거나 상실하고 있는 면을 보여주고 있다.

- 오늘의 청소년은 부모에 의해서 양육되는 것이 아니라 타인이나 탁아소에서 양육된다.
- 오늘의 청소년은 그들의 고민이나 문제에 대한 대화의 대상을

---

2) 청소년 범죄는 1996년에 13만 건이었던 것이 1997년에는 15만 건으로 늘어났으며 폭력성에 집중되고 있고 살인 방법 등 관련인원수 역시 1996년의 3,300명에 비해 1997년에는 1,400여 명이 증가현상을 보이고 있다. 1998년 3월 25일 MBC TV 9시 뉴스 중에서.

가정에서 찾는 것이 아니라 친구들 속에서 찾는다.

- 오늘의 청소년은 가족갈등과 가정의 위기상황으로 자살과 가출충동을 느낀다.

청소년의 문제행동은 그들 자신에게 요인이 있는 경우도 있지만, 환경적 요인이 더 크게 작용한다. 특히 가정환경은 청소년의 문제행동을 유발하는 일차적인 요인으로서 현대사회의 가정은 유해환경이 될 수 있는 소지를 갖고 있다. 문제행동을 유발하는 가정적 상황에 대한 청소년과 학부모의 생각을 알아본 한 조사는 청소년과 학부모 모두 부부싸움, 가족 간의 불화, 부모형제의 불인정, 가정에서의 고립, 과잉보호 등을 문제행동을 일으키는 요인으로 지적하고 있다(최윤진, 1993).

3) 사회적 갈등의 심화

사회가 복잡 다양해짐에 따라 여러 가지 갈등이 심화되고 있다. 세대 간의 갈등, 성별간의 갈등, 노사 간의 갈등, 빈부격차 등에 대해 간단히 살펴보자.

첫째, 세대 간의 갈등은 사회가 근대화되고 비 농업적 직업이 확대되면 가족의 기능이 해체되는 것은 어쩔 수 없는 흐름이다. 그러나 우리나라의 이러한 변화는 급격히 다가왔고 대가족제도에서부터 핵가족화되면서 젊은 세대들에게 노부모 봉양, 고부간의 갈등 등의 현상을 가져와 자식들 사이의 다툼이 되고 있다.

세대 간의 갈등 현상은 가족생활에서부터 시작한다. 그것은 부모들의 기성세대로서의 역할을 어렵게 하고 있다. 아이들은 태어나서 자라는 동안 시범자를 찾게 되는데, 부모들이 자라는 세대의 시범자로서의 역할을 하기가 어렵게 되어 있는 것이다. 옛날에는 부전자전이라고 해서 부모와 자식은 서로 닮게 되고 아이들을 보면 부모를 알 수가 있고 부모를 보면 아이들을 알 수가 있었는데, 지금은 부모와 자녀가 서로 닮지 않고 부모의 기대와는 전혀 동떨어진 아이들이 나오고 있는 것은 세대 간의 차이가 크다는 것을 나타내고 있다.

둘째, 성별 간의 갈등. 오늘날 우리 가정에는 아직도 남아선호사상이 있으면서도 여성의 지위는 현저한 상승을 보이고 있다. 그렇다고 여성들이 갈망하는 남녀평등을 완전히 이루고 있지는 않다. 그렇기 때문에 가정마다 부부 사이의 지위관계는 천차만별이다. 전통적 가부장적 권위를 누리고 있는 가정이 있는가 하면 다른 한편으로 서구형의 완전한 평등을 이루고 있는 가정도 있다.

성별 간의 관계는 부자관계와 교차되면서 더욱 복잡한 양상을 보이고 있고 그것이 성별관계의 급속한 변화를 어렵게 하고 있다. 더군다나 남성문화와 여성문화가 엄연히 재래식 전통을 고수하고 있기 때문에 남녀평등은 아직까지는 지엽적이고 부분적인 변이에 그치고 있어 큰 줄거리는 남녀유별의 봉건적 골격을 유지하고 있다. 따라서 가족구성의 초기에는 남녀평등의 생활방식이 지켜지다가도 후기에 오면 특히 핵가족의 생활에서 확대가족 형태로 전환되는 경우에는 재래식 방식으로 복귀하는 흐름을 볼 수 있다.3)

미국에서 생활하는 한국인들이 대체로 남편은 한국에 돌아오기를 원하는 데 비해 아내 쪽은 미국에 머물기를 원한다는 현상은 한국가족이 갖는 문제의 한 단면을 보여준다고 하겠다. 한국에서 여성운동이 전체여성의 적극적인 호응을 받지 못하고 있고 일부 식자층에 국한되고 있는 현상도 따지고 보면 가족생활에서 성별 관계의 실상이 영향을 주고 있는 결과라고 볼 수 있을 것이다. 문제는 가족문화가

---

3) 『열린사회와 가족』, 여성개발원·유네스코 한국위원회, p.9.

남녀평등을 지향하는 여성들의 근거가 되어야 할 터인데도 그것이 도리어 성별문화의 평등화의 흐름에 역행하거나 견제하는 힘을 발휘하고 있는 데 있다고 보아야 할 것이다.

셋째, 빈부격차와 노사대립문제. 과학문명과 교통수단의 발달로 과거에 비해서 우리의 생활은 많은 부분에서 향상이 되어가고 있다. 그러나 근래 우리사회는 분수에 넘치는 낭비생활과 미래지향적이지 못한 정책의 실책으로 국내에는 IMF 국제금융지원을 받는 사태가 일어났으며 이는 단순히 사회문제로 국한되는 것이 아니라 개개인의 가정경제에도 영향을 주어 가정이 해체되는 비극적인 사례가 많아졌다. 가진 자는 더욱더 부귀영화를 누리며, 못 가진 자는 더욱 가난해지는 실정에 있다.

이외에도 노사 간의 갈등문제 또한 큰 사회문제로서 끊이지 않고 있다. 사용자 측의 주장과 노동자 측의 주장 중에서 각자의 이해관계가 첨예하게 대립되고 결국은 마찰을 빚어 파업으로 이어지곤 하여 적지 않은 가정·사회문제를 야기하고 있다.

4) 생명공학의 발달로 인한 인간복제문제

근간에 생명과학과 유전공학의 발달로 인해 가족, 가정문제는 큰 혼란을 빚고 있다. 시험관 아기, 대리모 문제, 동물복제의 성공으로 인한 인간복제의 가능성 문제 등 사회적 문제가 고조되고 있는 점이다. 시험관 아기는 자녀를 낳지 못하는 부부에게 의학발달의 장점으로 한 가정에 자녀를 갖게 하는 것으로서 나름대로 긍정적인 측면이 없는 것은 아니다. 그러나 대리모 문제는 고비용뿐만 아니라 여러 가지 부작용을 낳고 있으며 동물복제실험은 경악을 금치 못한다. 양의 유산에서 세포를 꺼내어 수정란에 집어넣어 똑같은 양을 만들어

낸 실험이 성공하였으며, 인간과 가장 유사하다는 원숭이의 시험도 성공하면서 이 문제는 전 세계적인 사회문제가 되고 있다. 근간에는 정자·난자은행이 성행하여 다시 한 번 인간 복제문제와 인간의 윤리성과 도덕성에 큰 사회적 파문을 일으키고 있다.[4]

3. 가정평화와 밝은 사회를 위한 NGO활동의 모형

최근 몇 년에 이르러 각 국가마다 NGO의 역할과 활동은 두드러진 현상으로 나타나고 있으며 각 정부에서도 이들 사회단체들의 활동에 대해 상당한 관심을 갖게되었다. UN의 정의에 의하면 NGO는 Non-Govermental Organizaition의 약자로 정부(Governmental Organization: GO)가 아닌 기관조직체로서 민간단체인 '비정부' 기구를 말하며 정부조직이 아닌 사회단체, 시민단체를 지칭하는 포괄적 의미이다.

GCS(밝은 사회)클럽은 국내 NGO일 뿐만 아니라 1992년에 이미 UN에 등록하여 활동해온 UN-NGO회원단체이며 1997년에는 NGO의 ECOSOC의 경제사회이사회의 자문기구 지위를 획득하였다. 특히 GCS국제본부는 '1999 서울 NGO세계대회'를 3자 공동주최로 개최하는 NGO단체로서 국내보다는 국제적으로 더욱 알려졌으며 오랫동안 활동을 해온 단체이다.

앞서 살펴본 현대가정과 사회에 관한 문제들을 해결하기 위해서는 여러 가지 방안과 해결책이 모색될 수 있다.

---

4) 하영애, 'GCS여성클럽의 활성화 방안', 『오토피아』, 1998년 겨울 제13권 제1호, 경희대 인류사회재건연구원, p.238.

현재 국내에서 가정과 연관한 연구나 사업을 진행하고 있는 단체는 밝은가정협의회, 한국가정복지정책연구소, 한국가정법률상담소, 한국건강가족실천운동본부, 한국여학사협회 등이 있으나 각각의 이념에 국한한 사업 등에 중점을 두고 있는 실정이며 보다 광범위한 가정의 평화를 위한 일에 전념하는 NGO는 그리 많지 않는 것 같다. GCS클럽은 오랫동안 UN-NGO의 회원단체로서 많은 활동을 해왔다. 국내적으로는 "모범가족상 제도", "GCS효행·선행상"제도를 실시하여 인성과 인간성회복운동을 실천에 옮기고 있으며, 국제적으로는 "세계평화의 날"과 "세계평화의 해"를 UN에 건의하여 제정토록 기여하였다.

그러므로 본 연구는 GCS클럽에서 실천한 활동들을 모델로 제시하여 가정평화와 밝은 사회건설에 대해 어떠한 영향을 미치고 있는지를 살펴보고자 한다.

1) 좋은가정을 위한 GCS-NGO의 기본철학

GCS클럽이 추구하는 목표는 세 가지로서 첫 번째가 바로 '단란한 가정'를 이루는 일이다. 인간사회의 출발은 가정이며, 가정은 인류사회이 기본단위로서 가정이 파괴되면 어느 사회도 건강할 수 없다. 다음단계는 '건전한 사회'를 육성하는 것이다. 모든 사람들이 밝은 표정, 봉사적 정신을 가지고 질서를 지키고 구성원 각자가 사회전체를 위해 도움이 되는 사회풍토를 조성할 때 건전한 사회는 이룩된다. 그러나 전쟁과 파괴로 얼룩진 인류사회는 가정도 사회도 있을 수 없다. 그러므로 최종적 목표는 '평화로운 세계'를 이루어야 한다는 원대한 목표를 설정하여 한 국가만이 아닌 인류사회 모두를 위한 삶의 방향을 제시하고 있다.

이러한 목표를 달성하기 위해서 기본정신이 요구되는데 그것이 바로 밝은사회 클럽의 기본이념이며 동시에 철학인 '밝은 사회의 3대정신'인 G.C.S.이다.

Good Will, Cooperation, Service. 즉 선의·협동·봉사—기여의 정신을 가지고 우리의 생활이 정신적으로 아름다운 삶(Spritually Beautiful Life), 물질적으로 풍요로운 삶(Materilly Affluent Life), 그리고 인간적으로 보람있는 삶(Humanly Rewarding Life)이 되도록 GCS의 모든 회원은 노력을 귀울리고 있다. 이 GCS의 정신은 밝은 사회뿐만 아니라 모든 NGO가 궁극적으로 추구하는 목표가 될 수 있다고 생각한다. 아름답고, 풍요롭고, 보람있는 삶을 만들어 가정 사회 나아가 인류사회를 밝게 만들고자 하는 이 GCS의 정신은 밝은 사회 회원뿐만 아니라 모든 NGO가 궁극적으로 추구하는 목표가 될 수 있다고 생각한다.

2) 가정평화를 위한 GCS-NGO 활동의 사례

수십 년간 GCS클럽에서 실시하고 있는 여러 가지 활동 중에서 가정평화에 관하여 몇 가지 활동을 제시하면 다음과 같다.

(1) 평화교육, 의식개혁으로 밝은가정에 기여

인간은 교육적 산물이다. 교육이란 인간에게 지식과 기술을 가르치기도 하지만 보다 중요한 교육의 역할은, 현대교육이 소홀히 하고

있는 인성도치에 있다.[5]

평화로운 가정을 위해서는 개개인이 평화에 대한 교육과 의식을 가지고 실천에 옮길 수 있도록 해야 한다. 그러나 원래 인간에게는 내부 깊숙이 자라잡고 있는 반 평화적인 요소가 있어서 자신의 이익을 위해 타인의 권리를 축소 내지 말살하거나 자기 극대화를 위해 타인을 억압 내지 지배하려고 한다. 이것이 곧 다툼을 유발하고 평화를 해치는 인간의 공격 욕구이다.[6] 그러므로 인간의 내면문제를 파헤쳐 민주적이고 평화적인 마음을 심어주어야 하는데 이것이 바로 평화교육이다. 이 평화교육은 성장하는 어린이와 청소년들뿐만 아니라 모든 사람에게 필요하며 이 평화교육은 가정에서부터 실천되어야 한다.

GCS클럽에서는 '가정평화·사회평화·세계평화'슬로건을 내걸고 교육과 의식개혁으로 전 클럽들로 하여금 월례회나 각종 모임 때 초청강연, 세미나, 수련회, 발표회 등을 통해 가정평화 만들기를 실천에 옮기고 있다.

이러한 가정평화에 대한 모든 사람들의 관심을 촉구시키기 위해 GCS세계대회 때 국제학술회의의 주제로 '가정평화 사회평화를 위한 대토론회'를 실시하여 세계 각국의 밝은 사회클럽 회원들에게 실제 활동사항을 발표하게 하는 등 국내뿐만 아니라 세계의 이슈로 가정문제를 부각시켰다. 다른 한편 '밝은 사회'를 정기적으로 간행하고 가정평화, 나라평화, 세계평화를 특집으로 다루는 등 현대사회에서 가정의 중요성을 다시 한 번 고취시켰다.

---

5) 조영식, 『인류사회재건』 p.253
6) 조만제, '가정의 평화 만들기', p.18.

(2) "GCS모범가족상 수여"의 제도화

GCS클럽에서 "GCS모범가족상"을 수여하는 목적은 오늘날 우리 사회는 도시화·산업화가 이루어지고 기계화·자동화되고 있으나 인정이 고갈되어 가고 있으며, 효심이 사라지고 윗사람들에 대한 존경심이 추락되어 가고 부모도 형제도 친구도 모르는 비정의 인간이 늘어가고 있음을 통감하였다. 이에 부모님께 효도하고 단란한 가정을 이루고, 이웃에 봉사하는 모범가정을 선발하여 표창하고 널리 알려 귀감이 되도록 하려는 데 목적을 둔다.

이러한 목적으로 GCS국가본부에서는 GCS울산클럽, 내장산클럽, 경주클럽, 평택여성클럽, 의료원 연합회클럽 등 33개 클럽에서 가장 모범적이고 우수한 가정을 뽑아 33명에게 시상하였으며, 전국의 단위클럽 회원 중 모범가정을 앞으로 더욱 확대할 전망이다. 이는 가정의 중요성, 가족 간의 존중심과 사랑을 일깨워 주는 산 교훈으로 좋은 평을 받고 있다.

(3) 소년·소녀가장, 노인가족, 결손가정에
수십 년간 온정의 손길

GCS단위클럽은 불우이웃돕기, 무료의료봉사, 각종 장학사업 등 여러 가지 봉사활동을 하고 있다. 특히 중앙클럽에서는 어려운 가정환경에서 공부하는 학생가장 10명에게 매월 일정한 장학금을 지급하여 꿋꿋한 생활을 하도록 격려하고 있으며 이 온정의 손길은 1992년부터 계속적으로 추진하고 있다. GCS중앙클럽, 오륙도 클럽, 정주클럽, 정읍클럽에서도 불우자녀에게 정기적으로 장학금을 지급하고 격려하고 있으며 파주연합회에서는 소년·소녀가장집에 생활용 가

스기를 무료로 설치해 주었으며, 또한 우리 클럽에서는 90세 고령의 무자녀 노부부에게 식품, 의류 및 생활비를 지급하고 이를 계속 장기화 사업으로 추진하고 있다. 평택여성클럽에서는 불우노인 가정 (47가구)에 무료 영정사진을 찍어주고, 훈훈한 정을 나누기도 했다. 이러한 베품의 봉사활동들은 회원 자신들에게는 보람을 주며 이웃으로부터는 좋은 평을 받기도 했다.

(4) "GCS 효행·선행상 제도"와 인성교육 선도

단란한 가정·건전한 사회·평화로운 세계를 추구하여 Oughtopia (당위적인 요청사회)사회를 이룩하고자 하는 GCS클럽의 목표를 실천하기 위하여 다양한 활동을 한다. 평소에 전국 고교생들 중에서 어른들께 효도를 하거나 학교사회에 선행을 많이 한 학생들을 선발하여 'GCS효행·선행상'을 줌으로써 대학 입학특전의 문호를 개방하여 우리사회에 선행·봉사 풍토를 조성하고 있다. 이는 수년간 시행되고 있으며 이 제도에 의해 수상한 자는 1997년까지 총 91명으로 이중 절반이상이 대학교의 특별장학생으로 입학하였다. 특히 경희대학교에서는 이 'GCS 효행·선행 표창 제도'를 시행한 이후 전국적으로 참여하고 있는 고교와 학생의 비율은 증가하고 있으며, 이는 GCS학생클럽의 인성교육에 좋은 영향을 줄 뿐만 아니라 학생클럽의 활성화에 큰 도움이 되고 있다. 이러한 제도는 앞으로 우리사회에 효행과 선행사회의 풍토를 조성하는 데 기여하게 되리라고 생각한다.

3) 목련어머니회와 GCS목련클럽

경희대학교 '평화복지대학원'에는 학생들을 위하여 '목련어머니회' 제도가 있다.

목련어머니회 회원들은 입학식과 졸업식은 물론 Home Comming Day 등 1년에 3-4차례 학교를 방문하여 겨울스웨터나 잠바, 츄리닝, 면내의 등 학생들이 기숙사 생활을 하는데 꼭 필요한 물건을 정성껏 마련하여 전달한다. 더욱 주목할 만한 사실은 입학식 때 목련어머니회와 신입생들로 목련가족이 탄생하게 된다. 목련클럽에 속해 있는 모든 회원들은 입학식에 제비뽑기 추첨방식으로 신입생과 새 가족 관계를 맺게 된다. 만약 목련어머니가 10명 참석하였고, 신입생이 20명이면, 어머니 한 분이 두 자녀를 갖게 되는데 이미 가족이 된 재학생 자녀들과 합하면 평균 자녀가 5-6명이 되기도 하며 공식적으로는 졸업 때까지 생활면을 돌봐주게 된다.

십수 년이 흐르다 보니 자녀들이 졸업하고 직장도 갖고 결혼까지 하며 손자들도 있음으로 목련어머니의 식구들은 꽤 많아지고 있다. 목련클럽은 목련자녀들이 외국에 나가 공부하면서 편지나 국제전화를 걸어올 때, 성장하여 박사가 되고 취업을 했다고 연락을 해올 때 회원으로서, 목련어머니로서 보람을 느낀다고 한다. 특히 이들은 한국에서 개최한 NGO대회에 수십 년간 한푼 두푼 모은 기금 수억 원을 보람 있게 써달라고 내놓았다. 더욱이 목련클럽회원들은 주위에 있는 이들에게 알리지 않고 조용히 실천에 옮기는 겸손의 미덕을 보이고 있다.

4) 범세계적 밝은 사회를 위한 GCS-NGO의 활동사례

GCS클럽에서는 인류는 한 가족이라는 정신 하에 불우한 처지에 있는 인류가족을 도우며 국제사회에 온정의 손길을 보내고 있다.

(1) 체르노빌 원전피해 아동 돕기 운동전개

구소련의 체르노빌 원전피해는 한 나라의 비극이라고 하기보다는 인류 모두가 고통을 분담해야 할 일이다. 그들은 평화로운 사회에서 행복한 가정을 꾸미고 살기를 원했고, 일상생활에 충실한 사람들이 었다. 뜻하지 않은 방사능 오염으로 불구가 되었고, 제대로 치료를 받지 못하고 신음하는 처지였다. 그리하여 GCS클럽 회원들에게 이 사실을 알리고 도와주기를 호소하였으며, 1992년도에 한국에서는 조영식 총재가 운영하는 경희대학교와 GCS국제클럽이 하나가 되어 자선 음악회 및 미술전시회 등 각종 활동을 통해서 모은 성금을 한 국 외무부를 거쳐 UNNGO를 통하여 피해 아동 돕기에 지원하도록 조치하여 왔다.

(2) 기아어린이 돕기 사업전개

이 지구상에서는 아직도 수많은 우리의 인류 가족들이 굶어 죽어 가고 있다. 특히 "소말리아", "르완다", "케냐"에서 허덕이고 있는 기아 어린이들의 헐벗고 굶주린 모습과 말없이 죽어 가는 기아 어린 이들의 참상이 알려지면서 이들로 하여금 기아에서 구출하는 것이 인류 모두의 과제임을 실감하고, GCS국제클럽에서는 이들을 돕는 사업을 다방면으로 전개할 것을 결의하였다. 따라서 GCS국제클럽

회원국들에게 관심을 가져줄 것을 요청하는 한편, 한국에서는 GCS 국제클럽 한국본부와 "유니세프"가 연합하여 자선음악회 및 미술전시회 등을 통해서 모금한 70,000여 불을 UN을 통해 전달하였다. 이러한 지원금이 미약한 것이라고는 하겠지만 뜻과 정성이 모여지고, 지원의 손길이 확대될 때 기아에서 벗어날 수 있을 것이다. 특히 지원금은 어려운 사람들에게 큰 활력소가 될 것이며, 도움을 받고 성장한 어린이는 인류에 대한 고마움을 가지고 성장하여 사회에 봉사하는 지도자가 될 수 있을 것이다.

(3) 이산가족 재회를 위한 국제적 서명운동 개최

현대사회는 시공의 압축 혁명을 통하여 세계는 지구촌이 되어가고 있으며, 서로 돕고 살지 않으면 안 되는 지구공동사회가 되어가고 있다. 그러나 아직도 지구상에는 전쟁이란 이유 때문에 가족이 헤어져 살아야 하고, 생사조차 모르고 사는 사람들이 많이 존재하고 있다. 그 중에서는 한국은 제2차 세계대전 후 강대국들에 의해 남과 북이 갈라지게 되었고, 1950년에는 한국전쟁으로 남북 간의 분단은 더욱 경직된 지가 어언 60년이 지난 오늘날까지도 편지왕래는커녕, 생사 확인조차 못하는 비정의 실상을 보여주고 있다. 이 지구상에서 부모, 형제, 자매가 한 나라 안에서 생사확인(편지왕래) 조차 못하는 민족은 한국의 "일 천만 이산가족" 뿐이다. 세계평화는 우선 본의 아니게 떨어져 살아야 하는 이산가족의 재회부터 시작되어야 한다는 판단아래, 이산가족 재회추진을 위해 한국에는 '일 천만 이산가족 재회 추진위원회'가 GCS 국제총재인 조영식 박사(위원장)를 중심으로 12년 전에 구성되어 지금까지 한 민족 간의 재회를 위한 사업을 전개하여 왔다. 이 단체에서는 제1차 사업으로 1983년 9월 한국의 KBS TV를 통해 이산가족 찾아주기 활동을 전개하여 10,180가족을 상봉(재회)시켜 주었다. 제2차 사업으로 남북회담을 통해 1985년 9월에 남한의 "서울"과 북한의 "평양"을 상호 방문하여 불과 기십명의 가족들만이 재회한 후 북한의 일방적인 폐쇄로 재개치 못함을 통탄하여, 1993년에는 제3차 사업으로 "이산가족 재회 촉구 범세계 서명운동"을 시작하여 1994년 11월 4일 발표한 집계에 의하면 서명인 총수는 153개 국가, 21,202,192명이란 기록을 내게 되었다. 이는 이산가족 재회의 염원을 모든 이들에게 알리고 하루속히 평화통일이 이륙되기를 기원하는 계기가 되었다.

(4) 지구 살리기 운동: 자연보호 및 자연애호 의식고취

지구는 인류의 조상이 살아왔고 인류의 후손들이 살아가야 할 인류의 보금자리이다. 그런데 오늘날 과학기술의 발달로 대량생산, 대량소비의 시대를 맞이하여 그 균형과 질서를 상실한 나머지 무자비한 자연의 파괴로 지구는 자생능력을 잃어가고 있다. UN에서는 하나뿐인 지구를 살리기 위하여 공해방지책과 자연애호운동을 전개하여 왔거니와 이를 사회운동으로 확산시키기 위하여 GCS클럽에서는 본회의 5대 운동중의 하나인 "자연애호운동"의 일환으로 생태계의 파괴를 막고, 자연을 가꾸고 보존하자는 캠페인과 사업을 1965년부터 전개하여 왔으며, 1970년대에는 『자연애호 및 환경미화상 제도』를 제정하여 권장하고 시상하여 왔다. 또한 "꽃씨은행 제도"도 마련하여 꽃씨를 공급하기도 하였다. 1992년에 리오 환경회의에서 결의된 내용을 중심으로 GCS클럽 회원들은 시기적절한 프로그램을 선택하여 여러 가지 활동에 동참하여 왔다. 그리하여 단위클럽에서는 가정에서부터 쓰레기 줄이기, 공해요인 제거하기, 산과 호수에서 쓰레기 제거하기 등 각종 자연애호운동을 전개해오고 있다.

4. 가정평화와 밝은 사회 정착을 위한
   NGO활동에 대한 제안

1) NGO 간의 연결망 구축

현대사회는 시민단체, 사회단체의 힘이 어느 때보다도 중요시되고 있으므로 NGO의 역할이 더욱 돋보이는 시대이다.

NGO의 역할에 있어서는 무엇보다도 국민여론의 대변자와 국정운영의 동반자로서 정부정책의 건전한 비판과 바람직한 정책대안을 제시하며, 건전한 여론을 선도하며 정부가 잘하면 격려하고 못하면 견제하도록 해야 한다. NGO의 운영방법 역시 국내외의 동종 NGO 간에는 서로 체계적 협력을 해야 하며, 이종NGO들과도 상호 협동해야 하며, 국제 NGO들은 UN과 함께 세계적으로 연대하여 UN헌장 정신에 따라 협력하도록 해야 한다.[7]

물론 개개인의 사회단체가 각각의 목적과 이념에 따라 활동을 하고 있지만 이러한 단체가 같이 힘을 합하여 연대해 본다면 그 힘을 더욱 크게 발휘할 수 있을 것이다.

가정의 평온, 안정은 각 국가 사회발전의 기초가 된다. 세계 모든 가정이 밝고 평화로운 가정을 이루기 위해서 지역을 초월하여 모든 나라의 NGO가 연대하는 방안을 모색해 볼 수 있다. 그 중에서 우선적으로

---

7) 조영식, 새로운 천년을 여는 NGO의 역할과 사명, 기조연설문 중에서.

동북아 여성 NGO들이 함께 가정평화문제를 논의해 볼 필요가 있다.

동북아는 전통적으로 정신문화를 유지해온 지역으로서 서구적 물질문명의 한계에서 기인하는 사회문제를 해결할 새로운 대안에 대한 기대가 모아지는 역사적 사명을 지닌 지역으로 판단된다. 정신적 빈곤에서 오는 각종 사회문제 특히 가정평화·사회평화 물질문명과 과학문명의 발달을 우리인간을 풍요롭고 편익하게 하는 반면 그에 따른 부작용으로 인간소외, 가정파괴, 가정해체 등의 크나큰 사회문제를 야기 시키고 있다. 한·중·일 3국은 이러한 각종 사회문제에 대해 동북아의 고유한 문화적 특수성과 동질성을 바탕으로 함께 해결방안을 모색 해보는 것은 커다란 의의가 있다. 국제적 연대 및 동북아(여성)의 연대를 위하여 기본적으로 각 단체 및 연합체에서는 가정평화사회에 복지 및 관련한 인쇄물, 사업계획 등에 대해 상호교환하고 상호방문 및 공동사업이나 프로젝트에 동참하는 것도 바람직하다고 하겠다. 좀 더 장기적이고 구체적인 방안으로는 가정평화를 위한 동북아 여성 NGO네트워크의 연대 기구를 형성하고, 기구를 운영함으로써 사업을 공동으로 추진하거나 연계할 수가 있을 것이다. 더 나아가서는 UNDP, CSW(Commission on the Status of Women), ESCAP(Economic & Social Commission of Asia and Pacific) 등과 연계해 볼 수 있다.

2) 인간성 회복운동 전개

현대사회의 여러 가지 문제들을 해소하고 사회를 발전시키기 위해 NGO들이 어떤 문제에 역점을 두고 활동해야 하는가에 대한 설문조사를 해본 결과 인간성 회복운동이 53.0%로 가장 높게 나타났으며, 사회복지사업 23.3% 지역사회개발 12.8% 순으로 나타났다. 이는 현 한국사회의 여러 가지 사회문제 즉 존비속 살해, 보험금 노린 아내·남편·자식살해 및 자신의 신체절단 등의 현 사회문제와 관련하여 볼 때 인간성 회복운동이 크게 부각되며 현 사회문제를 반영하고 있다고 하겠다. 그 외에 자연·환경보존, 전통문화개발, 통일문제는 각각 5.2%, 1.8%, 2.2%로 나타났다. 사회단체별로 살펴보면, 밝은 사회, 라이온스, 로타리, JC 4개 사회단체클럽 모두 45.0%이상 인간성회복 운동을 중요시 하고 있다. 특히 밝은 사회 클럽이 68.9%의 높은 비율로 '인간성 회복'문제를 역점사항으로 제기하고 있어 해당 단체의 이념인 인간중심주의와 일치함을 보여주고 있다. 회원별로 살펴보았을 때 임원과 평회원들 모두가 인간성 회복운동에 각각 52.0%, 54.6%로 응답하였으며 사회복지, 지역사회개발 순으로 나타났다.

이러한 역점사항들을 실천에 옮기려면 어떤 방법이 효과적일 것인가에 대해 설문에서는 응답자 중 '교육을 통한 계몽운동'에 답한 회원이 44.7%로 가장 높았고, 'TV매체 등 홍보'에 응답자가 28.6%, 캠페인이 17.5%로, 세미나가 6.7%로 응답하였다.

연령별 분석을 통해서 보면, 20-30대의 젊은 층에서는 캠페인을 선호하는 경향이 나타났으며, 40-50대의 경우는 교육을 통한 계몽운동과 TV매체 등 홍보를 통한 방법이 효과적이라는 의견이 높았으며, 60대 이상의 노년층에서는 TV매체 등 홍보를 통한 방법을 다소 선호하는 것으로 조사되었다.[8]

그러므로 사회단체클럽들은 여러 가지 강연이나 세미나 개최시

---

8) 하영애, 사회복지정책, pp.97-98.

혹은 회원 연수와 교육 시에 사회현안문제에 대한 회원들에게 교육을 통한 계몽운동을 전개하도록 해야 하고 이들 회원들은 다시 각각 주위가족이나 친지에게 전달 인식하도록 해야 할 것이다.

3) 건전한 여론조성 및 정책 제안

우리나라에서 가족에 대한 공공적인 관심은 아주 미미한 것 같다. 가족은 자생적이고 그 속에서 발생하는 문제는 자동조절장치에 의해서 저절로 해결되는 것으로 알고 있는 것 같다. 가족이 전체사회나 국가조직에 대해 어떠한 기능을 하고 있으며 또 어떻게 기능해야 하느냐의 문제는 정치인의 적극적인 관심이 되지 못하고 있고 가족이 변하고 있는데도 그것이 앞으로 어떠한 방향으로 변해야 한다는 문제의식에 대해서는 아주 냉소적인 분위기마저 보이고 있다. 가족이 필요로 하는 사회적 요구를 국가나 사회가 제대로 공급하고 있는가? 국가는 지금 주택을 공급하면 책임이 끝난다고 생각하고 있는 듯이 보인다. 사회체제에 따라서 사회가 가족에게 기대하고 있는 역할이 다르다는 것은 분명하다.

서양과는 달리 한국 가족은 유교문화의 영향으로 그 절대가치는 부모자식간의 부양 관계에서 생각할 수 있다. 부모가 낳은 자식을 양육하며 보호 하듯이 부모의 노후를 자식에게 의존하는 상호관계가 그것이다. 이처럼 가족부양은 특정 대가나 조건이 전제될 수 없는 육체적, 정신적, 그리고 경제적 상호관계라는 점에서 이는 아무리 사회부양 체제를 이상적으로 고안한다 하더라도 가족을 대신하기는 어렵다. 물론 가족제도는 인간생활을 묶는 데 많은 모순과 비판이 없는 것은 아니지만, 아직 이를 대신할 새로운 제도는 고안되지 못하고 있다. 그러므로 부모는 자식사랑을, 자식은 부모에게 효도를 할 수 있는 좋고 밝은가정을 소재로 한 작품들이 TV나 매스컴에서 많이 다루어지도록 해야 한다. 뿐만 아니라 청소년을 위한 효행·선행상 제도를 지방자치화 시대인 만큼 광범위하게 더욱 확산하여 전국적으로 보다 많은 올바른 청소년들이 육성되도록 좋은 토양을 만들어 줄 필요가 있다.

또한 매스컴에서 여러 가지 사회문제를 다룸에 있어서도 너무 어두운 면만을 보도하거나 편파적인 보도를 할 때도 NGO들은 감시기능을 강화해야 하며 미풍양속을 비롯한 밝은소식들을 많이 다루어 건전한 여론조성을 하도록 NGO들이 역할을 해주어야 한다. 예를 들면, 농촌에 노총각이 많다든지 혼인할 상대자를 찾지 못하는 사람이 많다는 것은 사회에 책임이 있는 것이다. 오늘날의 일부 독지가의 기여로 끝나지 말고 광범위한 사회적 관심 속에 NGO와 GO가 함께 성혼기회의 확대를 위한 대책마련을 제도적으로 강구 하는 것도 바람직 할 것이다.

무엇보다 더욱 중요한 것은 정치지도자, 교육자, 사회적 지도층에 호소하여 각종 교육과 정책 입안 시에 가정평화와 밝은 사회건설을 위한 정책을 최우선 과제로 선택하도록 여론을 조성해야 할 필요가 있다.

4) 가정에서 평화교육으로 밝은 사회의 터전마련

인간의 학습과정은 가족에서 시작된다. 아동은 형제자매나 부모와 같은 "의미있는 타자"와 접촉하면서 자아와 타인에 대해서 알기 시작한다. 이것은 모델링(Modeling)이라고 하는데 처음에는 모방(몸짓과 억양과 행동습관에 대한)을 통해, 나중에는 역할수행을 통해 아이가 제한적이지만 견고한 세계관을 형성할 때 생기는 것이다.

> 평화교육을 위한 가장 기본적인 방법론은 가족 내의 사회적 상호작용의 유형과 방식이다. …많은 문헌들은 부모와 아동관계의 스펙트럼을 포함하고 있으며, 가족 내의 폭력의 쟁점은 가족 내 평화교육의 쟁점에의 특별한 통찰력을 제공하는 것이다. 가족 내 폭력 행위가 세대 간에 전수된다는 것은 엄연한 사회적 사실로 존재한다. 폭력을 보거나 직접희생자가 되었던 어린이는 어른이 되었을 때 폭력적이 될 우려가 높다. 학대받는 아동은 자신이 자라서 아동을 학대할 가능성이 많다.9)

이러한 사실을 놓고 볼 때 평화는 있어도 좋고 없어도 된다는 선택의 문제가 아니라 당위적으로 있어야 할 필연의 요소이다. 우리 NGO 들은 각각의 NGO들이 어떠한 목적의 임무와 역할을 수행하던지 간에 우선 해당 단체조직원들에게 평화에 대한 교육을 시킬 필요가 있다고 생각한다. 괴테가 말한 "왕이든 서민이든 자기 가정에서 평화를 찾는 자가 가장 행복한 인간이다"라고 한 이 명언은 동서고금을 막론하고 인간의 궁극적 목적은 '가정의 행복'이라는 것을 인식케 해준다.

청소년과 관련한 많은 문제들—약물남용, 폭행, 총기휴대, 비행청

---

9) 한국여성개발원, 유네스코 한국위원회, p.221.

소년 등의 문제에 대해서 어렸을 때의 각종 평화교육을 통해 충분히 인식시키고 사회의 관심과 우리 NGO들이 솔선수범하여 그들을 사랑으로 거듭나게 하면 오늘날의 문제처럼 심각하지 않을 수도 있다고 생각한다.

　가정평화와 밝은 사회를 위해서는 무엇보다도 이러한 평화교육을 실제행동에 옮김으로서 가능하며 이는 가정교육, 학교교육, 사회교육, 종교교육 등을 통해 더 적극적으로 추진할 수 있을 것이다.

3장_동북아에서의 평화운동과 GCS 활동

1. 서론

평화는 삶의 생명이요 숭고한 가치로서 마음의 행복을 가져다주는 원동력이라고 할 수 있다. 이러한 의미에서 "문화교류를 통한 상생과 평화"를 기치(旗幟)로 내건 '세계문화오픈(WCO-World Culture Open)' 행사가 2004년 9월 9일 미국 뉴욕에서 개막되었고, 12일에는 서울대회가 시청 앞에서 17-18일에는 평양에서 그리고 19일에는 판문점에서 폐막을 하게 된 것은 매우 고무적인 일이었다고 생각된다.

지금도 세계는 끝없는 분쟁이 일어나고 있으며 수많은 생명이 포로로 잡혀있어 인권이나 인간존중은 한낱 구호에 그치고 있는 실정이며 핵전쟁의 위험, 각종 폭력, 사회불안, 각국의 분쟁 등 보이지 않는 전쟁(invisible war)을 하고 있다. 왜 그러한가? 여러 가지가 있겠으나 무엇보다도 이는 물질문명의 한계점, 과학기술의 자기증식의 문제점, 배타적, 패권적 국가주의가 큰 문제라고 하겠다. 국가주의 사회는 우승열패, 약육강식의 세계이기 때문에 진정한 민주주의는 어렵다. 패권주의가 인류사회에 남아있는 한 만민이 자유롭고 평등하며 공존공영 하는 진정한 평화사회의 성취는 어렵다고 할 수 있다. 그러나 이러한 사회의 제 현상을 묵과할 수만은 없다. 선조에게서 물려받은 물질문명과 정신유산을 후대에 값지게 물려주기 위해서는 우리가 가지고 있는 무한한 능력을 창조적으로 발휘하여 평화스런 사회로 만들어야 한다. 일국(一國)의 사회평화가 아니라 온 인류가 평화를 추구해야 하는 세계평화라야 하며, 우선 동북아에서부터 평화사회를 이룰 수 있도록 해야 할 것이다.

밝은 사회운동은 인류사회가 안고 있는 문제점을 해결하고 상부상조하는 인류 공영·공존의 지구공동사회를 건설하자는데 목표를 두고 있으며 B.A.R Society를 추구한다. GCS 5대 운동은 건전사회운동, 잘 살기 운동, 자연 애호운동, 인간복권 운동, 세계평화 운동이다. 이 5대 운동 중에 건전사회운동, 잘 살기 운동, 자연 애호운동 3대 운동은 한국국민의 삶의 질을 높이는데 공헌을 했다고 할 수 있으며 현대사회의 제 문제를 치유하기 위해서는 평화운동과 인간복권 운동에 역점을 두어야 한다. 세계평화 운동과 거시적 평화운동은 유엔으로 하여금 세계평화의 날, 세계평화의 해 건의제정 등 많은 성과를 거두었다고 할 수 있으며 본문에서는 평화운동의 작은 실천에 중점을 두고자 한다.

특히 1999년에는 NGO세계대회를 공동주최하고 2004년에는 UN 평화공원기공식을 가진 GCS국제본부로서 전 세계의 GCS회원들과 '세계평화의 날' 35주년을 맞이하여 더욱 가치 있고 보람있는 평화운동을 추구하고 실천해 나아가야 할 과제를 가지고 있다. 따라서 본 연구는 동북아 사회에서 평화구현에 목적을 두고 GCS클럽의 활동 가능한 방안을 모색하는데 역점을 두고자 한다.

2. 평화운동의 추진이론: 평화. 평화운동

평화(平和)를 중국어로는 화평(和平)이라고 부른다. 이 '和'는 和順, 和協, 調和, 溫和를 뜻하고 '平'은 公平, 平等, 平易, 平衡을 뜻한다[1] 이처럼 평화의 주된 의미는 조화와 평형이라고 볼 수 있다. 조영식 박사는 平和의 본래의 의미는 和合과 고요함을 말함이요, 평등하게 화합하는 것을 의미한다. 그러나 屈從과 平定, 平穩과는 다르다[2]고 지적한다.

'戰爭論'의 장본인이며 전략연구가로 뛰어난 클라우제비츠(Karl Clausewitz)는 "모든 갈등이 없는 완전평화란 허상이며 우리가 생각하는 겉모양 평화(A semblance of peace)란 실제에 있어서 국가 간의 외교전, 문화전, 경제전이라는 보이지 않는 전쟁(Invisible war)—무기를 사용하지 않는— 등의 싸움상태인 것에 불과하다. 역사상 완전평화란 한 번도 실현된 일이 없다."[3]고 지적한다. 또한 Rodrigo Carazo Odio 전 코스타리카 대통령은 진정한 평화의 개념은 인류가 지속적으로 학습을 통하여 성취해야 하는 최상의 과업으로 간주되어야 한

---

1) 陳立夫, 孔孟學說中之和平, 孔孟月刊, 第十期, 頁3. 참조.

2) 조영식, '나의 世界平和白書', 『평화연구』제VI권, 제2호, 경희대학교 국제평화연구소, 1987년 12월, p.19.

3) 조영식, 1977재판, 『창조의 의지』, 을유문고 194, 서울: 을유문화사, p.62. 재인용.

다[4])고 주장한다. 이는 오랜 평화연구가 조영식 박사의 평화란 이루어지는 것이 아니라 추구하는 것이다. 라는 견해와도 일치한다고 생각한다. 평화란 이처럼 단기적으로 이루어질 수 있는 성격이 아니며 장구적인 세월을 필요로 하며 끊임없이 추구해야 하는 것이다. 그럼에도 불구하고 조 박사는 평화를 '생산적·발전적 평화'로 명명하고[5]) 이 생산적 발전적 평화는 인류가 살아가는 공동의 목표로 삼고 평화를 협화(協和)의 안정으로만 생각할 것이 아니라 '생산의 바탕'으로 생각하고 그 속에서 인류가 가진 모든 힘─즉 과학기술의 힘, 지식적인 힘, 조직의 힘, 관리능력, 정신력 등 의 모든 힘─이 대결·살상·전쟁을 위해서가 아니라 인류전체의 공동 발전을 위한 수단으로 운동을 추진해야 하며 그 주체는 '인간'이어야 한다고 역설한다.

본문에서의 평화란 갈등이나 분쟁을 힘에 의해서가 아니라 토론과 타협과 교류를 통해 해결하는 것을 말한다. 평화운동은 이러한 일련의 조직적인 활동을 전개하는 것을 말한다. 또한 본문은 적극적 평화를 중점적으로 논의하고자 한다.

---

4) H. E. Rodrigo Carazo Odio, "Peace-making and Global Civil Society in hte 21st Centry", July, 2, 2004. 9 특별강연.

5) 필자는 본문에서 평화의 많은 부분을 '생산적. 발전적 평화'라는 의미로 사용하고자 한다. 이 용어는 조영식 박사의 '창조의 의지'에서 빌려왔다. 적극적 평화와 소극적 평화의 개념을 뛰어넘어 인류의 평화의식개혁에 명확한 설명을 제공해 줄 수 있기 때문이다. 지난 2000년 목요세미나 발표에서 '밝은 사회운동을 통한 세계평화'의 주제로 평화에 관해 포괄적으로 다룬 적이 있으며, 이번의 연구는 평화운동의 실천에 중점을 두고 연구하고자 한다.

3. 적극적 평화, 평화운동의 주체 및 추진 방향

일반적으로 평화의 개념은 소극적 평화(negative peace)와 적극적 평화(positive peace) 로 구분하는데 소극적 평화란 전쟁이 없는 상태를 말하며 대표적 이론을 Galtung에서 찾을 수 있다.[6] 이와는 대조적으로 적극적 평화란 간단하게 정의하기가 쉽지 않다. 적극적 평화는 전쟁의 원인들을 제거하는 평화로서 이것은 휴전이 아니라 관계의 변화이다. 적극적 평화 속에서 각 국의 군대는 서로 싸우지 않는데 그치지 않고 군비증강을 중단하고 국내의 반대세력에 대한 저격조 편성을 중단하며, 또 전쟁으로 이어지는 사회적 갈등의 요인으로 여겨지는 경제적 착취와 정치적 억압을 중단 한다.

적극적 평화를 옹호하는 사람들은 사회적 경제적 쟁점들이 평화와 불가분의 관계를 가진 것으로 본다. 학자들은 빈곤, 기아, 억압을 일종의 폭력으로 간주한다. 이러한 폭력은 구조적 폭력(structural violence)이라 부르는데 왜냐하면 이 폭력은 사람을 총으로 쏘는 것과 같은 직접적인 정치적 폭력보다 더 많은 사람들을 죽이고 해친다. 때문에 적극적 평화를 정의할 때 구조적 갈등을 전쟁의 한 원인으로 간주하여 이의 제거를 포함시키는 경우가 많다.[7] 또한 적극적 평화론자들은 사회적 변혁을 위한 다양한 접근을 시도하고 있다. 예컨대 갈등해결수단으로서 전쟁이 아닌 다른 대안적 해결방안의 모색, 평화운동과 정치활동을 통한 대중의 대정부 압력행사, 폭력사용

---

6) John Galtung, 'Peace Research: Past Experiences and Future Perspectives', Peace and Social Structure Essays in Peace Research, vol. 1, Atlantic Highland: Humanities Press, 1975-85, pp.244-252.

7) Joshua S. Goldstein 지음, 김연각. 김지국. 백창제 옮김, 『국제관계의 이해』, 인간사랑, 2004. pp.180-181.

에 반대하는 규범의 강화, 민족적, 인종적, 종교적 경계를 넘어서는 국제적 혹은 지구적 일체감의 개발, 사회의 경제적, 사회적, 정치적 영역에서 평등한 관계의 정립 등이 포함된다. 많은 사람들은 인종적 갈등, 인종주의, 외국인 혐오증, 기타 상이한 문화, 언어, 종교를 가진 집단들 사이에서 존재하는 긴장의 요인 등을 모두 극복할 수 있어야 적극적 평화가 가능하다고 본다.

집단 간의 갈등에 대한 또 다른 접근은 평화교육과 교육제도의 개혁이다. 평화교육은 단순한 평화연구가 아니라 하나의 새로운 학문을 발전시키는 것이다. 이 새로운 학문의 중요한 목적은 국제사회의 협력을 촉진하고 평화와 진보를 위협하는 상황을 제거하기 위하여 평화에 대한 연구, 교육, 전파와 자유로운 탐구를 위하여 전 세계 인류의 서로에 대한 지식과 상호이해, 관용, 평화공존에 기여하는 것이다.[8] 교육제도 개혁의 예는 2차 세계대전 후의 서유럽 각 국은 지나친 국수주의적 요소를 삭제하고 이웃나라들에 대한 존중을 강조하는 방향으로 교과서를 개편하였다.

이상에서 살펴본 바와 같이 소극적 평화관은 전쟁이 없는 상태를 말하지만, 반면에 적극적 평화관은 인간의 기본적 욕구를 충족시키며 인간을 존중하고 개인, 집단, 국가의 평등 및 발전과 가치실현을 가능케 하는 정의로운 지구공동사회(Global Common Society)를 이루어 가는 것을 말한다. 본 논문에서는 적극적 평화에 대해 중점적으로 다루어 보고자한다.

본 논문의 범위는 동북아를 중심으로 한다. 동북아에는 다양한 수준의 갈등과 긴장관계가 조성될 수 있다. 동북아의 평화운동은 국제

---

8) H. D. Rodrigo Carazo Odio, Peace-making and Gloval Civil Society in the 21st Century. July 2, 2004. 특별강연, p.9.

연대를 통해 정보공유와 교류협력의 네트워크를 구성하여 평화의 양과 질을 점차적으로 높여 가야한다.

평화운동의 기본방향은 전쟁방지라는 소극적 측면으로서의 반전운동, 반핵 운동 등을 추진하면서, 적극적으로는 인도적 내지는 맹목적인 견지에서 관념적으로 전쟁을 반대하는 것만으로 그치지 않고 보다 구체적인 방안을 가지고 인류세계에 평화가 정착될 수 있도록 하는 전쟁의 원인을 제거시키는 방안이다. 이 두 가지는 서로가 별개의 것이 아니라 상호 병행된 복합적인 형태로 추구되어야 한다.

그러나 무엇보다도 평화운동을 전개하는 기본인식의 하나는 '인간존중' 풍조가 범인류적으로 일어나야 하며[9] 또한 인간은 본연의 마음을 되찾아야 한다. 사람이 동물과 다른 점은 본능에 의해서 행동하지 않고 理性에 의해 결정된 의사에 따라 합규범적·합목적적으로 행동하는데 있다. 그러므로 개인의 평화뿐만 아니라 국제사회의 평화를 위해서는 '인간본연의 마음'이 중요시되어야 한다.

본 연구는 평화를 실천하기 위하여 구조적 폭력의 하나인 빈곤문제와 사회구성원들의 의식형성에 변화를 주는 교육문제 그리고 평화연대활동에 대해 평화를 실천할 수 있는 방안을 모색해보고자 한다.

특히 평화운동을 GCS 활동차원에서 어떻게 연계할 수 있는가 하는 데 역점을 두고 논의해보고자 한다.

---

9) 조영식, 『창조의 의지』, pp.63-64.

4. 동북아에서 평화운동의 실천방안모색

1) 교육을 통한 평화의 실천

교육이란 인간에게 지식과 기술을 가르치기도 하지만 보다 중요한 교육의 역할은 현대교육이 소홀히 하고 있는 인격도야(人格陶冶)에 있다.

평화교육은 시민들이 공유할 수 있는 보편적 가치를 바탕으로 해야 하는데 그것은 첫째, 평화와 협력, 둘째, 인권 및 자유, 셋째, 환경보전과 공해방지, 넷째, 빈곤퇴치와 인권신장이라는 가치이다. 이 네 가지 가치는 문화와 이념과 정치 체계가 다르더라도 인류의 보편적 가치로 추구되어야 할 가치들이다.

지구공동체교육과 평화교육을 포함하는 세계시민교육은 초·중·고등학교의 역사, 지리, 사회, 윤리 과목들을 통한 학교교육에서 체계적으로 실시되어야 한다.

기존 교육과정 체계 안에서는 평화 교육적 내용을 다룬다는 것이 쉽지는 않지만 다양한 대안적 방법을 모색해 볼 수 있는데, 우선 교육과정 개편 안에 따라 독립 교과로 편성해 볼 수 있는 방법, 둘째는 핵심교과로서 모든 교과의 토대가 되는 기본 철학으로서 평화교육이 뒷받침되는 안, 셋째는 방과 후 특별활동이나 수업 전 혹은 수업 후 즉 조례, 종례 시간의 특별활동 및 상담시간을 통해 학부모의 협조를 구해서 실시하는 방법 등이 있다. 여기서는 무엇보다도 교사의 자발적 참여와 책임감이 제일 중요하다. 이를 위한 교원연수나 학부모 연수 프로그램이 필요하다.

그럼에도 불구하고 학교의 규제와 갈등하는 경우 학교장과의 갈등이 매우 심각하다. 학교장은 실제 교사에 대한 평가를 매기는 행정적 권한 자이기 때문에 규제완화를 위한 대립은 간혹은 불가피하다. 또한 교과목 교사간의 갈등 역시 불가피하게 노출된다. 결국 평화교육을 실현하기 위해 불가피한 학교 내 다양한 이해 집단 간의 갈등을 어떻게 평화적 방법으로 해결하느냐는 구체적인 평화교육의 주제이다.

대학교육에 있어서 평화교육은 평화 지향적 인간을 키우는데 중점을 두어야한다. 대학에 있어서 수업의 목적은 단순한 지식의 기억과 전달이 아니고 학생들 자신의 이성을 자극하여 참다운 인격이 계발되도록 하는데 있다. 그러므로 대학은 '평화 지향적 인간'을 키워야하는데 목적을 두어야 한다. 이 '평화 지향적 인간'을 키우기 위해서는 대학은 전인적 인간, 사회적 인간, 민주적 인간의 세 가지 인간형을 기르도록 해야 한다. 특히 관용과 이해와 협동을 앞세우며 타인과 사회에 봉사할 줄 아는 인간을 양성하는 것이 중요하다.[10]

아주 작은 평화의 시작은 생활 속에서 이루어질 수 있다. 서로 인사하기, 작은 친절 베풀기, 남을 배려하기 등. 그러나 우리가 추구하는 GCS평화는 굴종의 평화가 아니라 생산적·발전적평화이며 이의 실현은 참된 '인간주의'가 보편화됨으로써만이 이루어질 수 있고 그럴수록 대학과 지성인의 사명은 중차대하다. 또한 대학이 생산적·발전적 평화를 건설하는 역군을 길러내도록 해야 하는 것은 대학이 배출하는 지성인들은 사회 각 계층뿐 아니라 국제간의 협회를 조성하는 소양과 능력을 가짐으로써 평화세계의 초석이 될 수 있을 것이다. [11]

---

10) 조영식, '세계평화와 대학의 사명', 『아름답고 풍요하고 보람있는 사회』(제3권), pp.956-957.
11) 위의 책. p.952.

평화복지대학원은 그동안 1년에 한 차례씩 평화포럼, Mock Cabinet, Model UN 등 다양한 활동을 통하여 지도자로서의 자질을 함양하고 평화지향적인 인간으로서 수양을 하고 있다. 이 시점에서 새로운 도전정신으로 좀더 특성화된, 평화복지대학원 학생들의 역할을 모색해보는 것은 시대정신에 부합 될 수 있다고 생각한다.

신문과 방송, 출판매체를 통한 사회교육의 역할도 중요하지만 무엇보다도 세계시민의식을 키워 가는 것이 보다 효과적일 수 있다. 민주시민교육의 의미는 필수적으로 세계 시민적 자질을 요구한다. 이는 세계시민의 관점에서 생각하고 행동할 수 있는 열린 마음과 문화의식을 지니고 구체적 활동에 참여하려면 국제적 의사소통능력을 갖추는 것이 필요하다. 그것은 외국어 구사능력과 더불어 논리적 사고 및 표현능력, 외국 및 국제관계에 대한 지식, 외국인과의 감정이입 능력 등을 키워나가는 것도 포함된다고 하겠다.

GCS 여성클럽연합회에서는 여성신문사, 타 여성단체와 공동으로 '한중여성 양국언어 이야기대회'를 개최하고 주제는 효(孝), 밝은 사회 만들기를 선정하여 두 나라의 언어, 생활풍습 등을 이해하는 계기가 되었으며 각계의 좋은 반응을 얻었다.[12] 이외에도 평화 콘서트, 음악회, 베세토(BESETO) 전시회 등 평화정신과 각국가의 평화문화를 함양하고 동북아의 각 국가를 이해하는데 교류활동은 대단히 중요하다고 하겠다.

---

12) 동아일보, 2003. 6. 24. "한중양국언어이야기 대회 성황리"— 대상수상자 한국어는 중국대사관 삼등서기관 필홍근이, 중국어에는 진여옥 씨가 각각 영예의 수상을 했다. SBS 라디오 손숙—이완기 씨 진행의 프로그램에서도 관련보도를 방송했다. 2003. 6. 23. 09:00-09:10.

2) 빈곤극복, 전문인력양성과 필드워크의 평화운동 모색

빈곤문제는 구조적 폭력이나 분쟁의 요인으로 평화사회에 직간접으로 영향을 미칠 수 있다. 개발도상국은 1970년대를 통해 평균50% 가까운 GNP 성장률을 달성하고 에너지, 공업, 농업, 무역 등의 각 분야에서 눈부신 약진을 이루었다. 그럼에도 불구하고 이들 도상국에 공통되어있는 것은 빈곤, 억압, 인종차별, 사회적불공정으로 개발의 척도라고 불리워져 온 안전, 복지, 동일감, 자유라는 기본적인 인간생활의 충족조건을 결여하고 있는 것이다. 이러한 조건을 결여하는 한 대중에 의한 평등화의 요구가 사회, 정치운동으로서 분출할 가능성을 부정할 수 없다. 그것은 전쟁이 없어도 분쟁이, 그리고 분쟁에 이르지 않는 경우라도 국내적인 알력과 마찰이 항상 존재하고 있다는 것을 의미한다.

우리나라도 60-70년대에 보릿고개를 거쳤고 대부분의 가정이 평균적으로 잘 살지 못했기 때문에 가난을 뼈저리게 느끼는 시대를 겪었다. 그러나 지금은 상대적 빈곤은 큰 폭으로 나타나지만 과거보다는 비교적 부유한 생활을 하고 있다고 하겠다. 한국은 잘 살기 운동을 거치면서 개발도상국가의 단계를 넘어 동북아에서는 4마리의 용이라는 칭호까지 받았다. 이 과정에서 밝은 사회 운동이 전개한 '잘살기 운동'은 국내외로 커다란 영향을 미쳤으며, 이 밝은 사회 운동은 새마을 운동의 전신이라고 할 수 있다.[13]

지금까지 밝은 사회 국제클럽 국제본부, 한국본부 및 단위클럽에

---

13) 조영식 박사는 '우리도 잘 살 수 있다'는 저서를 통해 한국국민의 실질적인 삶의 질을 개선시켰고 이는 故 박정희 대통령의 '경희대 격려'라는 친서와 함께 새마을운동으로 이어지는 데 커다란 역할을 하였다. 자유중국 국립대만대학교의 趙永武 교수는 한국의 새마을 운동을 연구한 후 그 장점을 대만의 경제개혁모델로 도입하여 활성화하였다.

서는 국내외에 빈곤구호, 사회복지를 위해 수많은 지원을 해왔다. 빈곤구호지원방식으로 국내에서는 불우이웃돕기, 장학금지원(정기적, 부정기적), 무료 의료봉사, 치과 스케일링, 노력봉사(복지관 노인 머리 깎기, 씻겨주기)등을 실천하였다. 국외 지원활동은 원전 피해 아동 돕기, 소말리아 기아 아동 돕기, 인도(印度)의 수해지원을 위해 밝은 사회 클럽이 전국적으로 모집한 수천 상자의 의복지원 및 어린이 분유지원 현금 등을 현지에서 전달하였다. 이러한 구호지원은 각 단위클럽, 연합회, 국가본부 등 수많은 회원과 임원이 지금까지 실천에 옮겨왔으며 계속 추진 해오고 있는 역시 대단히 중요한 지원 중의 하나라고 할 수 있다.

대만, 일본, 중국의 GCS클럽의 활동에 대해서는 오토피아 이론의 동북아시아의 수용에서 상세히 고찰한바 있으므로, 제1부 3장을 참고하기 바란다.

개발NGO 이론에 따르면, 각 NGO의 활동영역, 활동형태, 활동목적에서 구호복지 혹은 빈곤구호는 개발NGO의 중요한 범주를 차지한다. 최근 GCS한국본부에서도 해외에 활동을 하고 있다.

실제사례를 들면 밝은 사회 중앙 클럽에서 중국 연변에 있는 밝은 사회 광명 클럽회원들에게 소와 오리를 사서 나누어주고 그들이 이를 길러서 그 수익금으로 개인, 마을, 혹은 지역 사회가 발전할 수 있도록 돕고 있으며 상당한 효과를 가져 오고 있다. 초기에 양 200마리를 사준 것이 빠른 속도로 1,000여 마리로 증가하였으며[14] 또한 카자흐스탄에도 중앙클럽에서 GCS지도자 연수원 준공식을 가졌으며 이는 앞으로 밝은 사회 카자흐스탄클럽이 자립경영을 해나갈 수 있는 기초를 마련해 줄 수 있을 것이다.

---

14) 한국본부 신대순사무총장 방문대화. 2004. 9. 30.

이러한 사례는 GCS 한국본부 및 단위클럽 등에서 구호지원을 통해 지역주민으로 하여금 빈곤을 해소시켜 안정되고 평화스런 생활을 해나갈 수 있는 좋은 사례로서 GCS 회원과 그 지역주민의 소득 증대 향상 및 지역 경제 활성화에 일조를 할 수 있다고 하겠다. 또한 이러한 사례가 계속 성공을 거두고 다른 나라로 확산되어나갈 때 GCS 클럽에서도 개발NGO분야의 역할에 동참할 수 있을 것이다. 그러나 타 NGO 단체의 활동과 비교해 볼 때[15] 차별성이 현저하게 나타나지 않아 현재로서 개발NGO와 관련하여 과감한 변화를 가져올 수 있도록 하는 것은 매우 필요한 사안이라고 본다. 앞으로 한국 본부가 추진해온 각종 활동과 빈곤구호 활동을 병행해나가거나, GCS 특화사업 혹은 점차 기술혁신지원방식으로 전환시켜 나감으로서 빈곤극복으로 평화터전을 만드는 기틀을 마련할 수 있을 것이다.

평화운동을 실천하기 위한 다른 한 방안으로 전문 인력 양성 및 필드워크를 실천에 옮겨 볼 수 있다.

GCS 국제본부나 각 국가본부 및 한국본부에서 단위클럽의 임원이나 회원들로 하여금 5대 운동중의 '세계평화 운동'의 실천을 위한 전문 인력을 양성하는 일을 대단히 시기적절하고 바람직하다고 생각한다. 밝은 사회를 창립한 조영식 박사와 77인의 발기인, 그 시기에 함께 세계평화의 날 건의 제정 및 각종 크고 작은 일을 추진해온 사람들(각 국가본부 및 단위클럽의 창립회원 포함)을 'GCS 운동 1세대'라고 한다면 그 이후에 이 운동에 동참하여 현재 활동 하고 있는 모든 사람들을 'GCS운동 2세대'라고 부를 수 있을 것이다. 영원불변

---

15) 각 NGO단체의 사업이나 활동은 아동인권, 해외구호, 교육개발, 평화, 환경 등 정체성이 뚜렷하게 나타나는데 비해 GCS 클럽은 정체성이 명확하지 않다고 할 수 있다. 관련문헌: 하영애, "새로운 시대에 접근하는 시민단체의 역할－밝은 사회, 라이온스, 로타리, JC의 사회봉사에 관한 실증적 연구"(1997년 한국 학술진흥재단 연구비 연구)

한 것은 아무것도 없다. 밝은 사회 운동에 대한 20-30여 년 전의 여러 가지 중요하고 값진 기억이나 커다란 업적, 공헌들은 세월 속에, 시대의 흐름에 따라 점차 잊혀 가고 현존해있는 우리들의 뇌리에서도 점차 희미한 기억으로 남게 된다. 이러한 활동이나 업적이 계속적으로 이어지고 반복되어 GCS의 역사가 더욱 빛을 발휘할 수 있도록 5대 운동 중에 평화운동과 인간복권 운동은 꾸준히 연구 추진되도록 해야 하며 평화활동가, 평화전문 인력양성, GCS 정예원 배출은 더 이상 늦추어서는 아니 될 것이다.

교육기관으로서는 유일하게 유네스코 평화교육상을 수상한 평화복지대학원은 젊은 지도자를 양성하는 목적으로 설립되었으며 평화안보학 과정이 있고 학생들은 외국어(영어)를 능통하게 구사하는 장점을 가지고 있다. 이들 중 적지 않은 학생들은 장래 해외에 나가서 국제기구에서 일하거나 평화 관련 일을 하고 싶어 한다. 또한 GIP-GCS클럽에서 밝은 사회 활동을 해온 경험을 가지고 있으며 우리가 추구하는 오토피아 건설 및 제2르네상스 차원에서 필드워크를 해볼 수 있을 것이다. 그러므로 평화복지대학원 학생들의 인턴십 기간 중에 평화활동을 접목시켜 평화운동을 실천하는 것도 바람직 하다고 하겠다. 아프리카, 카자흐스탄, 케냐, 중국 연변 등으로 평화교육 혹은 평화봉사활동의 필드워크를 통해(약간의 GIP학생들은 미국, 아프리카 등에서 평화봉사 활동을 수행하여 값진 경험을 얻었음) 평화운동의 이론과 실습을 체계적으로 발전시키는 방안은 대단히 가치 있는 활동이 될 수 있을 것이다.

어느 학자는 GCS운동을 연구한 뒤 이 운동이 가지고 있는 여러 가지 장점들을 제시한 후 보다 바람직한 사회운동으로 발전할 수 있는 대안을 제시하였다. 즉, GCS 운동의 이념과 사회적 목표는 이 운동의 주창자인 조영식 박사의 심오한 철학과 그의 인간관과 역사관과 세계관을 반영하는 것으로서 미래지향적이고, 인간 중심적이고 도덕주의적이고 지구주의적인 운동목표를 제시하고 있는 것으로 보인다. 아마도 다른 어떤 시민단체도 이 정도의 완벽한 운동목표를 가지기는 어려울 것이다―그러나 본 GCS 운동의 취약점은 구조―제도개혁을 위한 프로그램 결여에 있는 것으로 보인다.16)

인류사회재건연구원의 활동프로그램으로 평화운동실천을 제의해 본다. 인류사회재건연구원은 그 명칭에 걸맞게 조직구조면에서도 다양한 인력풀을 가지고 있다. 산하에 5개 연구소가 있으며 구성원의 전공분야별로 보면 정치학이 17명으로 가장 많고 사회학 6명, 행정학 3명, 사학 2명, 어문학 3명(영어학, 국문학, 문학), 컴퓨터공학 경영학이 각각 1명이다. 더 구체화하면 국제정치, 정치이론, 비교정치, 철학, 사상, 법, 역사, NGO, 문학, 컴퓨터, 경제경영 등 세분화할 수 있으며 30여 명의 박사군단들로 구성되어있었다.

물론 인류사회재건연구원은 HCUGP의 목표달성을 위해 다양한 분야에서 꾸준히 노력하고 있으며 밝은 사회 국제본부(한국본부, 밝은 사회 연구소), 국제평화연구소 등 단독으로 혹은 공동으로 세계 평화의 날 기념식 및 국제학술회의를 개최하고 있는데 1982년 9월 16일-18일 "제1회 국제평화학술회의"의 개최를 시작으로 2003년까지 거의 매년 기념식과 국제학술회의를 개최하였다. 그 외 평화백과사전발간 등 거시적 차원의 국내외에 커다란 공헌을 하고 있다. 그러나 이러한 오랜 평화연구와 평화운동이 그 주체적 역할을 수행하기 위해서는 모든 NGO를 대표할 수 있는(United NGO) 지속적이고

---

16) 이상주, "국제이해 및 교육에 대한 전체론적 접근", 목요세미나 제3권 2000년, 인류사회재건연구원, pp.215-216.

합리적이며 모든 NGO들이 함께 공동 참여할 수 있는 '한반도 평화통일'의 거국적인 프로젝트사업을 Peace making 하고 작은, 구체적인 평화실천사업부터 착수해야 할 것이다.[17]

평화는 조영식 박사의 오토피아 사상 중 주류를 이루고 있으며 수많은 저서에서 평화에 대한 중요성을 강조하고 있다. 일례로 평화의 탑을 세우고 '평화는 개선보다 강하다'라는 의미 있는 문구를 새겨 넣었다.

이 평화사상을 펴나가기 위해 오랫동안 잠재역량을 키워오던 인류사회재건연구원의 경희학파(慶熙學派)를 태동시키고 그 역할을 모색해보는 것은 어떨까. 연구원의 구성원들은 미국, 영국, 독일, 중국 등 유학생활을 통해 각 국가의 문화 관습을 익히고 체험한 경험을 가지고 있으며, 뿐만 아니라 인접지역 일본, 대만, 중국과는 조 박사를 비롯한 연구원의 많은 학자들과의 지속적인 방문교류를 통하여 회합, 세미나 개최, 상호 자료 교환 등을 해오고 있다.

경희학파가 태동하려면 그 역할이 모색되어야 한다. (역할이 만들어지고 학파를 구성할 수도 있겠지만) 우선 중장기전략(middle-and-long-range strategies)을 기획하고 그중의 하나로 평화학술연구의 활동프로그램을 시도해보는 것이다. 즉, 연구원(경희학파)의 우선업무나 연구 계획 중에 평화연구를 중점화하고 평화전문가, 평화활동가를 배양하여 그 역할수행으로 각 국가의 평화 관련 연구소나 대학에 가서 강연, 논문발표, 세미나 패널구성, 관련학자와의 상호교류방문 혹은 UN 평화공원, Global NGO Complex 연구 및 논의 등 다각적인 실천을 해 볼 수 있을 것이다. 이외에 평화대사, 평화사절단 역할을 모색해 볼 수도 있을 것이다.

---

17) 하영애, "밝은 사회운동을 통한 세계평화 운동", 목요세미나 제3권 2000년, 인류사회재건연구원.

인류사회연구원 구성원은 대부분이 전문직에 봉직하고 있기 때문에 필요한 방문기간 혹은 파견시간 할애는 연구원과 관련부서가 협의하면 가능할 것이며 실천의지(實踐意志)가 가장 중요한 관건이 될 수 있을 것이다. 강의와 연구에 전념하던 학자들이 행동으로 실천하려고 할 때 서먹한 점도 있을 것이지만 의지와 열정을 가지고 새로운 시대정신(時代精神)으로 과감히 추진해보도록 해야 할 것이다. 이는 그동안의 평화업적에 비해 오히려 때늦은 감이 없지 않다. 이는 현대사회에 대단히 필요한 시대정신이 요구하는 우선적 가치이다. 이는 또한 세계대학총장회의의 결의로 인류사회재건연구원이 설립된 취지와도 부합하며 세계평화의 날 35주년에 즈음하여 새로운 출발에서도 중요한 의의가 있을 것이다.

3) 동북아 NGO 연대를 통한 평화운동모색

'동북아 NGO'활동을 통하여 동북아 국가의 시민사회 단체들의 공동 관심사를 찾고, 상대적으로 저하된 시민사회의 위상을 높이고 인류의 올바른 방향을 모색하기 위하여 '동북아 NGO네트워크' 혹은 '동북아 평화NGO 연대' 방안을 모색하는 것은 바람직하다고 하겠다.

동북아 평화NGO단체로는 일본 소카대(Soka University)평화연구소와 아프리카 아시아인 연대기구(Africa-Asian People Solidarity Organization)가 있다. 아프리카, 아시아인 연대기구는 일본 내에 커져 가는 평화운동에 대한 일본인들의 강한 저항감을 설명하고 외국군기지 없는 세상을 만들기 위한 전 세계인들의 연대를 주장한다.[18] 일본의 평화

관련 NGO 단체는 17개가 있으며,[19] 조직적 유연성과 평등성을 위하여 관료적 행정이나 피라미드식의 위계질서를 지향하고 횡적인 네트워크 방식을 선호한다. 일본 국내에서 지역별로, 대상지역이나 나라별로 26개의 네트워크가 형성되어 있다.

한국 NGO는 서구와 비교하여 역사가 그리 길지 않으나 많은 활동을 하였으며 최근에는 선거감시 기능을 강화하고 있는 참여민주사회시민연대(참여연대), 경제정의 실천시민연합(경실련), 한국 여성단체협의회, 한국 여성유권자 연맹, 한국 여성단체 연합 등을 비롯하여 대표적인 국내 NGO는 100여 개 단체가 있다. 그중에서 평화관련 NGO 단체로서는 '99서울NGO 세계대회'를 공동 주최한 밝은사회국제본부(GCS International), 우리민족 서로 돕기 운동본부, 재단법인 바하이 한국 중앙회, 한국 종교인 평화회의, 국제인권 옹호한국연맹, (사)평화를 만드는 여성회, 세계평화 여성연합, 자주평화통일 민족회의 등이 있다. 특히 일본의 평화 관련 주요단체는 특히일본의 히로시마 평화문화재단(Hiroshima Peace Culture Foundation)과 한국의 국제평화연구소(The Institute of International Peace Studies: IIPS)는 다양한 활동을 하고 있는 중요한 단체로 꼽히고 있다.

GCS 클럽의 평화 관련활동들은 그 회수나 규모에 있어 관록할만하다. 오페라를 3차례 공연했는데 공연제목으로 평화의 날 기념 '돈파스칼레'(86.5.14-16, 세종문화회관), '원술랑'(86. 7. 29-30, 세종문화회관), '원술랑'(2001. 예술의 전당)을 국내에서 개최했고, '춘향

---

18) '평화보트, NGO의 활동'은 항해하는 동안 각 참가자에게 평화와 인권, 환경 등의 문제를 논의할 수 있는 포럼을 제공한다. 이 NGO는 15년 동안 25번의 항해를 가졌으며 2000년 1월 16일부터 4월 14일 까지 남반구 세계순항이 이루어질 계획이라고 한다. 1999.10.13. NGO대회 시 '평화를 향한 항해—미래의 평화를 위한 지난 시도들에 대한 회고' 주제발표 참고.

19) 『일본 NGO 연구』, p.39.

전'(87.2 뉴욕 퀸즈대학)을 뉴욕에서 개최했으며, 평화의 날 제정기념 대 음악제를 5차례이상 개최했는데 (1982년, 1984년, 1986년, 1991년, 2003년) 특히 세계평화의 해가 선포된 86년 5월13일에는 'UN 평화기금 모금 자선음악회'를 개최하고 수익금을 UN에 전달하여 평화에 대한 GCS회원들의 정성과 염원을 표시하기도 하였다.

특히「국제 밝은 사회 평화재단」에서는 평화에 공적이 많은 사람들의 공적을 기리고 더욱 평화스런 세계를 추구하기 위하여 '세계평화 대상'을 제정하고 1996년과 1998년에 제1,2회 수상자를, 2004년에 제3회 수상자들을 선정 시상하였다.[20] 무엇보다도 유엔이 "세계 평화의 날" "세계 평화의 해" 선포에 관한 공로는 한국의 밝은사회 국제본부 조영식 총재의 세계평화를 이루고자하는 간절한 염원으로 이루어졌다고 하겠다.

동북아 NGO단체는 평화와 관련한 무엇을 하기를 원하는가? 각각의 NGO는 그들 단체의 특성이 있으며 그를 위해 노력하고 있다.

앞으로 밝은 사회 클럽에서 GCS운동 중 평화 관련사업을 특화하는 방향으로 진전되어나간다면, 그 방향으로 한반도의 평화통일을 위해서 국내NGO, 동북아NGO가 연대를 이루어 추진해 나간다면 큰 힘을 발휘할 수 있을 것이다. 또한 남-북한 통일문제나 중국-대만문제에 아프리카·유럽 등 각 지역NGO가 전 세계적 연대망을 구축할 때, 그리고 이러한 NGO의 단합 외에 정부, 국가와 새로운 UN(Pax-UN)이 협력할 때 가능할 것이다.

---

20) 제1회 수상자는 전 UN사무총장 부트로스 부트로스갈리.
    제2회 수상자는 역시 전 UN사무총장을 역임한 드 케야르 씨가 수상하였다.
    제3회 수상자는 전 코스타리카 대통령 카라조 오디오 씨와 일본의 이케다 다이사쿠 씨가 수상하였다.

5. 결론

GCS 운동은 1978년 창립하여 근 40여 년간 이 클럽 창립자의 이념(사상), 구조(조직), 실천(행동)을 통하여 국내외에 커다란 공헌을 하였다. 대표적으로는 세계평화의 날, 세계평화의 해 건의제정, 일천만 이상가족 찾기 서명운동, 8.15 인간 띠 잇기, 세계평화백과사전 발간, 수십 년간 평화의 기념식 및 평화 관련 국제세미나 개최 등이다. 이러한 평화사업이나 행사에 대해서 국내에서 보다는 국외에서 더욱 알려져 있다고 하겠다.

본 연구의 초점은 GCS 5대 운동 중에 평화운동의 실천에 역점을 두고 살펴보았다. 교육을 통한 평화의 실천으로는 세계시민교육의 기본 인식하에 초·중·고 학교 교육에서 체계적으로 평화교육이 실시되어야 함을 강조하였고, 대학교육에서는 평화 지향적 인간을 키우는 데 중점을 두고 관용과 이해와 협동을 앞세우며 타인과 사회에 봉사 할 줄 아는 국제적 시민의 소양을 갖도록 하는 것이 필요하다고 제시하였다.

GCS국제본부와 GCS한국본부, GCS 단위클럽에서는 빈곤구호, 사회복지지원및 각종 봉사활동을 국내외에 조용히, 꾸준히, 성실히 추진해 오고 있다. 한국본부를 중심으로 실천하고 있는 중국연변의 잘 살기 운동사례나 충남당진클럽의 집 지어주기 등 최근에는 개발 NGO 유형의 하나로 구호지원을 하고 있다. 예를 들면, 2015년 5월부터 전국의 단위클럽을 통하여 모금한 14,469,880원을 지진피해로 고통받고 있는 네팔의 이재민에게 전달한 것을 비롯하여, 2005년 스리랑카 지진해일 피해성금 모금, 2009년 중국사천성 지진피해 아동

돕기 사업, 2010년 아이티공화국 지진피해선금 모금, 2011년 후쿠시마 지진피해성금 모금 사업을 전개한 바 있다.[21] GCS 활동은 5대 운동에서 보여주는 것과 같이 일괄되게 하나로 모을 수 없는 특성이 있기 때문에 현 단계에서 GCS 운동을 개발 NGO로 급속하게 전환시키기에는 인적으로나 물적으로 무리가 있을 수 있다고 생각한다. 그러나 어떠한 운동이나 조직이 그 역할을 제대로 하기위해서는 특성화 해야만 그 본래의 목적에 가속력이 붙어서 더욱 빛을 발할 수 있다. 그러므로 평화운동의 내실화를 위해서 평화활동가, 평화전문가를 선발배출하여 그 역할을 부여하고 필드워크 등을 통해 평화연구와 활동이 궤도에 오르도록 한다면, 그리고 이를 지속화 하여 추진해 나간다면 평화운동과 GCS 운동은 지구협동사회, 오토피아사회를 연결하는 초석이 될 수 있을 것이다.

따라서 현시점에서 이는 시작에 불과하지만 좀 더 역량을 집중하여 국외의 개발NGO로서의 방향전환을 시도해 보는 것은 대단히 바람직하다고 생각한다.

평화운동을 실천하기 위한 전문 인력 양성과 필드워크에서는 GCS 국제본부와 한국본부 혹은 단위클럽회원, 평화복지대학원 학생, 인류사회재건연구원, 목요 클럽 회원 등을 주요 대상으로 할 수 있다. 특히 慶熙學派의 역할모색으로 '평화 운동 연구 및 평화활동가' 배양을 제기해보았다. 평화의 실천을 위해서는 GCS 운동을 통하여 평화운동을 확산시킬 수도 있고 반면에 평화운동을 통하여 GCS 운동이 확산될 수도 있다. 중요한 것은 이러한 평화운동의 장단기 전략을 세워 지구협동사회, 오토피아사회를 앞당길 수 있도록 해야 할 것이다.

동북아 평화NGO로서는 일본의 아프리카·아시아인 연대기구

---

21) 밝은사회 국제클럽한국본부, 『밝은사회 GCS』, 2015, No.2 vol.43, p.15.

(Africa-Asian People Solidarity Organization), 평화보트, 평화문화재단, 한국의 국제평화연구소 (The Institute of International Peace Studies: IIPS), 중국인민 평화군축쟁취협회가 있다. 이들 NGO 들은 각기 역할을 가지고 있지만 자신의 영역을 넘어서 타 운동과의 상호작용을 통해 자발적인 평화연대를 발전시킬 수 있도록 협의할 수가 있을 것이다.

 평화연구에서 한 가지 문제는 적극적인 평화를 위하여 국가의 권위를 세계 정부 같은 것에 위임해야하는가 하는 것이 논란이 되고 있다. 인류의 공동번영을 추구하면서 평화를 확립하기 위한 국제기구로서 유엔을 강화하는 Pax UN은 중요하며 이는 점진적으로 추구해나가야 한다고 본다. 평화운동을 지속적으로 추진할 수 있도록 하기 위해서는 1999년의 NGO 대회의 역량을 다시 강화하고 세계평화공원건립에도 동북아NGO 단체들과 다각적인 연대를 모색하고 제휴관계를 넓혀 나가는 것도 바람직할 것이다.

4장_세계평화는 가능한가: 밝은 사회 운동을 통한 세계평화 모색

1. 세계평화 운동의 필요성

우리가 살아가는 데 있어 인체적으로 없어서는 안 되는 것이 물, 공기라면 사회생활에서 없어서 안 되는 것이 평화이다. 平和는 삶의 생명이요 숭고한 價値로서 마음의 행복을 가져다주는 원동력이라고 할 수 있다. 그러나 버툴(Gaston Bouthoul)이 말한 것처럼 '사람들은 평화롭게 생활하고 있을 때에는 마치 그것이 당연하고 완전히 자연스러운 것으로 생각하고 평화를 생각도 하지 않는다.' 그러나 우리가 전쟁을 겪게 되거나 위협을 신변 가까이 느낄 때 평화에 대한 중요성을 더욱 느끼게 되거나 갈망하게 된다.

2차 대전은 수천만 명의 인명피해와 수천 억불의 재산을 파괴하고 인간에게는 큰 실망을 안겨주고 끝났다. 80년대 중반 3차 핵 대전의 가능성과 인류멸망의 경고로 받아들여 유엔은 1981년에 세계평화의 날과 1986년 세계평화의 해를 선포하고 미·소 양국이 화해무드를 조성하여 세계를 핵 대전으로부터 막아내기는 했지만 지금도 세계는 끝없는 분쟁이 일어나고 있으며 수많은 생명이 포로로 잡혀있어 인권이나 인간존중은 한낱 구호에 거치고 있는 실정이다. 오늘날 세계는 핵전쟁의 위험, 각종 폭력, 사회불안, 각국의 분쟁 등 보이지 않는 전쟁(A semblance of peace)을 하고 있다.

왜 그러한가? 여러 가지가 있겠으나 무엇보다는 이는 물질문명의 한계점, 과학기술의 자기증식의 문제점, 배타적, 패권적 국가주의가 큰 문제라고 하겠다. 국가주의 사회는 우승열패, 약육강식의 세계이기 때문에 진정한 민주주의는 어렵다. 패권주의가 인권사회에 남아 있는 한 만민이 자유롭고 평등하며 공존공영 하는 진정한 세계평화의 성취는 어렵다고 할 수 있다. 그러나 이러한 사회 제 현상을 묵과할 수만은 없다. 선조에게서 물려받은 물질문명과 정신유산을 후대에 값지게 물려주기 위해서는 우리가 가지고 있는 무한한 능력을 창조적으로 발휘하여 평화스러운 사회로 만들어야 한다. 一國의 사회평화가 아니라 온 인류가 평화를 추구해야 하는 세계평화라야 한다.

밝은 사회운동은 인류사회가 안고 있는 문제점을 해결하고 상부상조하는 인류 공영·공존의 지구공동사회를 건설하자는 데 목표를 두고 있으며 B.A.R Society를 추구한다. 특히 NGO 세계대회를 주최하고 세계평화의 해와 세계평화의 날을 제정 건의한 GCS 국제본부로서 더욱 가치 있고 보람 있는 평화운동을 추구하고 실천해 나아가야 할 과제를 가지고 있다. 따라서 본 연구는 GCS운동을 통한 세계평화구현에 목적을 두고 그 가능한 방안을 모색하는데 역점을 두고자 한다.

1) 평화의 개념

학문적인 평화의 개념은 소극적 평화(negative peace)와 적극적인 평화(positive peace)로 구분한다. 소극적 평화란 전쟁이 없는 상태를 말한다. 그러나 적극적 평화란 한마디로 요약하기는 쉽지 않다. 평화학자 Galtung은 사랑과 인도주의에 기초로 둔 사회조화를 위한 열망이라고 했으며 평화사상가 조영식 박사는 Oughtopian Peace Model을 제시하며 전쟁이 없는 상태는 물론이지만 인도적이며 개인과 집단을 막론하고 모든 적대관계가 없을 뿐만 아니라 상부상조하고 있을 때 즉, 조화된 상태를 평화로 보아야 한다고 정의를 내리고 있다. 또한 평화를 위해서는 전쟁에 대비해야 한다는 역설적인 의미로도 쓰이고 있으며, 재래전에서 평화의 의미는 폭력적 대립이 없는 것을 비롯하여 건설적인 협력, 정의, 조화, 화합 등으로 나타내고 있다.

여기서 평화란 분쟁을 힘에 의해서가 아니라 토론과 타협과 교류를 통해 해결하는 것을 말한다.

2) 평화운동의 방향

평화운동은 지식인, 학자, 시민단체, 여성단체 NGO 등이 핵심적인 역할을 할 수 있다. 또한 국제기구, 교육기관, 언론의 역할도 대단히 중요하다고 하겠다. 지식인 및 학자들이 주도적 세력으로 적극적인 활동을 전개하는 것이 필요한 이유는 첫째, 이들은 비교적 현대세계가 당면한 문제점을 잘 파악하고 있다. 둘째, 미래사회가 어떻게 되어야 하는지에 대한 비전(vision)도 다른 어떤 계층들보다 잘 제시할 능력이 있고, 셋째, 지식인 학자들은 정치인 및 종교인들 보다 편입된 이익을 위해 몰입하는 경우가 적으며 비교적 객관적으로 평화운동을 운영할 수 있다.[22] 평화운동의 주체자로 지식인 및 학자가 이처럼 중요하다고 할 때 그들이 사상과 이론을 학술세미나를 통해 지속적이고 체계적으로 실천해온 것은 반핵, 반전운동 이상으로 값지고 보람 있다고 하겠다.

그러나 이러한 지식인이나 학자들의 통찰력과 전문적인 연구를 추진할 수 있는 활동 즉 평화운동을 전개하는 자가 필요하다. 그것은 바로 오늘날 다양한 분야에서 정부나 국가가 하지 못하는 일까지 하는 시민단체 및 NGO들이 주체가 되어야 평화활동은 더욱 확산될 수 있다.

평화운동이나 평화학에서 페미니즘의 가장 큰 의미는 인간의 심성 중 화합과 평화지향적인 여성적 정서(female ethos)의 현양이다. 이 정서를 학교교육이나 사회교육 등을 통한 사회화과정에서부터 개발시키는 것이 평화의 토대를 구축하는 것이다.

평화운동은 전쟁방지라는 소극적인 반전운동, 반핵 운동 등을 추진하면서, 적극적으로 단순히 전쟁을 반대하는 것만으로는 부족하고 보다 구체적인 방안을 가지고 인류세계에 평화가 정착될 수 있도록 하는 전쟁의 원인을 제거시키는 방안이다. 이 두 가지 방안은 복합적인 형태로 추구되어야 한다.

평화운동의 방식은 과거, 반핵, 전쟁방지, 평화－안보 군축 등의 방법에서 인권, 평등, 갈등해소 등으로 변천하였고 운동의 양상도 정부기구의 국가, 국제기구 등에서 사회단체, 시민단체 NGO로 많

---

22) 신정현, '현대세계와 평화연구', 『평화연구』,제1권 제1호, 경희대국제평화연구소, 1981. pp.37-38.

이 바꾸고 있는 양상이다. 그러므로 본 연구는 평화운동의 전개방향을 살펴보고, 또한 GCS클럽은 평화 관련 국내외의 어떠한 활동을 해왔는지 고찰해 보고자 한다. 끝으로 향후 GCS클럽이나 GSC운동이 어떻게 세계평화를 구현할 수 있는지 국제기구, NGO연대, 교육, 정보통신매체를 통해서 가능성을 모색해 보고자 한다.

2. 세계평화 운동의 전개

19세기 초반 미국에서 탄생한 Peace Society는 최초의 평화운동 단체로 기록된다. 중세에는 두 가지 평화운동이 관심을 끌었다. 하나는 기독교 교회에 의해 주도된 "Pas Dei"이었고, 다른 하나는 세속적인 군주에 대한 평화운동인 "Land"였다. 그 후 미국과 영국에서의 평화운동은 기독교의 영향을 강하게 받았다. 프랑스에서 자유노동 옹호자들은 전쟁과 평화에 대한 논쟁을 이끌었다. 1848년 세계평화회의(International Peace Congress)가 런던에서 최초로 소집되었다. 프랑스에서 개최된 1849년의 회의에는 영국에서 670명의 대표자들이 참석했다. 회의 의장인 빅토르 휴고(Victor Hugo)는 유럽통합을 제안했고 전쟁을 위한 경제조치에 강하게 반대했다.[23] 그러나 세계평화회의는 전쟁에 의해 쇠퇴되었다.

1910년 에드윈 긴(Edwin Ginn)은 세계평화재단(World Peace Foundation)을 출범시켰다. 제1차 세계대전 이전의 평화운동은 전반적으로 종교적인 기반에 의해 시작되었다. 모든 전쟁은 악으로 간주되었기

---

23) 신정현, (1981), p.114.

때문에 전쟁을 방지하기 위한 정치적·법적 수단을 고안하는 것에 주안점이 두어졌다. 유엔의 탄생은 제2차 세계대전 이후의 평화운동에 중요한 계기를 제공하였다. 그러나 냉전의 동서대립은 유엔을 약화시켰고 냉전 이후의 시대에도 이 무력감은 아직 회복되지 않고 있다.

제2차 세계대전 이후의 평화운동은 두 줄기를 따라 진척되었다. 세계평화의회(World Council of Peace)와 반핵운동이 그것이다. 평화옹호자들의 회합이 1950년에 세계평화의회를 설립하였고, 평화운동의 기본 원칙으로 평화로운 공존, 협상에 의한 갈등해소, 민족자결과 불간섭을 주장했다. 세계평화의회는 1952년 비엔나에서, 1962년 모스크바에서, 1955년과 1965년에 헬싱키에서 국제평화회의를 개최했다.[24] 그러나 동구권의 해체와 소련과 중국의 갈등은 이 운동을 억누르는 결과를 가져왔다.

반핵운동은 1955년 일본에서 핵과 수소폭탄에 반대하는 집회로부터 시작되어 서구권의 나라로 확산되어 나갔다. 동시에 1,500개의 그룹이 평화와 무기감축을 위한 조직활동에 관여하였고 이것은 세계시민들의 평화에 대한 높은 관심을 반영했다. 1899년 평화에 대한 세계 최초의 회의가 헤이그에서 열렸다. 오스트리아의 대표자인 버르타 본 수트너(Berta Von Suttner)는 이 회의를 실현시키는 데 결정적인 역할을 하였다. 이 회의를 앞두고 몇 달 전부터 18개 유럽국가의 여성들은 565개의 평화집회를 결성하였고 이들은 전쟁에 반대하고 국제분쟁을 집행하는 법원의 설립을 요구하였다. 수트너 여사는 1883년 무기감축 요구를 위한 집회를 촉구하는 "Die Waffennieder"를 집필했다.

---

24) 신정현, (1981), p.117.

과거에는 전쟁이 일어났을 때 그 피해 역시 지역적 차원에서 머물렀다. 즉 유럽에서의 전쟁은 그 지역당사자들의 재산피해, 인명피해로 끝이 났고 한국이나 일본은 피해가 없었다. 그러나 세계 1, 2차 대전은 과학기술의 발달로 고도의 핵무기를 비롯한 신예무기들이 등장하여 전 세계가 피해를 보는 이른바 Total War이었다. 200년간 천무학적인 숫자에 가까운 인명과 재산의 피해 그리고 문명파괴를 경험하게 했으며 우리 인류는 여전히 전쟁의 함정(The War Trap)에서 벗어나지 못하고 있는 것이다.[25] 이것만이 아니다. 화학무기·생물무기·로봇 무기는 물론 각종 위성무기와 유격무기·전자무기 등 실로 앞으로의 전쟁은 문자 그대로 宇宙戰爭을 방불케 할 것으로 추측된다.[26]

1962년 쿠바 사건으로 말미암아 동서관계는 더욱 악화되어 냉전체제를 약 10년 가까이 지속시켜 오다가 1972년 닉슨 미 대통령이 모스크바를 방문하고 1973년에는 소련의 서기장 브레즈네프가 워싱턴을 방문하면서 화해의 분위기가 감돌고 마침내 양국은 국제위기관리와 평화유지에 공동 책임진다는 내용의 협정－모스크바 협정을 체결하였다. 그때를 전후하여 핵실험정지조약(核實驗停止條約), 핵전쟁방지조약(核戰爭防止條約) 등 수많은 협정[27]들을 체결하였으나 긴장은 해소되지 않고 군 경비는 감소하지 않았으며 심지어 자국의 국익에 이해가 걸릴 경우에는 강대국들마저 이웃나라의 전쟁에 직접

---

25) 1110-1990년까지의 전쟁 1266개중 22%에 해당하는 284개의 전쟁이 지난 200년간 일어났으며 과학의 발달에 따는 전쟁피해는 급속도로 늘어났으며 전쟁사망자의 75%인 1억 1천 90만 명이 1900년 이후의 전쟁에서 사망했다고 주장한다. 홍규덕, '탈냉전과 전환을 위한 노력', 한국정치학회『평화연구-이론과 실제』, 1996. p.63.

26) 조영식, '나의 世界平和 白書', 『평화연구』 제6권 제2호, 경희대학교 국제평화연구소, 1987. pp.4-5

27) 1963년 부분적 핵실험정지조약, 1970년 핵확산방지조약, 1971년 핵전쟁위험소멸에 관한 협정, 1972년 SALT I 그리고 1973년 핵전쟁방지협정, 1979년 SALT II 등 많은 협정을 체결하였다.

개입을 불사해야 할 형편에까지 이르게 되었다. 결국 1970년 1,250억 불의 세계군사비는 1985년에 이르러 무려 일조억 불을 돌파하였다.

이러한 80년대 후반의 제3차 핵전쟁의 위협에 대해 밝은사회국제본부 조영식 총재는 세계평화에 대한 뜻을 유엔에 제정 건의하여 오늘날 "세계평화의 날", "세계평화의 해"가 제정되는 데 커다란 공헌을 하게 되었고, 전 세계 국가들로 하여금 세계평화에 대한 뜻 있는 활동을 개최하고 평화의 의의를 기리게 하였다.

오늘날 핵전쟁의 위험수위는 해당국가만 피해가 있는 것이 아니라 모든 국가에 영향력을 미치게 되는 것이다. 예를 들면, 걸프전쟁이 발생했을 때 세계는 시각을 다투어 전황을 보도를 하였으며 모든 나라가 긴장 상태였다. UN은 각 국의 분쟁을 해결하고 전쟁, 안전을 위해 설립된 국제기구이다. 그러나 여러 가지 한계점을 나타내고 모두가 그 존립이유를 인정하면서도 보다 강력한 힘을 가진 국제기구로 활동하기를 촉구하고 있다. 이러한 한계점에서 세계는 국경을 넘어서고 국제적 체제를 넘어서는 세계시민운동 – 민중운동, 시민사회단체 및 NGO의 역할이 요구되었다고 하겠다.

앞으로 우리는 유엔헌장에 반영되어 있는 것처럼 평화와 인간의 안전이 무력, 투쟁, 그리고 전쟁을 대신하는 세계로 만들도록 하는 각 국의 정부들은 물론이지만 NGO가 더욱 힘을 발휘해야 한다고 본다. 또한 평화운동은 한 지역 한 국가차원의 사회평화로서가 아니라 전 세계적 인류를 위한 세계평화 운동으로 추진되어야 한다. 이러한 세계평화를 위해서는 NGO가 앞장서야 한다. 1999서울 NGO세계대회를 공동 주최한 밝은 사회국제본부(UN-NGO GCS International)가 중심이 되어 인류사회를 위한 지구공동사회를 주도적으로 이끌어 나가야 된다고 생각한다.

3. GCS운동을 통한 세계평화 구현방안

1) 국제적 · 국가적 차원

(1) Pax UN을 통한 세계평화 구축

Pax UN이란 세계평화를 주재하는 기구로서, 또 앞으로의 세계평화를 총괄하는 주체로서의 유엔을 말한다.[28] Pax UN은 "지구협동사회의 건설을 목표로 세계적 보편성을 갖는 자유와 민주의 바탕 위에 인류의 공동번영을 추구하면서 평화를 확립하기 위한 국제기구로서 유엔을 강화하는 것"을 말한다. 새로 강화된 유엔은 정치 · 외교 · 군사 면에 중점을 두는 "평화수호"(Peace Keeping)의 유엔뿐만 아니라 보다 적극적으로 경제 · 문화 · 사회 · 외교 · 친선 등 광범위한 활동을 하는 "평화구현"(Peace Making)을 하는 유엔을 말한다. 이는 점진적으로 추진해 나가야 한다.

따라서 각 회원국들의 정치적인 문제 등 그 나라에 필요한 문제들은 주권 국가에 맡기되 국제평화와 안전을 유지 할 수 있는 일과 또 국가들이 개별적으로 처리할 수 없는 국제사회와 관계되는 일 그리고 또 해서는 안 되는 일 등을 모두 유엔에 맡겨 해결하고 그와 같은 위임사항에 관하여서는 모든 회원국들이 절대 복종하도록 해야한다는 데 Pax UN의 특징이 있다.

---

28) 1984년 7월 태국 방콕에서 열렸던 제7차 세계대학 총장회의에서 이 회의의 영구명예 회장인 조영식은 "Pax UN을 통한 세계평화"라는 기조연설에서 Pax UN을 통한 세계평화정착 방안을 발표하였다; 송병록, "Pax UN론", 경희대 인류사회재건연구원, 『오토피아』, 제 14권 제1호, 1999, pp.113-114.

(2) 지역협력기구

어떻게 하면 배타적, 패권적, 국가주의가 아닌 진정한 민주이념과 정신대로 온 인류가 하나의 지구공동사회(地球共同社會)에서 같이 공존공영(共存共榮) 할 수 있는 평화스러운 사회를 이룰 수 있을까? 이는 바로 만민의 자유와 평등, 공영, 그리고 대소국의 동권(同權)과 공존(共存)이 보장되는 보편적 민주주의라야 실현 가능하다.

그리고 평화롭게 공존공영(共存共榮)할 수 있는 길은 지역협동사회 - RCS(Regional Cooperation Society)를 거쳐 지역공동사회(Regional Common Society)에로 그리고 또 같은 방법으로 지구협동사회(地球協同社會) - GCS(Global Cooperation Society)를 이루고 그 다음 지구공동사회(Global Common Society)를 이루도록 해야 한다.

물질주의적 경제중심 사회에서 경제부터 협력하면 안보문제(安保問題)를 비롯하여 社會·文化·科學·技術의 협력 등 모든 분야의 협력은 자연 뒤따르기 마련이다. 오늘의 RCS라고 할 수 있는 EU를 비롯한 지역협력체(地域協力體)는 그 시작임이 분명하다.

RSC-GCS는 배타적, 패권적 국가주의(國家主義)를 지역적, 국제적 국가협력체(國家協力體)에로 이양시켜 전쟁 없는 하나의 인류의 문화복지사회 즉 지구공동체사회(地球共同體社會)를 이루게 하자는 것이다.

첫째, 지역협동사회(地域協同社會)(RCS-Regional Common Society)를 이루는 일부터 시작한다. 그와 같은 지역적(地域) 기구라고 할 수 있는 RCS는 이전의 EC와 NAFTA를 비롯하여 OAU, OAS, Nordic Council, ASEAN, Arab League, MERCOSUR 등등 여럿이 있다.

그러나 그것들의 한계는 지역공동사회(地球共同社會)를 지향하는 것이 아니라 단지 자국의 이익을 위해서 힘을 합친 Block주의적인 지역기구(地域機構)에 불과하다는 점이다.

그 다음 단계로는 오늘 우리사회에서 이미 보고 있는 것처럼 RCS 와 GCS의 중간 단계라고 할 수 있는 NAFTA와 ASEAN, CER의 회원국들이 함께 참여하여 협동하고 있는 APEC 그리고 또 EU가 ASEAN과 연계하여 ASEM을 만들어 오듯이, 그 후 다시 EU와 APEC 같은 중간단계의 지역기구들이 끝에 가서는 오늘의 국제협동 대기(大氣)를 타고 과거 북미의 13주가 합쳐 미합중국을 만들었던 것처럼 지역공동사회(地球共同社會)로 승화(昇華)시켜 GCS 즉, Global Common Society에로 통합(統合)하면 전쟁 없는 인류공동사회를 이룰 수 있다.

2) NGO 차원

오늘날 연대라는 가치는 자유와 평등보다는 더 긴급하게 요청되는 가치로 등장하고 있다.[29] 문화, 종교, 성별, 계급, 국가, 종족 등으로 나누어진 개별적 정체성에서 출발하는 운동들이 각기 분할된 영역에서 움직이는 개별적 운동이 아니라 전 지구적 차원에서 상호 연대하는 운동으로 발전하기 위해서 각각의 운동은 자신의 영역을 넘어서 타 운동과의 상호작용을 통해 자발적인 연대를 발전시켜야 한다. 지구적 차원에서 연대가 가능한 것은 인간 삶의 공통성에 기인한다. 인간으로서 공동체험을 통해 서로가 서로를 이해하고 연민을 느끼고 연대를 이룰 수가 있는 것이다. 그리고 그것은 강력한 인간적 연대(strong human bond)가 되어야 한다.[30]

---

29) 정수복, '새로운 사회운동과 초국적 시민연대', 한국유럽학회, 『유럽연구』, 1997년 봄호, p.417.
30) 정수복, 같은 책, p.406.

연대는 꼭 똑같은 운동들 사이에만 이루어지는 것이 아니라 매우 상이한 운동들 사이의 연대에서도 시민의식의 싹이 자랄 수 있다. 그것은 타인들의 투쟁에 대한 공감에서 출발한다. 시민들 사이의 자발적 연대가 이루어질 때 강요된 사회적 지배관계를 부수고 국경을 넘어서고 국제적 체계를 넘어서는 세계시민들의 자율적인 행동이 가능하다. 각각의 영역에서 활동하면서 서로 협력하는 세계시민운동의 주체는 그렇게 형성되는 것이다. 그것은 백 명에서 천 명 그리고 만 명에서 출발하는 것이다.

이와 같은 초국가적 시민연대의 등장은 다음과 같이 간단히 요약할 수 있다. 첫째, 초국가적 기업의 힘이 커질수록 시민들의 생활에 영향을 미치는 결정들이 나라 밖—IMF와 세계은행, 수뇌들의 정상회담, 국제적 기업가들에 의해 이루어지기 때문이며, 둘째로, 국가도 국제기구도 제3국가의 경제적 격차를 해소하는데 모두 실패하였기 때문이다. 그리고 이러한 국경을 넘어서는 참여민주주의가 가동되기 위해서는 세계가 하나의 공동체라는 인식이 필요한데, 즉 지구 한곳에서 일어나는 일이 다른 곳에 사는 사람들의 삶에 영향을 미친다는 인식이 점차 확산되고 있다는 것이다. 남태평양에서 프랑스의 핵실험에 반대하여 전 세계 사람들이 항의를 하거나, 핵폐기물 장소를 놓고 대만에 항거한 한국NGO들의 용감한 행동, 중국의 천안문사태에 대해 세계의 인권단체들이 항의하는 것 등이 그 사례들이라 할 수 있다.

국경을 넘어서는 참여민주주의는 조직적으로는 초국가적 시민 연대로 발전해야 하며, 또한 초국가적 시민연대는 민족국가의 국민으로서의 정체성을 갖고 국가이익(national interest)을 추구하는 애국자를 넘어 인류공동의 문제에 대처하는 세계시민으로서 보편적 관점에서 현실을 바라보는 의식의 전환 위에서만 가능할 것이다. 또한 우리는 NGO들의 순기능을 최대한 살리고 역기능에 대해서는 보완할 수 있도록 끊임없는 노력을 해야 한다. 세계평화를 구축하기 위한 연대활동으로는 다음 몇 가지를 살펴볼 수 있다.

(1) 국내 GCS 클럽의 평화운동

밝은 사회운동이란 '문화세계 창조'를 통한 인류사회재건 운동과 제2의 르네상스 운동을 전개하여 물질이 정신과 조화롭고, 개인의 관심이 공동체의 윤리와 조화를 이루어 인간이 인간답게 사는 사회 즉, '정신적으로 아름답고, 물질적으로 풍요하며, 인간적으로 보람 있는 사회'를 건설하기 위한 시민운동, 사회운동이다.

UN-NGO GCS International은 세계평화 운동의 핵심 주체자로서의 역할을 자임한다. GCS International은 밝은 사회운동을 세계는 물론 국내에 확산시키고 있다. 밝은 사회운동은 이론·규범·조직을 갖춘 세계적인 NGO로서 미래를 향한 비전을 제시하였으며 평화적인 세계 구축, 화합과 협력으로 만민평등의 보편적 민주주의를 토착화하고 공존공영의 평화세계를 구축하는 데 최선을 다한다고 강조한다.[31]

여기에서는 GCS운동이 국제적·국가적 차원에서, 민간차원에서 어떤 일을 해왔으며 앞으로 이를 지속적으로 추진할 수 있는 방향을 모색해보자.

---

31) '새천년을 향한 밝은 사회 국제클럽 결의문'중에서 GCS국제클럽은 1992년(UN DPI 소속 NGO 가입)NGO 회원국으로서 1997년에 UN NGO자문기구로 역할을 하고 있으며 한국사회를 빈곤에서 해방시키는데 선도적 역할을 하였으며, 세계적으로 인권, 평화 등 수많은 활동을 해왔다.

가. 평화를 위한 GCS-NGO 활동의 기본철학

밝은 사회 운동의 구체적인 내용을 간략히 정리하면 다음과 같다.

첫째, 자유·평등과 더불어 공존공영을 강조하는 '보편적 민주주의'를 토대로 지구공동사회, 세계시민사회를 향해 나아간다.

둘째, 동·서문화가 창의적으로 융합되어 정신과 물질이 조화된 '문화적 복지사회'를 창조해 나간다.

셋째, 인간을 통일적 유기적인 '통정된(統政) 인격체'로 보고 인간의 주체적 지위와 존엄성을 재인식하는 '인간중심주의' 시대를 열어 나간다.

넷째, 산업사회의 부작용인 도덕과 인간성 상실 현상을 극복하기 위하여 '사회평화' 운동을 펼쳐 나간다.

다섯째, 지구촌, 인류가족, 세계 공동체 정신으로 '인류의식(Mankind Consciousness)'을 확립하고 세계평화에 기여한다.

이러한 목표를 달성하기 위해서 기본정신이 요구되는데 그것이 바로 밝은사회클럽의 기본이념이며 동시에 철학인 '밝은 사회의 3대 정신' G.C.S이다. Good Will, Cooperation, Service 즉 선의·협동·봉사-기여의 정신을 가지고 우리의 생활이 정신적으로 아름다운 삶(Spiritually Beautiful Life), 물질적으로 풍요로운 삶(Materially Affluent Life), 그리고 인간적으로 보람 있는 삶(Humanly Rewarding Life)이 되도록 GCS의 모든 회원은 노력을 기울이고 있다. 또한 GCS클럽은 지구공동사회(Global Cooperation Society)를 이루기 위해 건전사회운동, 잘 살기 운동, 자연보호운동, 인간복권 운동과 세계평화 운동을 5대 실천운동으로 규정하고 보다 차원 높은 오토피아 사회를 지향하며 인간적인 인간사회, 문화적인 복지사회, 보편적인 민주사회를 추구하고자 한다.

나. GCS클럽의 국내활동

GCS클럽의 평화 관련 활동들은 그 회수나 규모에 있어 괄목할 만하다. 오페라를 두 차례 공연했는데 공연제목으로 평화의 날 기념대 음악제만 해도 '돈파스칼레'(86.5.14~16, 세종문화회관), '원술랑'(86.7.29~30, 세종문화회관)을 국내에서 개최했고, '춘향전'(87.2, 뉴욕 퀸즈대학)뉴욕에서 개최했으며, 평화의 날 제정기념 대 음악제를 4차례 개최했는데(82,84,86,91년) 특히 세계평화의 해가 선포된 86년 5월 13일에는 'UN 평화기금 모금 자선음학회'를 개최하고 수익금을 UN에 전달하여 평화에 대한 GCS회원들의 정성과 염원을 표시하기도 하였으며 특히 맹인을 위한 '밝은 사회 맹인 자선음악의 밤'을 공연하였다.

이는 당시에는 국가 차원이나 사회 차원에서 냉대를 받아오던 장애인들에게 민간 차원에서 인간적이고 복지적인 관심을 가짐으로서 장애인들에 대한 사회의 인식변화를 가져오게 하는 계기를 마련하였으며, 장애인 스스로도 장학금을 전달하는 등 보람있는 일을 하는 결과를 가져왔다.

GCS 한국본부에서는 남북한 분단의 상황을 하루빨리 해소하고 평화통일을 이룩하려는 많은 사람들의 의사표출로 1993년 8월 15일과 1999년 8월 15일 두 차례에 걸쳐 「남북 인간 띠 잇기」를 판문점에서 실시하였다. 회원들의 가족과 어린이들도 함께 참여한 이 대회는 자칫 잊혀 가는 분단현실을 실제 체험하며 평화통일에 대한 산 교훈을 느끼게 함으로서 좋은 반응을 얻었다. 또한, 1990년 9월 18일에는 세계평화의 날을 기념하고 「평화복지 대학원」에 "평화의 탑" 제막식을 가짐으로서 평화의 사고를 통해 교육과 실천이 함께 어울려질 수 있는 전환점을 마련하였다.

(2) 동북아 NGO Network

동북아에서의 시민사회의 성숙정도는 타 지역권 국가들에 비해 더욱 열악한 상황으로서 동북아 국가들에서 시민사회의 자율적 성장을 위한 대안을 위해서는 동북아 각국의 NGO들의 연대활동이 매우 절실하게 요구되고 있다. '동북아 NGO'활동을 통하여 동북아 국가의 시민사회 단체들의 공동 관심사를 찾고, 상대적으로 저하된 시민사회의 위상을 높이고 인류의 올바른 방향을 모색하기 위하여 '동북아 NGO 네트워크' 혹은 각종 NGO가 연대하는 방안을 모색하는 것은 바람직하다고 하겠다.

동북아 NGO 단체로는 창가학회 국제본부(Soka Gakkai International), 소카대 평화연구소와 아프리카 아시아인 연대기구(Africa-Asian People Solidarity Organization)가 있다. 아프리카, 아시아인 연대기구는 일본 내에 커져 가는 평화운동에 대한 일본인들의 강한 저항감을 설명하고 외국군 기지 없는 세상을 만들기 위한 전 세계인들의 연대를 주장한다. 동북아 NGO 중 하나인 평화보트(Peace Boat)는 일본을 근거지로 전적으로 항해에 참가하는 사람들에 의해 운영되는 비영리기구로서 평화, 인권, 환경과 관련된 여러 NGO들과 각국 시민들과 연대를 이루려는 단체이다. 일본의 평화 관련 NGO단체는 17개가 있으며,[32] 조직적 유연성과 평등성을 위하여, 관료적 행정이나 피라미드식의 위계질서를 지향하고 횡적인 네트워크 방식을 선호한다. 일본 국내에서 지역별로, 대상지역이나 나라별로 26개의 네트워크가 형성되어 있다.

한국 NGO는 서구와 비교하여 역사가 그리 길지 않으나 많은 활

---

32) 『일본 NGO연구』 p.39.

동을 하였으며 최근에는 선거 감시기능을 강화하고 있는 참여민주사회시민연대(참여연대), 경제 정의실천 시민연합(경실련), 한국 여성단체협의회, 한국 여성유권자 연맹, 한국 여성단체 연합 등을 비롯하여 대표적인 국내 NGO는 100여 개 단체가 있다. 그중에서 평화 관련 NGO단체로서는 '1999서울 NGO 세계대회'를 공동 주최한 밝은 사회(국제본부 GCS International), 우리민족 서로 돕기 운동본부, 재단법인 바하이 한국 중앙회, 한국 종교인 평화회의, 국제인권옹호 한국연맹, 대한 YMCA 연합협회, 유니세프 한국위원회, 한국인권단체 협의회, 한국 여성의 전화, 한국 대인지뢰대책회의 조직국, 정의로운 사회를 위한 교육운동 연합회, 민족 화해협력 범국민 협의회, (사)평화를 만드는 여성회, 세계평화 여성연합, 자주평화통일 민족회의 등이 있다.

최근에 '북한난민보호 UN 청원운동본부'가 발족되어 북한 탈북자들에 대한 NGO 활동을 '1999서울 NGO 세계대회'에서도 서명운동을 하는 등 활발하게 진행하고 있다. 이 단체는 탈북자들의 진상을 널리 알리고, 탈북난민보호 UN청원운동본부의 입장을 지지해 줄 협력자를 찾으며, 탈북자 문제에 대한 해결책을 모색한다. 따라서 NGO·관계정부·UN 등에 적극적 협력을 요청하고 있다. 그들은 탈북자 문제가 이미 민간 차원의 개인적 노력만으로 충분하지 않으므로 각국 정부의 보다 적극적인 지원이 필요하다고 주장한다.

(3) 전 세계 NGO 네트워크

평화운동의 영역에서 활동하는 국제 NGO들은 매우 다양하다. 호주 평화연구조사학회(Australian Peace Studies and Research Assn: APSARA), 중국 평화·군축협회(The Chinese People's Association for

Peace and Disarmament), 세계종교평화회의(The World Conference on Religion and Peace: WCRP)를 비롯하여 60여 개국의 200,000명의 의사들이 참여하고 있는 핵전쟁 방지를 위한 국제의사협회(International Physicians for the Prevention of Nuclear War: IPPNW). 영국의 핵무기 감축을 위한 캠페인(Campaign for Nuclear Disarmament). 유럽비핵운동(European Nuclear Disarmament: END). 독일의 자주적인 평화그룹(Bundeskon gress Autonomer Friedensgruppe). 프랑스의 유럽의 핵무기 감축을 위한 위원회(Comitpour Disarmement Nuclear Europe) 등이 그 보기이다. 평화운동은 1981-83년 사이에 절정에 도달하여 각국의 정책과 국제관계에 영향력을 행사하였다. 평화운동가들은 얄타체제를 거부하면서 동유럽의 인권운동단체와 연대하기도 하였다. 오늘날에는 군비산업을 민간영역으로 전환시키고 핵무기로부터 해방된 도시를 만들기 위한 노력들이 지속되고 있다. 유럽지역당국자회의(Standing Conference of Local and Regional Authorities of Europe: CLRAE)와 도시연합조직(United Towns Organization: UTO) 등이 중요한 활동을 벌여 1989년에는 영국의 150개 도시와 유럽의 2003개 도시가 이 활동에 참여하였다.[33] 핵무기뿐만 아니라 생화학무기에 대한 반대운동도 중요하며 군비경쟁에 사용되는 엄청난 군사비 지출에 대한 문제 제기도 일어나고 있다. 각국에 있는 평화 관련 NGO Network를 범세계적으로 구축하여 함께 활동한다면 세계평화는 더욱 앞당길 수 있다. 이러한 관련단체를 구체적으로 살펴보자.

---

33) 정수복, 앞의 책, p.417.

- 호주 평화연구조사학회(Australian Peace Studies and Research Assn: APSARA)

이 위원회는 평화학과 평화연구의 데이터베이스를 구성하여 평화 교육자와 연구자들의 등록부를 만들 계획을 지니고 있다. APSARA 의 첫 회합은 2004년 8월에 Sydney에서 이루어졌다. 최초로 호주에 본부를 둔 아시아평화연구협회의 회의가 거의 같은 시기에 Sydney 에서 열렸다.

- 중국 평화·군축협회(The Chinese People's Association for Peace and Disarmament)

이 협회는 현재 정기간행물인 Peace誌를 출판하고 있다. 창간호는 1985년 6월의 창립회합에 대한 설명과 협회의 구성, 목표에 관하여 기술하고 있다. 이 협회의 NGO적 성격이 크게 강조되고 있으며 21 개의 인민 조직이 이에 가입하고 있다. 이 협회의 사업은 1) 평화와 군축에 대한 공개화 교육의 실시, 2) NGO회원과 세계 각국의 평화· 군축지지자들과의 접촉, 교류, 협동. 3) 이 협회의 목표에 부합하는 국 제적 활동을 조직화하며 이에 참여하는 것이다.

- 히로시마 평화문화재단(Hiroshima Peace Culture Foundation)

이 재단은 1985년 10월에 23회 UN 군축회의를 열어서 교사로부터 대사, 기술자 등에 이르는 다양한 방문객들을 위해 각종의 세미나를 개최했다. 또한 이 재단은 1985년 10월 25일 평화백과사전을 편집, 출판했다. Peace Culture라는 Newsletter는 도시간의 결속을 통한 평화 를 논의했던 제 1회 세계 시장회의(市長會議)에 대해 설명하고 있다. 많은 학자와 22개국 100개 시(市)의 시장(市長)들이 참석하였으며 시장들은 문화적 차이를 넘어서 많은 공통점을 발견했고, 도시를 핵 자유지역으로 선언하는 데 많은 관심을 같이 했다.

- ● 국제평화연구소(The Institute of International Peace Studies: IPPS)

국제평화연구소의 주요기능은

첫째, 평화연구를 촉진하고 평화이론을 개발하여 전 세계의 평화연구가와 그들의 활동에 방향을 제시하고

둘째, 평화교육을 촉진하고 이로써 지성인들에게 평화의식을 심어주며

셋째, 세계평화의 구현방안을 마련 이를 국제기구와 각국의 정책에 반영토록 하고

넷째, 모든 대중이 참여할 수 있는 평화운동을 조직하여 이를 범세계적으로 전개하고 확산하고자 한다.

그리고 주요활동은 첫째, 세계평화의 날 기념식 및 국제학술회의 개최-1981년 제36차 유엔총회에서 참석국의 만장일치로 「세계평화의 날」(매년 9월 셋째 화요일)을 결의하도록 주도적인 역할을 하였으며, 1982년 9월 16일-18일 "제1회 국제평화학술회의"의 개최를 시작으로 1999년까지 총 18회의 기념식과 국제학술회의를 개최하였다(<표1> 참고).

둘째, 대학생들의 평화의식 함양을 위한 통일문제학술회의 개최-1982년부터 매년 1회 통일문제 관련 학술토론회 및 심포지엄을 개최하고 있다.

셋째, 1987년 세계 최초로 평화백과사전인 「World Encyclopediaof Peace」를 영국 퍼리번 출판사와 공동으로 발간하였으며, 미국의 법

률 및 사회과학 서적 전문 출판사인 Oceana 출판사와 공동으로 증보개정판 「World Encyclopedia of Peace」을 발간하였다. 또한 정기간행물 「평화연구」을 비롯한 다수의 출판물을 발간하여 오고 있다.

〈표 1〉 밝은 사회 국제본부의 세계평화의 날 기념 및 국제세미나 개최 현황

일 시	내 용	대주제	장 소	비 고
1982.9.21	제1회 세계평화의 날 기념식 및 국제평화 학술회의	Crises and Peace in Contemporary	국립극장	약 100명 참석
1983.9.20	제2회 세계평화의 날 기념식 및 국제평화 학술회의	The Realization of World Peace	프라자호텔 국제회의장	약 120명 참석
1984.9.19	제3회 세계평화의 날 기념식 및 국제평화 학술회의	World Peace through the United Nations	신라호텔 국제회의실	약 200명 참석
1985.9.18	제4회 세계평화의 날 기념식 및 국제평화 학술회의	The UN: The Past, Present and Future	신라호텔 국제회의실	약 200명 참석
1986.5.14.-15	세계평화의해기념 국제학술회의	The Search for the Causes of International Conflicts and the Ways to their Solutions	신라호텔	약 500명 참석
1986.9.1	제5회 국제평화 학술회의	Great Global Human Family Looking at the 21st Century	평화복지대학원 회의실	약 300명 참석
1987.9.15	제6회 세계평화의 날 기념식 및 국제평화 학술회의	변화하는 국제환경과 1980년대의 한반도	평화복지대학원 회의실	약 200명 참석
1988.9.15	제7회 세계평화의 날 기념식 및 국제평화 학술회의	테러리즘과 국제평화의 전망	평화복지대학원 회의실	약 150명 참석
1989.9.18.-20	제8회 세계평화의 날 기념식 및 국제평화 학술회의	Northeast Asian Security and World Peace in the 1900s	평화복지대학원 회의실	약 300명 참석
1990.9.18.-19	제9회 세계평화의 날 기념식 및 국제평화 학술회의	Search for a New World Order through the Changes in the East-West Relations	평화복지대학원 회의실	약 150명 참석

1991.9.17.-18	제10회 세계평화의 날 기념식 및 국제평화학술회의	New World Order: Post-Ideological World in the 21st Century	평화복지대학원 회의실	약 300명 참석
1992.9.15-16	제11회 세계평화의 날 기념식 및 국제평화학술회의	Democracy and new World Order in the 21st Century	평화복지대학원 회의실	약 200명 참석
1993.9.21.-22	제12회 세계평화의 날 기념식 및 국제평화학술회의	1차: The New World Order and the Roles of UN	평화복지대학원	약 350명 참석
1993.11.11.-13		2차: Peace in North-east Asia Toward Greater Regional Cooperation	평화복지대학원	약 200명 참석
1994.9.27.-28	제13회 세계평화의 날 기념식 및 국제평화학술회의	Restoration of Morality and Humanity	신라호텔 국제회의실	약 500명 참석
1995.9.5.-7	제14회 세계평화의 날 기념식 및 국제평화학술회의	Tolerance, Restoration of Morality and humanity	신라호텔 국제회의실	유엔창설 50주년 약 1,000명 참석
1996.9.17	유엔제정 「세계평화의해(1986)10주년」 및 제15회 세계평화의 날 기념 국제평화 학술회의	Peace Strategies for Global Community and the Role of the UN in the 21st Century	신라호텔 국제회의실	약 300명 참석
1997.9.1.-3	제16회 세계평화의 날 기념식 및 국제평화학술회의	Visions and Realities in the 21st Century	경희대학교 수원캠퍼스 및 평화복지대학원	약 1,000명 참석
1998.9.24.-26	제17회 세계평화의 날 기념식 및 국제평화학술회의	Global Visions toward the Next Millennium: Modern Civilization and Beyond	신라호텔	약 500명 참석
1999.10.11.-13	제18회 세계평화의 날 기념식 및 국제평화학술회의	Will World Peace be Achievable in the 21st Century	워커힐 호텔	약 1,000명 참석

자료출처: 매년 세계평화의 날 기념 후의 자료 참고 후 필자 구성.

● **평화와 단결을 위한 국제 박물관(International Museum of Peace and Solidarity)**

박물관은 국제 평화의 해를 기념하여 국제친선클럽인 '에스페란토회'에 의해 설립된 비영리·비정부기구로서, 보편적 인간가치와 민간외교 및 문화·예술을 통한 평화 증진에 헌신하고 있으며, 현재

인류가 직면한 문제에 개인적 책임과 이에 대한 대중의 인식을 함께 이끌어내고, 인류의 보다 나은 미래를 만들기 위해 사람들이 직접 참여할 수 있도록 돕는 데 그 목적을 두고 있다.

- **세계종교평화회의(The World Conference on Religion and Peace: WCRP)**

세계종교평화회의는 세계 100여 개국의 회원국으로 구성되어 있으며 불교, 기독교, 힌두교, 이슬람교, 유교, 도교, 조로아스터교 등의 지도자와 신도들이 참여하고 있는 단체로서 종교 간의 차이가 갈등과 전쟁으로 가지 않고 관용과 평화로 가기 위해 협력하는 것을 목적으로 하고 있다. 그것은 전 지구적 에토스(global ethos)를 만들기 위한 노력이기도 하다. WCRP는 지역, 나라, 권역, 지구 수준에서 평화와 관련된 다양한 활동을 전개하는데 보다 구체적으로 종교적 관용의 촉진, 갈등해결, 군축, 평화연구와 평화교육, 공정하고 지속가능한 발전의 촉구, 인권신장, 아동복지, 난민보호, 환경보호 등의 상업을 하고 있다.

1999서울 NGO 세계대회 시 평화 관련 워크숍에서는 세계적 석학들이 다수 참석하였고, 많은 논문이 발표 및 토론되었다. 노벨 평화수상자들을 대표하는 두 단체인 '아리아스 재단(Arais Foundation for Peace and Human Prograss)'과 '아메리칸 프렌즈 서비스 위원회(American Friends Service Committee)'에서는 "무기확산 통제에 관한 노벨평화상 수상자 위원회 국제 행동강령"을 아시아 및 기타 지역 관련 NGO들에게 소개하고, 이 지역 내 무기통제를 위한 포괄적 계획을 발전시키는 방안에 대해 토의했다.

전쟁 방지를 위한 지구적 행동연대(Global Action to Prevent War)에서는 지금까지 르완다, 리베리아, 보스니아, 코소보 등지에서 시도되었던 많은 인도주의식 중재들이 실질적인 결과를 가져오지 못한 데 대해 범세계적인 차원에서 지속적이고 조직적으로 적용할 수 있는 프로그램 구축을 요청했다. 첫째, 갈등 방지에 초점을 맞춘 개인 차원의 노력과 함께 무력 증강을 예방하는 국제위원회의 활동을 요청하며 둘째, UN이 효과적인 전쟁 방지와 평화유지 및 군사부문에서의 포괄적 신뢰구축 방안을 연구하고, 개별국가의 군사력을 약화시키기 위한 재정적 차원의 평화유지 해결책에 대한 역량 강화를 바라며 마지막으로, UN회원국으로 구성된 위원회들을 이끌어 갈 수 있고, 안전보장이사회에 의해 강제권을 띨 수 있으며, 인권문제가 발생하는 곳에 즉시 적용시킬 수 있는 총회 결의안을 채택하기를 요청했다.

국제 NGO 중에서도 GCS 국제클럽은 UN-NGO 자문기구로서 국제적인 활동을 많이 하고 있다. 밝은 사회 국제본부의 주관으로 「체르노빌 피해 아동돕기 및 아프리카 기아 아동 돕기」자선음악 및 미술전시회 등 각종 모금활동을 통해 모은 성금을 UN-NGO를 통해 세계 원폭피해 어린이 돕기에 지원하였으며, GCS 국제클럽 한국본부와 유엔아동기금(UNICEF)이 연합하여 국제적 미술전시회를 개최하여 모금한 70,000달러를 UN을 통해 전달하였다.

또한 주목할 만한 것은 GCS 국제본부와 한국본부 그리고 단위클럽이 함께 열심히 참여한 "한국의 이산가족 재회를 위한 범세계적 서명운동"활동이다. 여기에는 GCS의 국내외 전 회원은 물론 세계의 153개 국가가 참여하고 21,202,192명의 인원이 서명하여 한국의 이산가족 재회의 염원에 대한 세계시민들의 애정이 국경을 초월함을 보여준다.

「국제 밝은사회 평화재단」에서는 평화에 공적이 많은 사람들의 공적을 기리고 더욱 평화스러운 세계를 추구하기 위하여 '세계평화 대상'을 제정하고 1996년과 1998년에 제1,2회 수상자들을 선정 시상하였다

미국·유럽 등 해외동포 모국문화 체험단(98.10.19～24) 입양아 29명을 한국에 초청하여 모국의 문화를 체험하게 함으로서 한국의 얼, 정신을 조금이나마 익혀 가는 기초를 마련하였으며 이들은 분단의 비극을 통해 평화인식을 간접적으로 학습할 수 있었으며 세계평화가 지향하는 평등·인권 측면에서도 좋은 계기가 되었다.

이러한 전 세계 NGO는 평화와 관련한 무엇을 하기를 원하는가?

앞으로 밝은 사회클럽에서 GCS운동 중 평화 관련사업을 특화하는 방향으로 진전되어나간다면, 그 방향으로 한반도의 평화통일을 위해서 국내 NGO, 동북아 NGO, 아프리카, 유럽 등 각 지역 NGO가 전세계적 연대 망을 구축할 때, 그리고 이러한 NGO의 단합 외에 정부, 국가와 새로운 UN(Pax-UN)이 협력할 때 세계평화는 가능할 것이다. GCS의 오랜 평화연구와 평화운동이 그 주체적 역할을 수행학기 위해서는 모든 NGO를 대표할 수 있는(United NGO) 지속적이고 합리적이며 모든 NGO들이 함께 공동으로 참여할 수 있는 "한반도 평화통일"의 거국적인 프로젝트 사업을 Peace making하고 작은, 구체적인 평화실천사업부터 착수해야 할 것이다,

4. 세계시민 교육을(학교교육) 통한 평화의 실천

　　세계시민교육은 지구공동체 교육(global education)을 기본적으로 깔고 있어야 한다. 세계시민교육은 자국이 이익에 연연하지 않고 세계인류의 발전을 지향하는 세계지향성을 함양하는데 역점을 두어야 한다. 특히 세계 평화교육은 세계시민들이 공유할 수 있는 보편적 가치를 바탕으로 해야 하는데 그것은 첫째, 평화와 협력, 둘째, 인권 및 자유, 셋째, 환경보전과 공해방지, 넷째, 빈곤퇴치와 인권신장이라는 가치이다. 이 네 가지 가치는 문화와 이념과 정치 체계가 다르더라도 인류의 보편적 가치로 추구되어야 할 가치들이다.

　　지구공동체교육과 평화교육을 포함하는 세계시민교육은 초·중·고등학교의 역사, 지리, 사회, 윤리 과목들을 통한 학교교육에서 체계적으로 실시되어야 한다.

　　기존 교육과정 체계 안에서는 평화 교육적 내용을 다룬다는 것이 쉽지는 않지만 다양한 대안적 방법을 모색해 볼 수 있는데, 우선 7차 교육과정 개편 안에 따라 독립교과 편성해 볼 수 있는 방법, 둘째는 핵심교과로서 모든 교과의 토대가 되는 기본 철학으로서 평화교육이 뒷받침되는 안, 셋째는 방과 후 특별활동이나 수업 전 혹은 수업 후 즉 조례, 종례 시간의 특별활동 및 상담시간을 통해 학부모의 협조를 구해서 실시하는 방법 등이 있다. 여기서는 무엇보다도 교사의 자발적 참여와 책임감이 제일 중요하다. 이를 위한 교원연수나 학부모 연수 프로그램이 필요하다.

　　그럼에도 불구하고 학교의 규제와 갈등하는 경우 학교장과의 갈등이 매우 심각하다. 학교장은 실제 교사에 대한 평가를 매기는 행정적 권한 자이기 때문에 규제 완화를 위한 대립은 간혹은 불가피하다. 또한 교과목 교사간의 갈등 역시 불가피하게 노출된다. 결국 평화교육을 실현하기 위해 불가피한 학교 내 다양한 이해 집단간의 갈등을 어떻게 평화적 방법으로 해결하느냐는 구체적인 평화교육의 주제이다.

그런데 평화교육에 관심 있는 교사들조차도 각 교과에서 평화 교육적 주제를 어떻게 적용해야 하는지에 대한 구체적 방법을 갖고 있지 못하다. 또한 갈등 해소를 평화적으로 실현하는 구체적인 중재 기법 혹은 동료 상담 등 평화교육 기법에 대한 체계적인 훈련을 받아보질 못했기 때문에 생각은 있어도 시도할 엄두를 내지 못하고 있다. 따라서 홍보와 함께 구체적인 방법을 개발하고 전수하는 전문가들 사이의 네트워크가 필요하다. 다행히 교육계에서는 인권교육 혹은 국제이해교육 등의 이름으로 평화 교육적 가치가 유네스코를 중심으로 아주 서서히 논의되고는 있지만 여전히 극소수이다. 평화교육은 또한 사회평화운동으로 실천되어야 한다.

● 평화연구, 교육개발 컨소시엄(Consortium on peace Research Education and Development: COPRED)

COPRED는 평화 연구 프로그램이 급속히 성장하던 1970년에 설립되어 29년의 역사를 갖고 있는 비영리단체로서, 폭력과 전쟁을 방지하고 평화와 사회정의를 모색하는 시민운동가·연구가 그리고 교육가들의 연합 모임이다. 이후 1980년대 핵무기 과다경쟁에 대한 우려가 점점 확산되면서 대학 내 교육 프로그램이 늘어났으며, 이러한 위기상황을 타개하기 위한 학과과정이 마련되었다.

이에 COPRED는 1981년 이래 당시 "평화 연구 프로그램 디렉토

리"라는 간행물을 출판하기 시작하여 전 세계 625개 프로그램이 기재된 "평화 연구 및 갈등 해결 프로그램 글로벌 디렉터리 2000"을 간행할 만큼 급속히 성장했다. 단지 수치상의 성장뿐만 아니라 갈등 해결 부분은 평화 연구 프로그램과 더불어 별개의 학문으로 발전하게 되었으며, 이제 일상생활 속에서 평화 연구와 갈등해결 프로그램을 적용시키는데 그 유용성을 인정받게 되었다. 향후 이 프로그램의 발전 방향과 관련해, 2000년도 판에서 평화 연구뿐만 아니라 갈등해결도 함께 다루고 있다는 점에서 그 변화 방향을 분명히 알 수 있다. 즉, 평화 연구 프로그램에서 갈등해결 부분이 큰 비중을 차지할 뿐 아니라, 많은 경우 갈등해결 프로그램이 평화 연구를 대체하고 있거나, 많은 대학의 학과과정에서 유일한 선택과목으로 되고 있는 추세다.

그 예로 1981년 이래 COPRED의 글로벌 디렉터리에 줄곧 기재되어 왔던 아크론 대학의 평화 연구 프로그램이 현재는 갈등해결센터로 변하였고, 전문적인 갈등해결 또는 협상 프로그램과 더불어 다른 프로그램들이 조지 메이슨 대학과 하버드 대학의 중재 프로그램에 포함되어 있다 이 분야에서 고도로 훈련받은 젊은 전문가들과 전문 지식의 능력을 갖춘 대학 및 대학원의 전문 인력에 대한 수요는 계속해서 증가할 것이다.

5. 정보통신매체를 통한 세계평화 운동 전개

1964년 미국이 최초로 통신위성 INTELSAT을 발사하여 세계가 하나의 정보체제로 편입되는 등 비약적인 기술발전으로 정보통신네트워크는 세계를 하나의 생활공간으로 변형시켰다. 이에 따라 지역 분쟁이나 평화, 군축, 인권 등 전 세계의 정치적 문제를 쟁점화 하여 토론하고 여론을 조성하거나 문제를 해결하는 일련의 과정에서 국제정보체제는 결정적인 역할을 하고 있으며 앞으로 이 역할은 더욱 증대될 것이다.

미래 정보통신이 차지하는 정치, 경제, 사회적 중요성은 평화 관련 연구에서도 주목되며 특히 적극적 평화를 구축하는데 있어서 몇 가지는 중요하다. 첫째, 정보통신매체는 현대생활의 복지 및 발전에서 매우 중요한 재화인 만큼 이용의 균등한 기회가 적극적 평화의 구성요건이 된다. 둘째, 보도의 공정성 문제이다. 세계의 주요 통신사를 장악하고 있는 선진 국가는 전 세계 모든 지역의 분쟁이나 갈등 그리고 쟁점들을 그들의 이해관계와 관점위주로 바라보며 사실의 왜곡, 편파보도, 의도적인 오류를 행사할 수 있다. 셋째, 국제정보체제가 선진중심부에 의해 배타적으로 운영되는 것은 정치, 경제, 사회분야에 거치지 않고 문화영역에까지 확산된다.

진정한 세계문화란 세계 각 민족, 인종, 지역, 국가 문화의 개별적 정체성간의 상호 융합 및 작용의 결과로 우리의 의식에 내면화하여야 하며 일상적인 정보유통에 의한 문화적 폭력은 개체의 자기실현을 저해할 뿐이다. 특히 TV와 영화, 출판, 광고 등의 분야에서 일상적으로 반복되는 문화침투는 주변부의 정체성의 해체를 가져오며, 선진국내지 중심부 문화가 보편성을 선점하여 위계적 문화질서를 형성하고 세계적 정체성을 독점하게 된다. 이러한 문제에 대한 인식이 확대되면서 신국제정보질서(NIIO: New Information Order) 에 관한 요구가 제시되었으며 현존의 국제정보통신체제의 기본적인 변화방향으로 개도국의 가치체계와 문화적 정체성 및 커뮤니케이션 주권존중 등이 중심과제가 되고 있다.

앞에서 우리는 평화를 이루기 위해서는 NGO가 중요하다고 했다. GCS NGO는 1992년 UN-NGO에 가입하였으며 또한 1997년에 UN 공보국 소속 자문기구의 지위를 획득함으로서 그 위치를 군건히 했다. 더욱이 1999년 서울 NGO 세계대회를 3자 공동 주최한 GCS 국제클럽은 특히 평화연구와 세계평화에 으뜸가는 선두적 역할을 해온 NGO로서 미래사회에 그 책임은 더욱 막중하다고 하겠다.

밝은 사회 클럽이 실천하고 있는 잘 살기 운동, 건전사회 운동, 자연애호운동, 인간복권 운동, 세계평화로서(잘 살기 운동은 60-70년대 한국 농촌사회에 잘 살 수 있는 터전을 마련 함) 수십 년간 많은 단위클럽과 각 국가본부에서 실천에 옮겨왔으며 큰 성과를 내었다고 할 수 있다. 그러므로 미래사회에 특성화 해야할 운동은 바로 평화운동이라고 생각한다.

앞에서 살펴본 바와 같이 평화연구는 단순히 전쟁방지, 평화-안보, 군축 등의 범주에서 벗어나 갈등해소, 인권, 평등, 화합 등 내용도 변화하고 있거니와 대인지뢰금지, 평화인간 띠잇기, 파병반대 시위행동이나 운동에 있어서도 많이 바뀌고 있다. 그러므로 GCS 국제본부 차원에서나 인류사회 재건 연구원 차원에서는 지금까지 해오던 평화 관련 연구, 국제 세미나, 연차대회 및 각종 영역을 지속적으로 유지 개발하면서 RCS-GCS사회를 만들어 Pax UN화하도록 더욱 노력해야 할 것이다.

5장_내 일생에 잊을 수 없는 평화사상가 조영식 박사

　우리는 살아가면서 수많은 사람을 만나게 된다. 어느 노래가사는 모래알같이 많은 사람들이라고도 표현했다. 가장 가까이는 사랑하는 가족들이 있고 굳이 글로벌시대가 아니더라도 유학시절에 만난 외국의 교수들 지인들 친구들 또한 내가 사랑하는 한중여성교류협회 회원들 NGO 회원들-모두 소중하지 않을 수 없다. 그러나 가장 잊을 수 없는 누구를 꼽으라 한다면 나는 주저하지 않고 조영식 박사를 떠올린다. 그는 우리의 삶에 있어서 지적(知的), 정신적인 격을 높여 주는 일에 평생을 바친, 특히 평화를 논할 때 그는 불멸의 세계사적 인물이다.

　조영식의 가치관은 무엇이었을까? 그는 일생동안 인간, 교육, 평화 세 문제에 대해 고심하고 번민한 것을 볼 수 있다. 먼저 그의 인간과 교육에 대한 관점을 보면, 그는 인간은 신(神)도 동물도 될 수 없으며, 특히 인간은 종교에 치우치거나 과학에 얽매이지 않아야 된다고 주장한다. 왜냐하면 인간은 인간으로서 독자성을 가지고 있으며 그 자체로서 완성될 뿐만 아니라 문화와 가치의 창조자로서 개성을 구체적으로 가지고 있다고 판단했기 때문이다. (조영식, 문화세계의 창조 중에서) 그는 또한 '경향성'을 중요시했는데 인간은 어떠한 환경의 자극을 받아서 그것에 반응하며 자극과 반응의 연속적 성립으로 생활을 영위한다는 것이다. 또한 인간은 선천적이라고 하는 것보다 후천적, 경험적이며 배워야 비로소 아는 현실적인 인간이라는 관점에서 '교육'의 중요성을 제시하였다. 기실 아무리 중요한 이념과 사고를 가지고 있더라도 그것이 교육을 통해 지속적이지 못하면, 실천에 까지 옮겨질 수가 없을 것이다. 그의 인간과 교육에 대한 사고는 인간이 우주만물 중에서 가장 중요하다고 생각하였고 이러한 신념은 후일 그가 인재육성을 위한 대학을 설립하였고, 특히 평화복지대학원, 인류사회재건연구원, 국제평화연구소 등 많은 연구기관과 밝은 사회 클럽(GCS)이라는 시민단체를 만드는 근간이 되었다. 또한 그는 서울 결의문(1976)에서 '우리는 교육과정의 개정과 교육을 통하여 학생들의 마음속에 평화의 정신을 심어주는데 최선을 다할 것을 결의한다.'고 명문화 하였다.

그는 실로 많은 저서를 집필하였다. 『문화세계의 창조』(1951), 『오토피아』(1979)를 대표적으로 들 수 있다. 오토피아 이론은 평화를 중요시한다. 이는 조영식 자신이 처한 남북 분단이라는 시대적배경과 무관하지 않을 것이다. 그는 1921년 평안북도 운산에서 태어났으며 민족적 수난기와 혼란기를 겪었고 '학도병 의거사건'을 주도하여 감옥 생활을 하였으며 해방이후 월남하였다. 이러한 시대적 배경으로 그의 평화에 대한 정신과 집념은 남달랐다고 하겠다. 대표적으로 '세계평화의 날'을 제정하게 되었고 세계평화세미나를 수십 년간 지속적으로 추진하였으며, 세계평화사전을 만들었고, 만해 평화상을 수상하였으며 '노벨평화상 최다후보'였다.

최근 학계에서는 '칸트(Kant)의 영구평화론과 조영식의 오토피아 평화론' 논문이 발표되었다. 그리고 이렇게 평가하였다. "실로 조영식은 그의 청년시절의 독서와 사색을 통하여 그리고 저술을 통하여 공고히 다졌던 평화이념을 그의 전 생애를 통하여 실천에 옮기고자 부단히 노력했던 사실은 아무리 높게 평가해도 지나침이 없다고 할 것이다. 따라서 그동안 평화로운 세계를 위하여 조영식이 제시한 이론적 내용들과 실천 노력들은 향후 인류 사회를 위해 귀중한 지침으로 삼아야 할 것이다."

내 삶에 있어서, 나는 많은 것들을 조영식 박사님을 닮으려고 노력 한다. 2014년 7월에 친정어머님이 작고하셨다. 나는 작고하시기 전날 기쁜 마음으로 어머니 곁에서 밤을 새웠고 다음날 아침의 임종을 지켰다. 나에게 작은 효심이 있다면 이 또한 조 박사님의 효도심에서 배우고 실천한 것이다. 지난 12월 총회에서 경희여교수회 회장의 소임을 맡게 되었다. 조 박사가 그토록 사랑한 경희대학! 그 대학의 여교수회를, 경희출신이 아닌 나는 어떻게 이끌어 나갈 것인가! 최선을 다해 노력할 것이다. 그분을 생각하면서.

나는 2015년의 결심(A new year's resolution)으로 '조영식의 평화사상 연구'라고 수첩에 적었다.

(밝은 사회 서울클럽 2015년 1월 월례모임의 주제발표 내용)
하영애(후마니타스칼리지 교수/ 밝은 사회
한국본부 초대 여성부장)

찾아보기

하영애

건국대학교 정외과 졸업
건국대학교 대학원 정치학 석사
국립대만대학교(National Taiwan University) 정치학 박사
경희대학교 후마니타스칼리지(Humanitas College) 교수
북경대학(2010), 청화대학(2011) 방문교수
사단법인 한중여성교류협회 회장
사단법인 한중우호협회 부회장
민주평화통일 자문위원회 위원
고등 검찰청 항고심사회 위원
재중국 한국인회 자문위원
한국여성단체협의회 이사
경희대학교 여교수회 회장

-

한중사회속 여성리더, 2015.
韓中 사회의 이해, 2008.
臺灣省縣市長及縣市議員 選擧制度之硏究, 2005.
밝은사회운동과 여성, 2005.
지방자치와 여성의 정치참여, 2005.
중국현대화와 국방정책, 1997.
한국지방자치론(공저), 1996.
대만지방자치선거제도, 1991.

조영식과
평화운동

초판인쇄 2015년 12월 31일
초판발행 2015년 12월 31일

지은이 하영애
펴낸이 채종준
펴낸곳 한국학술정보㈜
주소 경기도 파주시 회동길 230(문발동)
전화 031) 908-3181(대표)
팩스 031) 908-3189
홈페이지 http://ebook.kstudy.com
E-mail 출판사업부 publish@kstudy.com
등록 제일산-115호(2000. 6. 19)

ISBN 978-89-268-7156-0 93340